大学再生への具体像

――大学とは何か〔第二版〕

潮木守一
Ushiogi Morikazu

東信堂

How to revitalize Japanese Higher Education

第二版はしがき

この本の初版が刊行されたのは二〇〇六年のことでした。それ以来六年が経ちましたが、この間に大学改革に関わった人々の実践記録がいくつも刊行されました。それらに目を通すたびに、多くの人々の苦労が重く伝わってきました。今のような時代環境のなかで「大学を変える」などということは大それたことで、容易なことではありません。だから本書は「大学改革などといった無駄なことは考えるな」という警告の書であるとも解釈されたこともありました。

その反面、いくつかの大学から相談を持ち込まれ、かなり突っ込んだ話し合いをしたこともあります。そのたびに思ったことは、大学ほど個性的なものはない、一つ一つが違い、とうてい一般論は成り立たない世界だという実感でした。

まずこの間にどのような変化があったのでしょうか。さまざまな変化がありましたが、一言にしていえば、大学進学率はその後も年々上昇し、二〇一二年度には五三・五％にまで上昇しました。この間に文部科学大臣が大学が多すぎると発言、計画中だった大学の創設にストップをかける事件が起こりました。この本の初版が出版された年にはまだ（というか、もうというか）大学数は七〇二校でした。ところがその後わずか六年間に、七八〇大学にまで増加しました。つまり毎年一三の大学が作られたことになります。これだけの大学繁栄時代は史上稀でしょう。その反面では、入学定員を満たすことができない大学が、平成一七年度の一六〇大学から二六五大学（全体の四七％）に増加、短期大学では一五九大学から二四六大学（全体の六九％）に増加しました（平成二一年度の数字）。つまり半数の大学・短大は定員を満たすことができないのが現代の状況です。

学生が集まらなければ当然授業料が入ってきません。この間に赤字大学が増えました。平成一七年度には一八九法人が赤字法人でしたが（全体の二九％）、平成二〇年度には三〇六法人となり、全体のなかで占める割合は四七％に急増しました。今や支出を収入では賄えない学校法人が全体の半数にまで増えました。このペースで行けば、数年にして経営が成り立たなくなる学校法人はかなりの数に達することでしょう。

また大学の外に目を向けてみると、かねてから「ニート」という名前で話題となっていた、学校にも行かず、職に就いていない者が高卒者の場合だけでなく、大卒者でも増えている事実が、文科省の統計でも把握されるようになりました。先日公表された『平成二四年度学校基本調査報告書』によりますと、二〇一二年度卒の場合、五六万人の卒業者のうち、一応就職できた者は六割だったと報告されています。しかし詳細に見ると、そのうち四％分（卒業者全体の）は「正規の職員等ではない就職者」と報告されており、六割まるまるが正規の就職ができたわけではないことになります。

さらに就職ではなく、「一時的な仕事に就いた者」は三・六％、さらには進学もせず、就職もせず、海外留学したわけでもなく、要するに実態の分からない者が、卒業生の一六％もいることが判明しました。要するに、大卒者の四人に一人は職がないか、あっても不安定的な職に就いていることが判明したことになります。かねてから高卒者・大卒者を含めた若者の雇用不安が社会問題化してきましたが、それが次第に本格化しようとしています。

その間、日本経済は厳しい国際競争に晒され、経営陣はくりかえし経営の厳しさを訴えてきました。従業員に支払う賃金が、直接製品の価格に響くような業種では、日本国内の賃金水準では立ち行かず、より安い労働力を求めて海外に流出してゆかねばなりません。法人税をこれ以上高めるのであれば、採算がとれなくなる、海外に脱出するしかないと、その苦境を訴える経営者が後を絶ちませんでした。その結果、国内の雇用機会が減り、高校・大学を卒業しても職にありつけない若者が増えました。たとえありついたとしても、アルバイト、契約社員、期限付き社員といった、条件の悪いポストに就くしかなくなりました。

しかし他方では、現在の日本はＧＤＰの二倍に達する巨額な国家財政の赤字を抱えています。これ以上赤字国債を拡大させれば、やがては公財政を窮地に追いやり、ひいては次の世代に借金を背負わせる結果になります。だから今流行っているのは、孫達が祖父母に向かって電話で「オレオレ詐欺」をしているのではなく、反対に祖父母が孫達のキャッシュ・カードを勝手に使っている「ワシワシ詐欺」になっているのだという人もいます（古市憲寿『絶望の国の幸福な若者たち』（講談社、二〇一二年刊）。つまり現在の国家赤字はどこかで誰かがストップしなければならないところにきています。一方では国内生産を活発化させ、新規の雇用を拡大させ、生産活動を活性化させながら、他方では消費税を高めて国家収入を伸ばし、国庫の収入増を図るというアクロバットを演じなければならなくなりました。

他方、大学・短大への進学率は、長期的に見て上昇傾向にありましたが、細かくみると、二〇一〇年度の五四・二％をピークとして、それ以降の二年間少しずつ減少が続き、二〇一二年度には五三・六％（前年度より〇・三ポイント低下）となりました。過去二年間だけ大学進学率が低下したからといって、これだけでは将来を見通すことは危険ですが、この大学進学率の低下傾向がいつまで続くのか、当分注意深く見つめる必要があるようです。

大学進学率の低下とは反対に、高卒者の就職率は二年連続で上昇を続け、二〇一二年度には一六・八％となりました（前年度より〇・五ポイント上昇）。平成一〇年度の二二・七％と比較すれば、就職率の大幅な低下は顕著ですが、直近の数年間の傾向をみると、わずかながら上昇に転じています。問題はその理由です。高卒者の場合、一つには「一時的な職に就いたもの、進学も就職もしない者」の割合が減少しているという事実に注目する必要があります。つまり厳しい雇用状況のなかで、フラフラしていることは許されず、就職を目指す以上は、しっかり覚悟を決めた上で就職戦線に臨む傾向が高まったように思われます。かつてはフリーターは恰好がよいとみる風潮がありましたが、そうした傾向は姿を消し、将来の進路を就職と定めたら計画的に確実に就職先を探すという「堅実傾向」が高まったためとみられます。

他方、大学進学率の低下ですが、なぜ大学進学率が下がったのか、この点については、いろいろな説があります。すでにかなり以前から家計所得、勤労者の平均月収などは、年々下降してきました。それにもかかわらず大学進学率は上昇してきたのです。いったいどうしてこういうことが起こったのでしょうか。

まず高校卒業時点に、彼らの前に控えている状況がどのようなものかを、思い浮かべてみましょう。第一に何よりも高卒者の雇用機会が急速に減少したという事実があります。**図0-1**が示すように、一九九〇年頃までは高校卒業と同時に就職する者が、新規学卒労働力の半分を占めていました。ところがこの年を境に、新卒就職者のなかで大卒、短大卒の占める割合の方が多くなりました。つまりそれだけ大卒就職者が主流となり高卒就職者の方が、その規模が減りました。

それ以降、就職者のなかで大卒者が占める割合が年々増加を続け、現在では新卒就職者の七割が大卒者であるという段階に達しました。つまり就職問題といいますと、高卒者の就職より

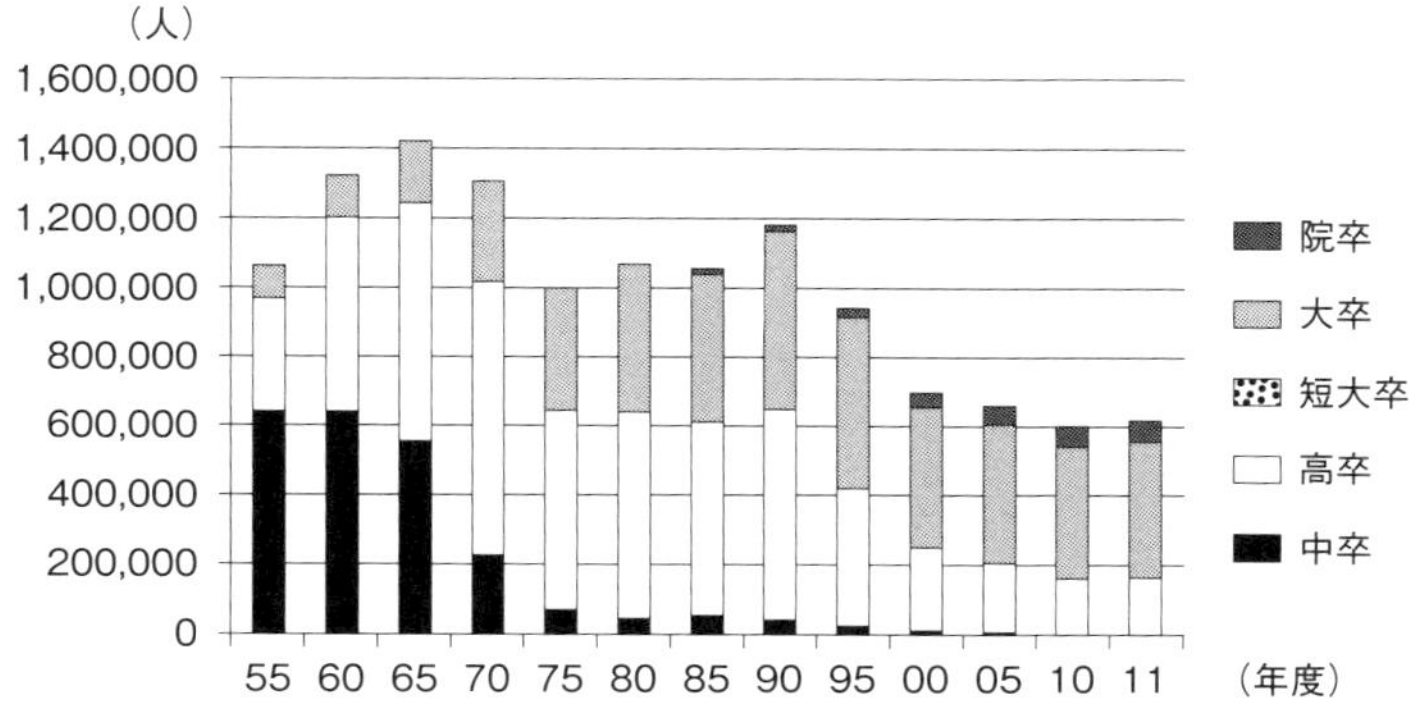

図0-1　学歴別就職者数

も、大卒者の就職問題になってしまった感があります。

こうした変化の背後には何があったのでしょうか。さまざまな人々がさまざまな説明を試みています。まず技術水準の高度化をあげる説があります。その結果、大卒者に対する需要が増え、単純労働はすでに海外に流出してしまい、国内労働の多くが高度な技術水準が必要な職に変化したという説です。つまり、高卒の学歴で就職できる機会が減り、高卒の資格で就職したくとも、そのポストが減ったということになります。

第二には家計収入の上昇を原因として挙げる論もあります。家計が豊かになり、しかも子どもの数が少なくなれば、多くの家庭が子どもに、せめてもの遺産として大学進学を進めるという論です。家計が豊かになった、子どもの数が少なくなったという二つの要因で大学進学率を説明する論です。

しかし最近のデータは家計収入が年々低下していることを指摘しています。つまり家計が豊かになったからという前提とは矛盾しています。この点に目を配った論としては、確かに家計収入の平均値は低下しているが、それはあくまでも平均値のことで、所得の高い層は依然として高い、こういう家庭では子どもを大学へ進学させることは当たり前のことで、所得平均値の低下とは無関係だという見方です。いったいどちらが正しいかは議論が長くなりますので、ここではしませんが、ありうることとして示唆しておくだけにします。

第三の論として、地域経済の変化、地方経済の劣化に着目する論があります。これまで高卒者は地元の製造業や商業に採用されていった、しかも単に労働力としてではなく、地域の様々な社会活動の担い手として働くことが期待されて、地元に就職していきました。今でも地方のお祭りは地元の高校を卒業し、地元の企業に勤めたり、あるいは先祖代々の店を引き継いだりした人々によって、支えられてきました。

ところがここでも異変が起きています。シャッター通りはすでによく知られた現象ですが、全国各地で地場産業が危機に瀕しています。多くの商店・工場が閉鎖され、地元では就職することも家業を継ぐことも難しくなっています。こうして地方が疲弊すると、地元に残って家業を継ぎ、地域の活動を支える意欲は盛り上りません。しかたないから、大学に進学するか、進学しても四年後に職があるかどうかも分からないが、もしかしたらチャンスが開けるかもしれない。こうして高卒就職率は低下し、大学進学率が上昇することになったとする説明です。つまりこの論は高卒者の伝統的な雇用機会（地元就職）の減少が大学進学率を押しあげたとする説です。

このようにさまざま論がありますが、以上の三つの論は、高卒者の置かれた環境変化に注目した論です。しかしもう一つ見逃すことができないのが、大学側の変化です。この間、大学ではどのような変化が起きているのでしょうか。まずかねてから恐れられてきた一八歳人口の減少が、いよいよ一九九二年度から始まりました。高校進学率はすでに一九九〇年度から九五％を越えましたから、一八歳人口の減少は、大学受験生の減少となってまともに大学を直撃しました。

ただ同じ大学といっても、今では八〇〇弱の大学がありますから、ブランド大学とそうではない大学とでは、一八歳人口の減少といっても、その影響力が違います。まず影響力がでたのは、大都会よりも地方にある新興大学でした。もともとそれほど長い歴史を持たず、ブランド名も高くなく、主に地元出身者を受け入れて、地元に就職させることを目指してきた大学が、日本には多くあります。一八歳人口の減少はまずこれらの地方新興大学に深刻な影響を与えました。

しかし大学はいったん作った以上、規模を縮小したり、閉鎖させたりすることができません。受験生が減少したからといって、いったん膨張した大学は、それほど簡単に規模を縮小できません。できるだけ膨張した時の規模をそのまま維持しようと努めます。たとえば人気のなくなった学部・学科を閉鎖・縮小しようとしても、そこに勤めている教員がいる以上、それほど簡単に解雇することはできません。

そこで大学側がまず第一にとったのが、新名称の学部・学科に作りかえ、人気のでそうな学部・学科を新設するという手法です。とくに一九九〇年代に入ると、短大の人気が落ち始め、四年制大学を目指す者がふえました。その結果全国各地で短大の大学への改組転換が活発に行われました。つまり短大の定員を大学へ移すという方法で、これまでの学生規模を維持しようという手法が選ばれました。

第二に大学が選んだのは、入試選抜の多様化です。ひと頃まで大学入試といえば、学力試験がすべてでした。ところがそれが変わりました。具体的にいえば、学力試験の結果だけでなく、高校の普段の成績を用いたり、あるいは高校時代の学業成績よりも、受験生の個性とか特性とか、学力以外の側面に目をつけた進学ルートを開発しました。高校推薦、自己推薦、ＡＯ入試といった、いわゆる「非学力試験型」の入学枠が広がりました。

つまり学力はそれほどではなくても、個性を持った学生、その学生が加われば、クラスの雰囲気が盛り上がるような学生などを積極的に受け入れるようになりました。言い換えれば「学力検査」ではなく、「個性・特性に着目した選抜」を採用するようになりました。これが大学の門戸を広げ、より多くの、そしてよりヴァラエティーに富んだ学生が大学に入学するようになりました。

たしかに学力ばかり高い学生だけが固まるのではなく、こうした個性・特技を持った学生が加わることによって、キャンパス全体が活性化した大学もありました。周囲の仲間達にも新しいライフ・スタイルを伝えたことでしょう。しかしすべてプラスもあればマイナスもあるというのが、我々の世界です。

やや専門的な話になって恐縮ですが、もう少し具体的に述べれば、学力試験は二月から始まりますが、ＡＯ入試、推薦制、自己推薦制といった「非学力型選抜」は前年度の秋口から始まります。これは受験生にとってはきわめて魅力的です。卒業以前に進学する大学を決めることができるからです。これほど受験生にとって安心なことはありません。

しかしこれは高校側からみると、困った面がありましたが、その反面歓迎する面もありました。まず困った面としては、クラスの一部分はすでに入学する大学が、早くも秋口に決まってしまいます。しかし残りの高校生は翌年二月に始まる学力検査めがけて、最後の追い込みにかからなければなりません。この二つのグループができるのは、クラスの張りつめた雰囲気を維持したい高校側としては、好ましいことではありませんでした。

しかし生徒一人一人の個性・特色を見て、早めに合否を決めてくれるこの方式は、高校にとっても、早く安心できるというプラス面があります。ですからこのＡＯ入試、推薦制、自己推薦制などの選抜方式は、一面では歓迎されました。ただし早くも秋口に進学する大学が決まってしまうことは、その当人にとっては結構ですが、クラス全体への影響力という点ではあまり歓迎されない面がありました。しかしこういうルートで大学進学を決定する受験生は次第に増えてゆきました。今では学力検査を受けずに大学に入学する者が、全体の四割を占めるまでになったとされています。

学力検査を受けずとも大学に入学できることが分かれば、高校生は当然のことながら勉強しなくなります。とくに入試に少数教科しか課さない大学を受験する者は、かなり早い時期から受験科目ではない教科の勉強から降りてしまいます。たとえば世界史は記憶しなければならない人名、年代、事件名などが多く、普段の授業でも敬遠される科目です。そこで一部の高校では必修科目であるにもかかわらず、形の上だけ世界史を教えている形をとり、実際には別の受験科目の学習に当てていることが発覚し、大きな社会問題となりました。

いずれにせよ、高校進学率九七％、大学進学率五三％の時代になると、学校・大学では形式的に単位さえとればよいという雰囲気が強まりました。落第、卒業延期のような個人の経歴に傷がつくようなことは、とうていとれない雰囲気が強まりました。その結果、分数の計算ができない大学生、日清戦争と日露戦争の背景を知らない大学生を多く生産する結果となりました。こうした形式主義を克服し、学生の学習成果そのものを確認するにはどうしたらよいか。これが大きな課題です。それに対するささやかな案は本書の最後に書きます。完全な回答案ではありませんが、皆さんが考える一つの材料になればと思い、提案させていただきました。

このたび、東信堂の下田勝司社長から第二版を出したらというお誘いを受けました。もとの『大学再生への具体像』は、私がこれまで書いてきた本とはまったく性格が違う本です。具体的にいえば、何かの文献やデータをもとにしたものでなく、私自身の実体験をもとに書いた本です。自分が体験したことは何だったのか、それを自分自身で観察・分析・反省する手法をとりました。ただどれだけ第三者の立場に徹することができたかは不明です。それは読者に判定してもらうほかありません。そして多くの人々が、私と同じような体験をされたことでしょう。私には一つ一つの具体的な体験が重要だと思います。ぜひ多くの方々に、ご自分の体験を記録として残してもらいたいと思います。コトバは頼りないもので、人間の思いをすべて語れるとは限りません。しかし、そのなかから、何かが伝わることがあります。だから語って下さい。本書第二版は、初版以後焦点化してきた問題を中心に若干の増補を行っておりますが、実体験から入っていくという性格は変わっておりません。

二〇一三年一月

潮木　守一

初版はしがき

過去一五年間、筆者はさまざまな経緯から、学部の改革、大学院の改革に関わってきた。そのときの経験をいかなる言葉で語るのがふさわしいのか、見極めをつけるのに長い時間がかかった。生々しい経験を自分の心の中で落ち着かせるには、どうしても時間がかかる。この本では自分自身の直接体験にこだわってみた。

この本の読者層として想定したのは、まずは「日本の大学は遅れている」「いまや意識改革が必要なのは、大学教師である」「大学教師ほど暇な商売はない」「大学教師ほど怠けている人種はない」といった大学叩きに加担する人々である。筆者はこういう論を立てる人々に会うたびに、この人は本当にいま大学のなかでどういうことが起きているのか知っているのか、と疑問に思った。大学のなかで何が起こっているのか、それを直接知る者は教師しかいない。こうした論に反論するためには、誰よりもまず大学教師自身が、何が起こっているのか正確に伝える必要がある。これがこの本を書いた動機の一つである。

しかしその反面、長年大学教師をしていると、大学の良い面も悪い面も、いろいろ見えてくる。筆者がこれまで相手として想定していたのは、大学の悪い面に胡坐をかいている同僚教師（自分自身も含めて）であった。だから時にはかなり厳しい大学批判を書いた。しかしその批判は批判そのものに目的があるのではなく、それを通じて新たな改革が生まれることを期待したからである。ところがある時期から、筆者自身がかなり皮肉な立場に立たされていることを発見した。

筆者が大学批判をするまでもなく、さまざまな人々が大学批判を口にする時代が到来した。しかも、とうてい大学や学問の実情がわかっているとは思えない人々までが、そうした大学バッシングに加担する。世間全体が大学バッシングの総合唱のようになっている。そのことに気付いてから、筆者はスタンスを変えることにした。このまま言われっぱなしでよいのか、ここで大学を弁護し、学問を守らなくてよいのか。これがこの本を書く動機の一つとなった。

もう一つ、筆者が標的としたのは、同輩研究者である。世間には「大学改革」というキーワードを含んだ本が多く出版されている。ところが、正直言って、読んでいて心に響くものは、ほとんどない。とくに同輩研究者の書く時事解説は、無味乾燥この上なく、いったいどういう思いを抱きながら、文章を書いているのか、その動機がまったく伝わってこない。

考えてみればそれは当然のことで、彼等の多くは国立大学の経験を持っていても、日本の高等教育の八割を占める私学での経験がまったくない。その国立大学といっても、すでに世界大学ランキングに載るような大学で、大衆化の波に晒されることのない大学である。他人に言われるまでもなく、権威の上に乗っていればすむ立場にいる。

これまでさまざまなシンポジウム、討論会に参加し、さまざまな人々の名論卓見を聞いてきたが、多くの聴衆は不満を抱いて帰っていった。そこでは、世界規模での研究競争に生き残るにはどうしたらよいかという議論はあっても、受験生激減の荒波に晒されながら、どう生き残るかは議論の対象にはならない。つまり使っている「生き残り」の意味がまったく違う。このことはさまざまな審議会での議論も同じことで、審議会の視野にはトップ一〇%の大学は見えていても、残りの九割は見えていないのだろう。

しかし、こう言いつつも、審議会の視野に入らない九割を、すべて擁護する気にはまったくなれない。もうはやばやと退場してもらったほうがよいのではないか、そう思わせる光景がいやでも目に入ってくる。このように考えれば考えるほど、二重三重のしがらみに取り付かれて、ものが言えなくなる。これが長年こだわっていた点である。この本を書きながらも、いまだに吹っ切れない点が多々ある。しかし人間には寿命がある以上、どこかでふんぎりを付ける必要がある。そのような思いで本書に向かった。

本書では、まず国立大学での経験をもとに、国立大学がいかにして内側から自己改革にとり組もうとしたのかを、読者に伝えようとした。次に私立大学での学部作りの経験をもとに、私立大学がいかなる自己改造を試みているのか、それを読者に伝えようとした。ただ個人が経験できる範囲は、限られている。それをベースにしながら、できる限り広い文脈のなかに位置づける、もう一つ別の作業が必要となる。しかしこれほど難しい作業はない。そこで筆者の直接体験がどのような大きな流れのなかでの経験だったのか、その当時の状況をまとめながら、筆者なりの位置づけをしてみた。

そしてこの本の最終章では、「それではいったい何をしたらよいのか」という問いに答えるため「具体的な改革項目」を提起することにした。これまで分析、評論、ニュース解説はあっても、いったいどうしたらよいのか、それがまったく見えないと、つねに批判されてきた。こうした批判と期待に応えるために、あえて「具体的な改革項目」をまとめてみた。おそらくこの提案に対しては、さまざまな異論、反対、提案、代案があることであろう。こういう問題は読者との対話が、どうしても必要である。そこでご意見のある方は、以下の筆者のメールアドレスにご意見をお寄せ頂きたい。ぜひとも建設的なご提案を頂きたい。 resp@ushiogi.com

本書を書く過程で、幾人かの方々に直接お目にかかり、筆者の記憶を確かめ、筆者の知らない情報を提供していただいた。その数はかなりにのぼるので、失礼ながらいちいち名前を挙げることは割愛させていただきたい。

二〇〇六年六月

潮木　守一

『大学再生への具体像』——大学とは何か〈第二版〉／目次

第二版『大学再生への具体像』

――大学とは何か

I　国立大学はどう変わろうとしたのか

1　国立大学での改革経験

筆者が学部長となったのは、五三歳の時であった。それからの一五年間というものは、新しい大学院専攻の創設、大学院研究科の創設、新学部の立ち上げという形で、たえず「大学改革」に関わってきた。一九八八年には名古屋大学の教育学部に「発達臨床学専攻」という専攻を立ち上げ、一九九一年には名古屋大学に「国際開発研究科」という大学院の立ち上げに参加し、一九九八年にはある私立女子大に「現代社会学部」という学部を立ち上げた。最近になって、あの時の体験は何だったのか、どういう意味があったのか、その時のことに思いをめぐらすことが多くなった。

実をいえば、以前からよく他人から、「どうやって改革をしたのか、その秘訣を教えてくれ」と頼まれた。しかし、正直いって答えようがなかった。一つ一つの決定的な場面は鮮明に記憶している。しかしそれを言葉にすることは、なかなかできなかった。今でも自信はない。しかし多少なりとも言葉にできることは、第三者にもわかるように、書き記しておくべきだと思うようになった。まず九一年に名古屋大学で**国際開発研究科**を立ち上げたときの経緯を説明することにしよう。この研究科創設の独自な点は、

(1)既成の学問体系を超えて、学際的な大学院を作ることを目指した点、

(2)これまでの大学院は、もっぱら大学教員・専門研究者の養成を目標としてきたが、新たな研究科ではむしろ高度専門職業人の養成を目指した点。現在の専門職大学院の構想に近い目標を掲げた点、

(3)既存の文科系四学部で相談しながら、一つの共同の事業を実施しようとしたこと、

(4)既存の学部から貴重な教員ポストを供出して(つまり既存の学部の教員定数を削減して)でき上がった点、

にあった。

まず国立大学では学部の独自性が強く、複数の学部が枠を超えて何か共同のことを実行することはほとんどない。一つ一つの学部は、それぞれが独立王国で、自己増殖本能はきわめて旺盛であるが、その教員ポストを削減してまで、外に大学院を作ろうといった発想は、よほどのことでもない限り出てこない。そのためこの研究科ができてから、多くの人から「どうして、そのようなことができたのか、その秘訣を教えてくれ」とよく尋ねられた。しかし、答えようがなかった。ただ今か

ら振り返ってみて、いくつかのことは、他の大学にとっても参考になるだろう。それをここではまとめておきたい。

2　ともに抱いた危機意識

まず問題のきっかけは、名古屋大学の将来をどうするか、そこから始まった。具体的に言うならば、一九八〇年代の日本経済はきわめて好調で、学部卒業生はいくらでも売れていった。問題は大学院卒業生、それも博士課程卒業生の売れ口にあった。博士課程卒業生の就職口といえば、大学教員のポストしかない。ところが、名古屋大学は東大と京大の間に挟まれ、博士課程卒業者を売り込もうとしても、なかなかうまくいかない。どこかの大学で教員の公募があると、我々はさまざまな工夫をこらして、卒業生を送り込もうとした。ところが最後は東大、京大の卒業者にポストを奪われる。文系学部長が集まると、期せずしてそれが議論の焦点となった。さまざまな意見のなかには、博士課程は東大と京大にあればじゅうぶんで、大学教員はそこで養成してもらえば結構と明言する学部長もいた。しかしそうかといって、いまさら博士課程を返上するわけにはいかない。いったいどうするか、それが問題の発端であった。

このことは言い換えれば、大学教員以外の市場をいかに開拓するかにあった。理工系はすでに修士課程まで教育年限の実質延長を行い、その卒業生は産業界から大いに歓迎されていた。それに引き換え、文科系の大学院は大学・短大の教員以外、市場を開拓できないでいた。毎年細々と少数の院生を集めて教育し、たまたま転がり込んでくるポストを当てにするしかなかった。しかしいつまでも、そのようなことでは、きりがない。そこで他の大学が、まだやっていないことをやろうということになった。

それでは、まだ他の大学がやっていないことは何か。さまざま意見が出されたが、そのなかで、国際開発というコンセプトが浮上した。その背景を説明すると、名古屋大学のまわりには国際開発関係の機関がいくつかあった。まず国連の地域開発センターがある。そことは、いろいろな学部の先生が関係を持っている。また名古屋には国際協力事業団（現在は国際協力機構、ＪＩＣＡ

ボックス❶：途上国の人々から発せられた質問

「この前東京にゆく機会があったので、日本の首相の私邸をみた。自分の国の首相は、入り口から車で五分くらいかかって、ようやくたどり着くような広大な敷地に住んでいる。どうして日本の首相の私邸は、あれほど小さいのか」。「大卒者と高卒者の賃金の違いの説明があったが、日本ではどうしてあれほど賃金格差が小さいのか。私は友達が遊んでいる時、一生懸命勉強して大学を卒業した。だから今は他の人よりもはるかに高い所得を得ている。日本の親はどうやって、子どもに勉強するよう、説得できるのか」。「明治維新の時、どうしてサムライはそう簡単に特権をすてたのか」。ちなみにこの最後の質問にどう答えたらよいか、日本人の同僚に相談を持ちかけたら、彼はそれからこのテーマで研究をして、博士号を取得した。

と略称）の研修センターがある。そこへも各学部の教員がたのまれて講義にいっている。私自身は一九七二、三年頃から、まだ国際協力事業団となる以前から、その研修所で発展途上国から来た人たちを相手に講義をしていた（ＪＩＣＡ編『日本の教育経験』東信堂刊）。この講義はきわめて刺激的で、発展途上国からきた人々から出される質問が、面白かった。とうてい日本人学生を相手にしている限り、出てくることがないような質問が出された。そのことは**ボックス1**に譲る。

それならば、何もわざわざ外で教えるくらいだったら、名古屋大学の中で教えたほうが早いではないかということになった。

3　時代の流れが変わり出した

しかし今から振り返ってみると、その頃がちょうど時代の変わり目だった。日本がアメリカを抜いて世界一の援助供与国になったのは、一九八九年のことである。日本は金だけは出すが、それをいかに有効に活用するか、それを考える人材がいない。こうした意見がかねてから指摘されていた。たしかに、その頃、「無責任援助ＯＤＡ大国ニッポン」とか「ＯＤＡ援助の現実」といったＯＤＡ（政府開発援助）を批判する本が相次いで出版されていた。なかでもＭ誌は強力な反ＯＤＡキャンペーンを展開していたが、その中心となった記者とは、後になってから興味ある親交を結ぶこととなったが、そのことは**ボックス3**に譲る。

国際開発研究科創設の可能性を探ろうという話は、学部長同士の間では、わりあい早く決まった。ところが、新しい大学院を作るためには、各学部から教員ポストを供出しなければならない。これが実に頭の痛い問題であった。なぜ、そうなるのか、国立大学以外の人にはわからないと思うので、そこを説明しておく。

国立大学の教員はすべて国家公務員である。国家公務員である以上、定員が決まっている。パーキンソンの法則ではないが、どの官庁も定員を拡大させることはあるが、削ることはない。放置しておけば、官僚機構はどんどん自己増殖してゆく。そこで政府は何回かにわたって、総定員抑制政策を断行し、国家公務員削減を行っていた。その一貫として、大学にも

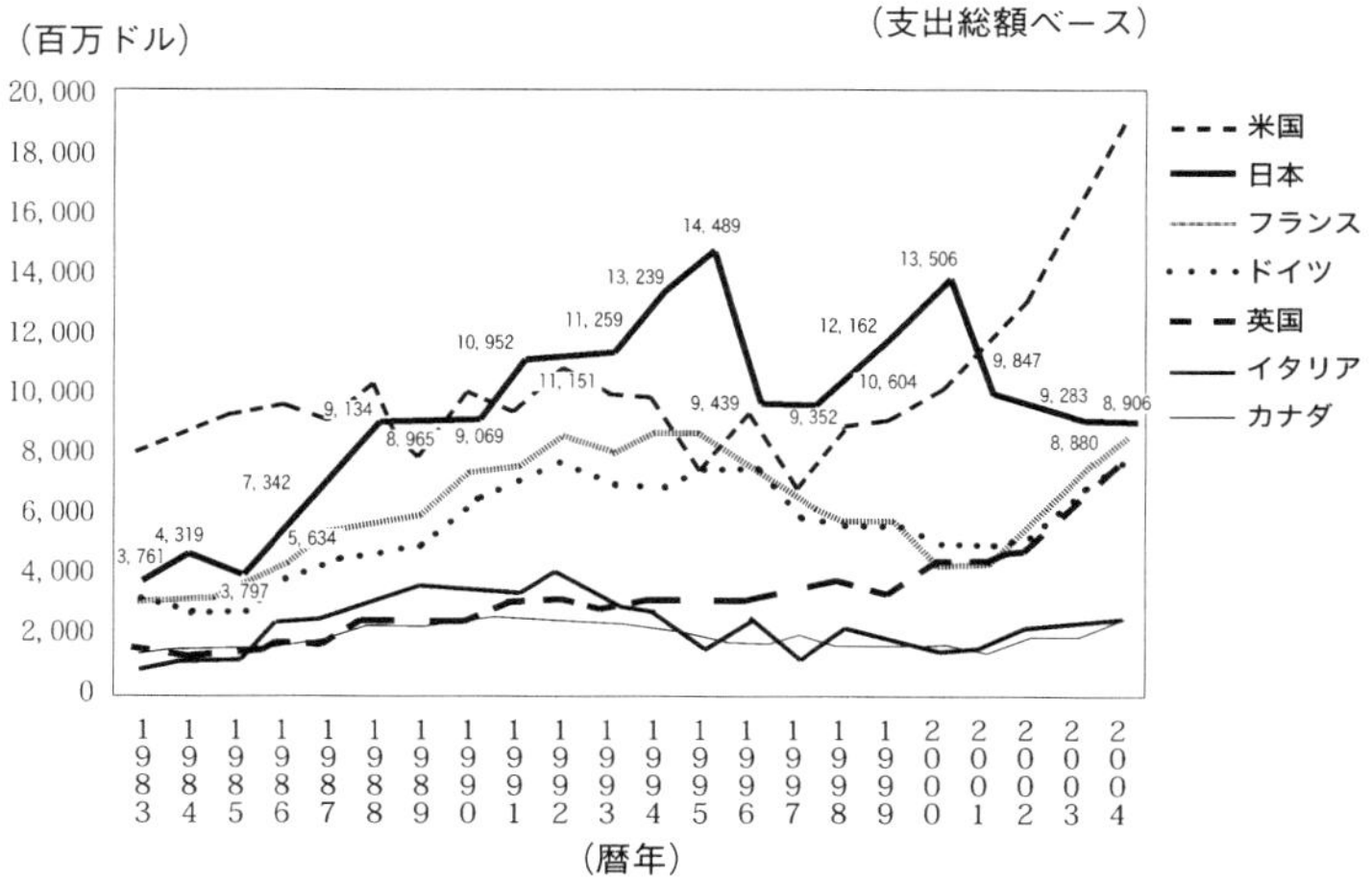

図Ⅰ-1　DAC主要国のODA実績の推移

注：(1) 東欧向け及び卒業国向け援助は含まない。
　　(2) 1991年及び1992年の米国の実績値は、軍事債務救済を除く。
　　(3) 2004年については、日本以外は暫定値を使用。
出典：2005年DACプレスリリース、2004年DAC議長報告。

ボックス❷：講座制

講座制というのは、それぞれの国立大学ごとに、この大学には○○学講座、○○学講座を置くというように、その大学が責任を持つべき学問分野が、講座という名前で定められていた。そして一つの講座には教授、助教授、助手が置かれ、これが一つの講座を構成していた。講座制は海外の大学にもある。しかし決定的に違うのは、海外の大学では、一つの講座に座っているのは、教授が一人だけである。だからチェア(椅子)という。日本の講座制を海外の大学人に説明すると、みな笑いだす。それはチェアではなく、ソファーだという。一人の教授だけが座るのがチェアで、教授・助教授・助手が座っているのは、チェアではなくソファーだというのである。

それよりももっと決定的な相違は、海外の講座制はその籍を占めている教授が引退したり、亡くなった時、かならずその講座を継続させるか、廃止するか、他の学問分野に転用するかを、大学なり、政府が議論し、検討する点である。だから教授の引退とともに、廃止となった講座はいくらでもある。ところが日本の場合には、一旦できた講座は、よほどのことがない限り、廃止することができない。なぜか。教授が定年に達し退職したり、亡くなった時には、次に教授になるべき助教授がすでに待っている。こういう制度は、ある学問分野を連綿として継続してゆくには、きわめて安定した制度である。また学問にはそういう分野があり、大学にはそういう役割が期待されていることは、一面の事実である。講座制は万世一系の大系を維持するには、きわめて優れた制度である。

ところが、時代は変化し、大学に対する社会的期待は変わり、それ以上に学問そのものが変化してゆく。そのような場合には、どうしても講座の組み換えが必要になる。その時、壁になるのが、この万世一系の大系である。その学問分野は歴史的使命を終えたから廃止する、だから助教授、助手はどこか別のところに活路をみつけなさいといっても、行くところがない。だから講座は増えることはあっても減ることはない。

さらに講座はそれぞれが独立王国だから、教授ポスト、助教授ポスト、助手ポストを削ることは、誰にもできない。学部長、学長といえどもできない。ここが旧国立大学が時代の変化、学問の変化についてゆくことができなかった、最大の理由だった。国際開発研究科を作るとき、最大の問題となったのがこの問題で、最終的には教授、助教授ポストではなく、助手ポストを供出することで決着した。

教職員の定員削減がかかってきていた。

つまり新しい学部なり学科なり大学院を作るならば、まず既存の学部・学科を見直せというのである。しかし名古屋大学は旧制帝国大学時代から、講座制をとっており、講座をつぶすことはほとんど不可能であった。この辺のことも、一般の人には理解しにくいと思うので、詳細は**ボックス2**に譲ることにする。

ともかく各学部から何人かの教員ポストを拠出しない限り、新研究科はできない。ところが、ポストが余っている学部など一つもない。それよりも何よりも、学部長の任務とは学部を発展・拡大させることで、学部を縮小させることなどとんでもない越権行為、学部長としてあるまじき職務違反になりかねない。そうなると、この構想はいっさい先に進まなくなる。

どうしたらよいのか。そこで考え出したのが、ウルトラ・レトリックである。つまり「これは学部の縮小案ではない。パン種を一つ外へ出して、それが元になって、ポストが二つ、三つと拡大すれば、それだけ植民地が増える。これは学部縮小案ではなく、拡大案である」。

もちろん、こう説いたところで、各学部の教授会はそう簡単には乗らなかった。最後の最後まで色よい返事を出さない学部があった。途中でいくたびか、この構想を断念せざるを得ない場面があった。ところがこの案が通ってしまい、国際開発研究科は一九九一年から発足することとなった。

4　新しい構想を実現させるには、阻止する勢力の存在が必要である

いったいなぜこの構想案が通ってしまったのか。その秘密はどこにあったのか。その辺りがこれまでなかなかうまく説明できなかった。ごく最近になって、あることに気が付いた。それはこういうことである。何か新しいものを立ち上げるときに必要なのは、「作ろうとするエネルギー」よりも、「壊そうとするエネルギー」である。人間は作ろうというエネルギーならば、簡単に出せる。しかしそういうエネルギーがいくら集まっても、作り出せるものではない。そういう構想の実現を阻止するエネルギーがなければならない。その当時の名古屋大学には、明らかにそういうエネルギーがあった。国際開発研究科を作り出したのは、そういう抵抗要因であった。

もう少し具体的に説明するには、まず当時の名古屋大学がどのような構造の上に成り立っていたのか、それを説明する必要がある。これは多くの国立大学に共通することだが、名古屋大学は巨大な理工系の学部と、医学部をもっていた。学長選挙を行うと、理工系か医学系が大量の得票数をあげた。それと比較すると、文科系は絶対にかなわない。たとえ、文科系四学部（法学部、経済学部、文学部、教育学部）が統一候補を絞り、全員がその人に投票してもかなわない。それ以前に文科系四学部が一致団結することのほうが難しい。だから名古屋大学は創設以来、文科系から学長を出したことが一度もない。

次に、理工系の人々は「名古屋大学は理工系学部は優れているが、文科系がぱっとしないから、

浮かび上がれない」ということを、さまざまな機会に口にした。何を根拠にそう言うのか、いまだに理解ができないが、理工系の人々はよくそう言った。その話が当たっているかどうかはさておき、文科系はお互いに独立心ばかり強くて、まとまれない、というのは事実で、かなり当たっていたであろう。

国際開発研究科を作り出したエネルギーとは、これである。理工系の人々から見たら、こう見えたのに違いない。珍しく文科系学部が共同で何かしようとしているらしいが、いずれは空中分解するに違いない。そういう雰囲気がさまざまな場面で感じられた。その当時の学長は理工系出身の方で、最初のうちは、文科系相互の検討委員会に顔を出されていた。おそらく、その雰囲気を掴もうとされたのであろう。ところが途中からは、「これは見込みがない」という表情を見せられるようになられた。学長がそういう雰囲気を察知されたとしても、無理がない。事実その頃の会議はそういう雰囲気であった。

だが私たちがもっとも恐れたのは、この理工系の人々の視線であった。ここで文科系学部がまとまれ切れなかったとき、その禍根は末代まで残る。「文科系は結局はまとまれなかったではないか」。そうなったとき、おそらく文科系学部は永遠に立ち直れなくなることだろう。我々にとって一番怖かったのは、こういう結末である。

一九九〇年三月三日という日は、私にとって忘れがたい日だった。その日の午前、各学部が最終回答を持ち寄る日になっていた。果たせるかな、かねてから消極的だった学部の回答は、ノーだった。しかし、それだからといって、ノーのままでは学長への答申は出せない。「結局はだめだったではないか」、そういう評価だけは絶対に残せない。そこで玉虫色の結論を出し、私はかねてから予定していたヨーロッパ調査に出かけた。

ところが、ボンに滞在していたある朝、日本から電話がかかってきた。「実はあなたのいない間に、一大異変がおきた。あれだけネガティブだったA学部が、今度は俺たちが運転席に座ってバスを運転すると主張しだした」。その話を聞いたとき、あやうく電話を落しそうになった。「それならなぜこれまで足を引っ張ってきたのか。いまさら自分たちがリードするなど、どの口でいえるのか」。

海外出張から帰ってから聞かされた話では、我々のあいまいな結論をみて、学長が怒ったという。それは当然のことである。そのような平仄《ひょうそく》の合わない結論を学長として受け取ることはできない。そういう学長の反応をみて、A学部は態度を一変させ、今度は国際開発研究科作りの主導権を握ろうとしたのだという。

5　改革にはタイミングが必要だが、それを読める人間はいない

国際開発研究科ができることが決まってからのある日、霞が関ビルのエレベーターホールで文部省の大学課長とばったり出会った。課長は深々と頭を下げ、「このたびは名古屋大学は、じつに立派な研究科をお作りくださり、私共はたいへん感謝いたしております」と言われた。

本省の課長というポストがどのくらいの地位なのか、よくご存知でない方に説明しておく。我々国立大学が新規の企画を持っていっても、対応してくれるのは、まず係員、あるいは係長までであ

る。課長補佐が出てくることはないし、ましてや課長が顔を出すことは絶対にない。我々は係員、係長に説明をする。ただ誤解のないように説明しておくが、我々に対応してくれる係員、係長は実に誠実であり、丁寧に我々の説明に耳を傾けてくれた。我々の説明には、しばしば専門用語が入ったり、けっして理解しやすくはないであろうが、それを実に丁寧に聞いてくれる。いずれは省内で、この企画の適否を議論することになる。そのためには説明材料が必要になる。さらには財政当局との熾烈《しれつ》な予算折衝が待っている。その時の説明材料を集めるために、さまざまな質問が繰り出される。我々はできるだけ詳しく、辛抱強く説明を重ねた。

ちなみに全国一〇〇あまりの国立大学から、毎年大量の新たな企画が出される。その一つ一つに対応することは容易なことではない。それをいやな顔一つ見せず、聞き役にまわるのは大変なことだと思う。筆者は一九九三年に『ドイツ近代科学を支えた官僚』(中公新書)という本を出版した。この本の主人公はアルトホーフという一九世紀末から二〇世紀初頭にかけて活躍した、ドイツの学術官僚である。彼は「ふところにピストルを隠しながら」大蔵省と交渉したという。彼のおかげで大学のポストを獲得した者、新しい実験室、研究所を作ってもらった学者は多い。その彼等の多くが、やがてノーベル賞を受賞した。そのため、アルトホーフは「ノーベル賞受賞者のゴッドファーザー」と呼ばれた。

この本を書きながら、頭のなかにあったのは、我々の話を辛抱強く聞いてくれる文部省の係官のことであった。上記の本のなかでは、筆者は傲慢不遜なアルトホーフ像をかなりあくどく描き出した。しかし、我々の折衝相手になってくれた係官等は、けっしてそうではなかった。だからこの本のなかで、こう書いた。

「われわれ大学の教師が、なにがしかの理想と情念をもって、一つの企画を練り上げてゆくのと同じように、政策実行者は政策実行者として、彼等なりの理想と情念をもって、企画案を練り上げてゆく」。

さらにはこうも書いた。

「いまや国立大学の数は一〇〇近くに達し、学部数ともなれば四〇〇近くになる。毎年これだけ多くの大学・学部から新たな企画・構想が文部省に向けて提出される。それらを鵜呑みにして、そのまま実行に移そうとしたら、一国の国家予算の大半を投じても、それでもなお実現できない規模に達する。これらおびただしい数にのぼる新企画のなかから、どれを取り上げ、どれを切り捨て、最終的には国家予算の許す範囲内にまとめあげてゆくか、これが官僚機構に課せられた責任であり、義務であり、使命でもある。

だからこうした取捨選択の過程には、官僚が日頃から蓄積してきた専門的な知識・経験がフルに動員される。そして高度な総合的な判断力に基づく政策選択が行われてゆく。大学側との交渉・折衝を出発点として、文部省内での協議・調整、さらに財政当局との熾烈な予算折衝、これが大学政策、学術政策が形作られる現場である。われわれ大学の教師が、なにがしかの理想と情念をもって、一つの企画を練り上げてゆくのと同様、政策実行者もまた政策実行者として、彼等なりの理想と情念をもって、おびただしい数の企画案のなかから意義のある企画案を選び取ってゆく。ここ数年来筆者が体験した経験とは、こうした政策選択の一齣だった。

こうした場面に臨み、筆者が肌で感じ取ったことが二つある。まず第一は、政策実行者としての官僚の判断力がいかに重要かという点である。しかしそれにもまして強く印象付けられたことは、大学側がどれほど優れた意義のある企画を構想しうるか、このことに日本の大学政策、学術政策が大きくかかっているという事実である。大学自らが今ある大学をいかに評価し、いかなる方向に向けて改革してゆくのか、こうした自己反省に根ざした自己改革意欲なしには、官僚機構といえども優れた大学政策、学術政策を展開することができない。そこに必要なのは、予算獲得のための単なる方便でもなければ、手練手管でもない。何にもまして求められるのは、大学自らが作り出す大学の将来像であり、学問像である。官僚機構がどれほど優れた大学政策、学術政策を展開できるかは、ひとえに大学自らの力量にかかっている」。

この一文は賛否両論を呼んだ。「とんでもないことを書いた」という意見、「よくぞ言ってくれた」という意見、さまざまあった。もともとこの本は、こうした反応があることを予想していたが、そのとおりになった。

話を国際開発研究科に戻すが、なぜ名古屋大学は文部省に感謝されたのか。その背後には、次のような国政レベルの動向が関係していた。日本のＯＤＡの増加、メディア上で展開されるＯＤＡ批判のなかで、外務省は専門人材の育成を検討し始めた。新聞データベースを検索してみると、国際開発大学という言葉が最初に登場したのは、一九八五年一二月一九日のことである。この日、かねてからODAのあり方を検討していた「ODA実施効率化研究会」は、「これまでの日本のODAは金額面で先進国水準に追いつくことを急いだ結果、カネとモノに偏り、現地の事情に合わない」などの批判がある点を反省し、援助基本政策を確立し、現地の実情に合ったきめ細かな援助を展開するため、専門人材を育成するため国際開発大学（仮称）の設立を提案した。

さらに一九八七年七月五日には、当時の外務大臣が富山市を訪問し、その席上、開発途上国への援助に携わる人材を育成する「国際開発大学」（仮称）を設立する構想のあることを発表した。ところが関係者の話では、こうした動きを受けて、全国各地からの誘致運動が高まり、その数は総計三五箇所に達したという。

こうなると、設置地としてどこを選ぶかという新たな問題が生じる。新構想大学の誘致となると、さまざまな利害関係が絡み出す。そこで一旦は国際開発大学構想はストップしたという。

さらに新聞記事をたどると、一九八九年七月二二日には、外務省は、発展途上国に対する開発援助の専門家育成のため、九〇年代半ばを目標に、独立した大学院レベルの国際開発大学を開設する方針で、推進母体となる公益法人を今年度中に設立することを決めたとの記事を発見できる。一九八九年七月といえば、名古屋大学では依然として学部間の調整が続いていた時期である。

我々は学部間の調整を続けるのと平行して、他大学の情報も収集しようとした。我々の想定では、国も新構想大学を作るとしたら、最初は一つだろう、と思っていた。後年、当時の関係者から聞いた話では、その当時から五大学くらいを想定していたという。この辺が、中央レベルでの構想と現場での認識との食い違う点なのであろう。ともかく名古屋が国際開発研究科を検討している話は、

ボックス❸：ある記者の死

ある日、N記者が研究室に現れ、こう話を切り出した。「実は自分はかつてODA批判のキャンペーンの中心にいたことがある。しかし、それから一〇数年もたち、自分の考え方にも変化があった。もう一度よく取材をして、考え直してみたい。今度貴方はJICAのベトナム初等教育整備計画のための国内支援委員会の委員長になったようだが、しばらく取材を続けさせてもらえないか」。断る理由はないので、どうぞ時間のある時においでください、ということで接触が始まった。筆者はN記者に自分の経験していることを、率直に語った。ところが、そのうちにぷっつり姿を現さなくなった。年賀状にも返事がなかった。二月に入った頃、実は自分は目下入院加療中の身であると、めちゃめちゃな字で書いた葉書が届いた。それから数ヶ月して、今度は立派に印刷された挨拶状が届いた。自分は六ヶ月ほど以前、余命あと六ヶ月と診断された。ところが昨日、ついにその期限を乗り越えた。これからは第二の人生と考え、大いに仕事に邁進するつもりだと書いてあった。その後、数ヶ月がたって、今度は奥様の名前で、生前のご厚誼に篤く感謝したいとの挨拶状が届いた。N記者は心の熱い人だった。もっともっと語り合いたかった。なぜODA批判のキャンペーンを張ったのか、それからどういう心の変化があったのか、筆者が現在しようとしていることは、N記者から見ると、どういうふうに見えるのか、話し合うことは、いくらでもあった。一期一会というのは、こういうことであろうが、あまりにも時間が短かすぎた。

自然と外へもれるらしい。各地の大学が同様な検討作業を進めていることが伝わってきた。我々は密偵を放ちはしなかったが、集められる限りの情報を集めようとした。ところがどの大学も同様に、学部間調整で手間取っていた。

はるか後年になって、名古屋大学から遅れて同種の大学院を立ち上げた大学に、集中講義に出かけた。その時はまだ、設立の中心人物となって苦労された方が、定年直前で残っておられた。その方は筆者の顔を見るなり、なぜ名古屋に遅れをとったのか、いかに残念な思いをしたかを、正直に語ってくださった。それは筆者には実によく理解できる話であった。名古屋大学もまた何回か、空中分解の危機に見舞われた。

このように国政レベルでの動きは、一九九〇年に入るとさらに加速されたように思える。たとえば、国会でもさまざまな動きがあった。当時の社会党（現在の社会民主党）の党首は土井たか子委員長であった。我々がまだ国際開発研究科を作るという意思をまとめられないでいた一九九〇年三月五日、国会では土井委員長はこういう質問をしていた。

「ODAは、本来、最貧困地域、最貧層、社会的弱者への支援が目的であり、被援助国の経済的自立、民生向上が最優先されなくてはなりません。そのためにも、ODAの目標をGNP一％に置き、当面国連決議である〇・七％を目指すとともに、ODAの基本原則、優先順位、情報公開、計画と予算についての国会の関与、実施体制の一元化とNGOの参加などを盛り込んだ国際開発協力基本法の一日も早い制定が不可欠であります。総理の御見解をお聞きしたいと存じます。（中略）国連は、昨年、子どもの権利条約を採択しましたが、我が国は早期批准のための準備本部を発足させるべきであります。また、ことしは国連が決めた国際識字年でもあります。非識字者の七割がアジアに集中していることを考えるならば、ODA予算の重点配分を含め、日本が識字教育のために積極的な役割を果たすべきであると思いますが、総理の御所見を伺いたいと存じます」。

それまで土井委員長がODAの問題に言及することはあまりなかったことは、当時の議事録を検索するとわかる。せいぜい、対フィリピンODA、マルコス疑惑の関連を追及する程度だった。ところが一九九〇年頃から、そのトーンが変わりだした。

一九九〇年一〇月になると、衆議院本会議においてこう発言している。

「我が国の政府開発援助、ODA関係予算は一兆四千四百九十四億円、世界一になりましたが、問題はその内容であります。かねてより、我が国の海外経済協力のあり方は、理念も不明確であり、かつ国民にはほとんど実態がわからない、そして現地の人々から歓迎もされない事例が数多く指摘されています。（中略）国民が大きな関心を持っている国民の税金で賄われるODAについて、これ以上政府の独断で進めることをやめて、国民の合意のもとに進めるために、いわゆる国際開発協力基本法を制定すべきことを強く主張しますが、御見解を求めます。」

つまり一九九〇年という年は、潮の流れが変わりだした年だった。すでに一九八九年一〇月一七日の衆議院予算委員会では杉浦委員（杉浦正健）から文部省に対して、経済協力学科を設置する計画はないのかとの質問が出されていた。

「我が国のODA事業は、諸外国と比べますと非常に立ちおくれておると言わざるを得ないと思います。ヨーロッパなどは植民地経営の経験がございますから、長い歴史と経験を持ち、ノーハウもあり、人材も豊富であります。我が国は、ついこの間までは被援助国であったわけでありまして、漏れ聞くところによりますと、まだ世銀借款は一部返済金が残っておるというふうに聞くところでもあります。（中略）

そこでお伺いいたしますが、外務省に国際開発大学（仮称）を新設するという構想がおありだと承っておるわけでありますが、この進捗状況はいかがなものか、お伺いしたいと存じます。また、これは文部省にお伺いいたしますが、これはまだ出ておりませんけれども、国公立大学に例えば経済協力学科を設置するとかいうことはいかがなものでございましょうか。お伺いしたいと存じます」。

これに対して、石橋国務大臣は次のように答弁している。

「外務省が国際開発大学の設置の構想を持っておりますことは十分承知をいたしております。この件につきましては、この充実に意を用いていく所存であります。それから次に、国公立大学に経済協力科を設置してはどうかということでありますが、経済協力事業に関する教育、研究の内容は経済学等の社会科学、あるいは工学、農学など広範な学問分野にわたるものであります。例えば国際経済、地域経済、国際関係論あるいは経済開発論、低開発経済、地域開発論などの授業科目を開設しておりますが、まだ一体的にこのような学科の設置の点までには至っておりません」。

さらに我々が文部省に対して、計画説明をしている頃、一九九〇年五月二四日の衆議院大蔵委員会でも、同様な問題が取り上げられ、外務省大臣官房参事官からは、次のような答弁がなされていた。

「国際開発大学構想ということで援助に携わる人材の育成を試みたらどうかという提言がなされております。ただ、大学を一気につくるというのは、そのための研究者等の数が相当なレベルに達していないとできないものですから、我々としましては、現在、国際開発高等教育機構という財団をつくりまして、それを通じまして研究者の育成を図っていきたいと思っております。これが将来うまくいきましたときに、第二段階の話として国際開発大学構想というものを考えてみたいというように考えております」。

6　海外実地研修の企画

このように、国会、政府ではODA大国として、いかにして人材を育成するか、議論が戦わされていた。我々はどこの学部がどれだけのポストを供出するかで、また研究科が成立した時、だれがそこに移籍するかを詰めなければならなかった。その詳細は省くが、どの学部でもこの作業は容易なことではなかった。ある学部の場合には、ポストを出し過ぎたとして、その当時学部長だった方が、定年退職する際、名誉教授の称号を与えるべきではないとの意見が出たという。

このように学部内で詰める作業をする反面、新しい研究科の内容を詰める仕事も進めなければならなかった。いかなるカリキュラムを組むか、いかなる教授陣をどこから迎えてくるのか、無数の仕事があった。それらの一つ一つは書かないが、ただ一つ「海外実地研修」のことだけは触れておく必要があるだろう。

新しい研究科の特色として、「現場で学ぶ」という方針は、早いうちから決まったが、問題は具体的にどういうプログラムを組むか、そのための費用をどうやって捻出するかにあった。この国際開発の専門家を育成するには、名古屋で本を読んでいればすむものではない。院生を連れ出し、海外の現場に立たせなければならない。問題はそのための経費をどうするかである。かりに学生三〇人を、二名の教員が引率してゆくとすると、それなりの経費がかかる。文部省に相談しても、「そんな学生の修学旅行に国民の血税を使うわけにはゆきません」という答えが返ってくるだけであった。教員の海外出張旅費もまた、大学に毎年決まって配分されてくる基礎的な経費からは支出できない。現在とは違って、海外出張のための経費は別枠になっていて、それには限度があり、いつも厳しい競争となっていた。それを調達するとすれば、科学研究費補助金（以下では科研費と略称する）のなかの「国際学術研究」というカテゴリーに応募するしかない。ところが、毎年科研費がとれる保障はない。しかし学生がおり、フィールドから学ぶことを特色として標榜している以上、毎年実施しなければならない。安定的な資金がどうしても必要になる。どうするか。

そこで当時の経済学部長が地元財界に呼びかけて、寄付金を募ってくれた。これが資金となり、海外実地研修ができることとなった。あの募金がなければ、実施できなかったことだろう。また海外実地研修は、ただ現地に出かければよいというものではない。その事前指導がきわめて重要である。長年、国連地域開発センターで働いていた経験豊富な教授が中心となって、夏休みに集中訓練が実施された。

また、学生の募集のしかたにも国際開発研究科としての独自性を出す必要性がある。だいたいの構想としては、三分の一は外国人学生、三分の一は青年海外協力隊出身者など、現場経験の持ち主、残りの三分の一は学部新卒者という見当で、入試選抜に臨むことにした。また外国人でも受験できるように、試験問題は日本語と英語と二種類用意した。また公平性を確保するために、試験開始前後、試験中の口頭での指示もまた、すべて日本語と英語の二通りを用意した。

実際の募集をしてみると、さらに面倒なことが起きた。受験生に求められる最低資格は、四年制大学を卒業していることである。ところが、どこどこの国にある〇〇大学の何々学部を卒業したと応募書類に書いてあっても、果たしてそのような大学が存在するのかどうか、どのような方法で確認できるのかが問題となった。さらには、書類に書かれている大学は、本当にその国で正式の大学として認められているのかどうか、どうやって確認したらよいのかが問題となった。

ちょうどその頃から（一九九〇年頃）、日本でも大学の質保証が話題となっていたが、我々は一足飛びに、世界の大学全体のアクレディテイション（大学としての資格認定）の問題に直面した。

一九九一年からは、日本の大学についても、認証評価機構による認証評価を受けることが「努力目標」とされた。世間ではその是非をめぐり、あるいはその具体的な内容・手続きをめぐってさまざまな論評が飛び交っていた。しかし我々はそのような評論にかかずらっている余裕はなかった。世界全体の大学の認証評価機関があったら、さぞかし便利だろうと思った。

ともかく書類審査を行い、試験を行い、面接を行い（日本語、英語）、合格者を決め、一期生が入学してきた。国際開発研究科としての固有の教室、研究室はもとより、事務室もなければ研究科長室もない。当分は各学部の教室を使わせてもらい、教員は元の研究室をそのまま使うことになった。つまり蛸足大学院ができたことになる。これでは学生の居場所が困る、事務が困るということで、その当時名古屋大学内で唯一のプレハブ校舎ができた。国際開発研究科としての建物ができるのに、四年ほどの時間がかかった。

息をつく暇もなく、最初の卒業生が生まれる時期になった。我々が当初予想していた市場は、国際機関、コンサルタント企業、国際開発関係の諸機関などであったが、そうスムーズにはいくまいと予想していた。普通の卒業生とは違って、卒業式に全員の就職先が決まっていることにはなるまいと予想していた。ところが第一期の卒業生が生まれるのを待っていたかのごとく、一部のメディアが「新研究科を作ってはみたが、お先真っ暗」式の記事を書き始めた。ある雑誌には「定員が埋まったかのように見せかけるために、社会人、主婦集めをやっている」といった主旨の記事が登場した。こうした声には実情を正確に説明しておく必要があると考え、一文を発表した。**ボックス4**は、その時の記事である。

ボックス❹：Q氏への反論

かねてから本紙の連載は、興味深く拝読してきた。その論調の辛口ぶりは、本紙のなかでも異彩を放っていた。筆者もハッとさせられたことが、いくたびもあった。しかし、それにしては先日の「旧帝大横並び時代の終了」は、いただけない。Q氏に反論しておきたい。

まずQ氏は、「旧帝大では旧教養部の相当数の先生を優遇するために、学際的な大学院を設けた」とし、その具体的な研究科名を挙げるとともに（そのなかには筆者が関係する名古屋大学の国際開発研究科もふくまれている）、「旧帝大も酔狂なことを始めたものだ」と断じている。「酔狂なこと」を始めた者の一人として、次のような事実だけは正しておきたい。筆者の所属する名大の国際開発研究科は、教養部改組とは関係なく、それとは独立して、法、文、経、教育、言語文化部という文系五部局の共同事業として始めたものである。だから「旧教養部の先生を優遇するため」といった目的は、一切ふくまれていない。それどころか、既存学部がわが身を切るようにして、作り上げた研究科である。Q氏に限らず、世間一般では大学院改組をもって「物取り合戦」といった皮肉な目でみているようだが、少なくとも名古屋大学の国際開発研究科は、文系各学部の犠牲と出血の上にでき上がったものである。そのことは若干でもこの研究科発足の事実関係を調べれば分かることである。

しかしこんなことは、どうでもよい。それ以上にもっと問題なのは、「不況とはいえ就職には概して心配の少ない旧帝大で、学部卒業生が就職もおぼつかないこの大学院にストレートで進学してくるわけがない。いきおい社会人や主婦の学生に期待することになろう」という下りである。どうやらQ氏の頭のなかでは、「学部からストレートに進学してくる学生が優秀で、社会人・主婦は定員充足率を高めるために、大学院がしかたなく採用している二流・三流の学生」という思い込み、前提があるようである。これは単純な事実誤認では済まされない、基本的なものの考え方に関係する問題である。

我々名大の国際開発研究科は、社会人に向けて積極的に門戸を開いている。問題はその社会人の中身である。Q氏に具体的に理解してもらうために説明しておくならば、わが研究科で一番多い社会人とは、青年海外協力隊の経験者である。彼らが開発途上国で獲得してきた直接体験は、およそ国際開発とか国際協力に関係する諸問題を理解し、さらに発展させるうえで、きわめて貴重な素材である。それは彼ら、あるいは彼女ら自身の学習にとって重要なだけでなく、開発途上国についての直接経験をもたないまま、学部から直接進学してきた院生の学習を深めるうえでも、きわめて貴重な財産である。我々が積極的に青年海外協力隊経験者に門戸を開いているのは、我々の研究科での学習や研究、教育をできる限り、現実に則したものにつくり上げたいからである。

そもそも日本の大学の最大の欠陥は、社会体験の乏しい若者だけを相手にしてきたことにあったのではなかろうか。だから学問が現実から遊離し、抽象的なものになってしまったのではなかろうか。我々が社会人三分の一、外国人留学生三分の一、新卒者三分の一という構成になるよう努力しているのは、できるだけ院生の背景を多様化し、こうした多様な背景をもった院生相互の交流を通じて、活きた国際開発・国際協力を理解して貰おうと思うからである。Q氏は学部からストレートに進学してくる学生こそ偏差値が高いと単純に思い込んでいるようだが、むしろ我々が求めているのは、社会体験もなしにストレートに学部から進学してくる学生でなく、国際開発、国際協力の分野で経験をもち、大学院でさらにそれを深め、発展させようとする基礎と意欲をもった学生である。これはおよそQ氏の価値観とまったく異質な価値観であり、大学観なのであろう。

またQ氏は、主婦を入学させても「卒業まで相当手間がかかり、卒業したところで、就職や所得を得るようになるのはラクではない」という。この点に関しても、筆者自身の経験をもって答えるのが、一番適切であろう。まず問題としなければならないのは、Q氏が単純に「主婦」とレッテルを張ってしまう彼女たちの背景である。Q氏の目からみれば、ごく単純に「主婦」としか映らないのだろうが、我々の目からすれば、彼女たちは単なる「主婦」ではない。皆、それぞれの地域社会で国際交流、外国人労働者を対象とするボランティア活動、NGO活動を行っている活動家である。国際交流・国際協力といったものは、なにも国際機関、外務省・在外公館、JICA、海外経済協力基金などに勤めている人間だけでできるものではない。こうした地域レベルでの草の根の活動があって、はじめて可能になることはここで繰り返すまでもあるまい。我々の国際開発研究科は、こうした人材を育成することも、その目的の一つとしてふくんでいる。

たしかに彼女たちが卒業までこぎつけるのは、簡単ではない。それは当然のことで、主婦業をこなし、母親業をこなし、地域活動にも時間を割き、そのうえで院生としての学習をこなすのだから、並大抵のことではない。しかしQ氏のように、「卒業したとしても、彼女たちを受け入れる新たな就職口、稼ぎ口があるわけではない」と断じるのは明らかに誤りである。彼女たち自身、何か別の就職口を求めて大学院にきているのではない。大学院の課程が終われば、その時に獲得した知識、情報、人脈を活用するために、ふたたび地域のボランティア活動、NGO活動に戻ってゆく。むしろその時からが、我々大学院との密接な連携が始まる。卒業後もさまざまな情報、資料、人材を求めて大学院にやってくるし、我々はこうした活動を通じて、日本の草の根のレベルでの国際交流に触れることができる。Q氏は主婦の大学院進学を、もっぱら「生涯学習機会のうちではもっとも高級で、恰好はいい」と決めつけいるが、それはあまりにも実態を知らない議論である。

以上、我々の研究科での「社会人」「主婦」の実態を説明したのだが、ここでQ氏に問いたい。Q氏はこの現実を知ったうえでも、社会人、主婦を二流、三流の学生と呼び、彼等彼女等をかき集める「新型」大学院づくりに狂奔する大学を「酔狂」と呼びたいのか。もしそうだとするならば、Q氏はあまりにも実態を知らなすぎるし、それ以上にそれぞれの大学がいかにして新しい大学像を模索しようとしているのか、その実態を知らなすぎる。

（一九九四年執筆）

7　国際機関でのインターンの導入

年々生まれてくる卒業生の就職先を確保するにはどうしたらよいのか。このためには、さまざまな機関とさまざまな交渉を行った。そのなかでぜひ語っておきたいのは、タイのバンコクにあるユネスコ事務局へのインターンの派遣である。その当時筆者はユネスコ国内委員会委員をしていた。ユネスコは隔年ごとにパリで総会を開くことになっていて、筆者は一九九五年の総会に出席した。ところが、会議が開会された途端に、イスラエルの首相暗殺というニュースが飛び込んできた。全員で黙祷を捧げたところで、会議が始まった。

この総会に出席し、さまざまな経験をした。一九九五年はちょうどイギリスがユネスコに復帰した年だった。イギリスの代表が、我々の席にやってきて、「これから我々もユネスコに復帰するので、ぜひ日本も協力してくれ」と挨拶にきた。また会場ではかつてドイツ留学時代に友人だった人が、ドイツ代表としてきているのに、ばったり出会った。また世界銀行がコロンビアで開催したワークショップに参加した時、一緒だったアフリカからの代表ともばったり出会った。

そうしたことはともかくとして、パリに向かって出発する前から、ある目標をもっていた。それはパリ滞在中に、ユネスコの国際教育計画研究所を訪問し、インターンの受け入れについて交渉することであった。院生の教育を開始してからまもなく、二年間の修士課程だけではどうにもならないことが、すぐわかった。そうかといって、普通の博士課程を作ってしまうのだったら、わざわざ新たな研究科を作った意味が無くなってしまう。その当時から、大学院をいかにして今までのような大学教員の養成ではなく、高度職業人の養成コースに作り変えることができるか、それが懸案事項であった。

そこで各教員はそれぞれ持っている国際機関との関係をもとに、インターン受け入れ交渉をすることになった。世界銀行とのパイプの太い人は、世界銀行の線を当たった。アジア開発銀行とのつながりの深い人は、そことの交渉を行った。筆者はユネスコとの打診をすることとなった。

交渉をしているなかでわかったことは、パリは物価が高く、ここでインターン生活をするには、かなりの費用がかかるということであった。つまり部屋代が高く、院生の個人負担では無理だということがわかった。そこで

図Ⅰ-2　ユネスコ総会にて（堀江振一郎企画官（左側。現在東宮侍従）とともに）

パリを諦め、バンコクにあるユネスコ事務局と交渉することに切り替えた。そこの所長とは、ユネスコ総会ばかりでなく、これまでも何回か顔を合わせていた。そこで名古屋の院生をインターンとして、受け入れてくれるかどうか打診を始めた。バンコク事務局は専用の宿泊施設を持っていて、そこに寝泊りすればそうとう安価に住めること、ともかく応募書類を送ってくれということになった。

名古屋に帰ると、すぐ院生を集めて、申請書の書き方の指導を始めた。インターンとして採用してもらうには、所員の誰かが採ってみようという気を起こさない限り採用してもらえない。応募書類には、他人が読んで、何かひき付けるものがなければならない。英語はTOEICなり英検なり、何点をとったのか、また何時から何時までどこで、具体的にどのような内容の仕事を行い、その結果、どのようなことができるようになったか、それを書かなければならない。日本的謙譲の美徳を発揮するのではだめで、そうかといって虚飾ではだめ。自分を冷静に見つめて、何がどの程度できるのか、それを書かなければならない。たとえインターンに採用されても、使えないと見られたら、まったく仕事を与えられず、期間が終わるまで「窓際族」で過ごすことになる。

ともかく第一回目の院生が帰ってくるまでは、気が気ではなかった。果たして受け入れられるのか、認められるのか。四週間のインターンを終えて帰ってきた院生を捕まえて聞いてみると、大いに歓迎されたという。しかももう一度こないかといわれたという。しかも期間中に中国でのワークショップに参加し、その講師も勤めたという。その返事を聞いて、ホッとするとともに、いったいどうしてそれほどまでに歓迎されたのか、不思議に思えてくる。そこで、根掘り葉掘り聞き出した。まずどういう仕事を任されたのかを聞くと、その院生はExcelができるので、Excelでの計算、グラフ作成を任され、さらにはExcelの使い方のわからない所員に、その手ほどきをしたという。またどうしてもう一度こないかと言われたのか、その理由を聞くと、その院生はExcelだけでなく、ホームページの作り方をマスターしていたので、バンコク事務局のホームページを作ってくれと頼まれたという。その院生がなぜホームページの作成ができたかは、ボックス5を参考にしてもらいたい。

ボックス❺：ホームページ作りの効用

新たな国際開発研究科のビルが建つ頃には、情報環境の整ったインテリジェント・ビルは、時代の趨勢となっていた。国際開発研究科の構想のなかには、国際開発に関する情報発信の拠点となることが含まれていた。情報関係の若い専門家が新たに採用され、その人が国際開発研究科のホームページを立ち上げるとともに、希望者対象に講習会を開き、その作成方法を教えてくれた。

その講習を受けるうちに、この技術は絶対に院生には教えなければならないと思った。この手法をマスターすれば、思い通りに自分の研究成果を公表できるではないか。その当時、筆者は名古屋大学出版会の理事、理事長をしており、学術出版のコストが年々高くなっていくのを目の前で目撃していた。出版会の理事長になると、出版物の奥つけの発行人のところに、筆者の名前が書かれる。つまり発行上の責任者になる。ところが、理事長になって最初に刊行された本のタイトルが、縁起でもない『読書人の没落』という本であった。縁起でもないというのはタイトルのことで、この本はじつに内容の濃い優れた本である。筆者は大学院のテキストとして使用したことがある。

ともかく年々高騰を続けるコストに対抗するには、何らかの手段が必要である。ところがいったんホームページの作成法をマスターしてしまえば、自分でウェッブサイトを作り、そこに研究成果を載せればすむではないか。学術情報をいちいち著作物にして、市場に流さなくてすむではないか。さっそく院生諸君にホームページの作成方法を教え、ためしに共同研究の結果をそこに掲載することにした。

まず最初に院生諸君と共同してやった作業とは、受け取り国からみたODAの流れの分析である。ある国はもっぱら、アメリカ、イギリス、あるいはフランス、日本などの特定国からのODAだけを受け取っているだろう。あるいはまた、それとは逆にさまざまな国から万遍なくODAを受け入れている国もあることだろう。OECDから毎年報告されている報告書からデータをとり、どの国がどこの国からのODAを、どれほど受け入れているのか、その比率をもとに、クラスター分析を行った。そしてイギリスからのODAが主流になっている国、フランスからのODAが主流になっている国など、類型分けをし、それを世界地図に色分けしてみた。

クラスター分析にかけると、けっこうはっきりした傾向がでてきた。またこの分析では、大量のデータを Excel に入力したが、このデータをこのまま眠らせてしまうのはもったいない。そこでホームページ上にこの Excel ファイルを貼り付け、誰でも自由に使ってください、ただ我々は一九九四年度まで入力したので、その後の年度のデータを入力の上、また公開してくださいというお願いを書き添えておいた。(http://www.ushiogi.com/recentpub/geo/index.html)

こうしておけば、同じ分析をする人が、またはじめから大量のデータを入力しないで済む。またこういうサイクルがうまく回るようになれば、データの共有化も始まる。その頃、アメリカでは個人の著作権を主張するコピーライトの思想とは対照的な「コピーレフト」の思想が主張され始めていた。我々もこのコピーレフトという思想が、どれだけの可能性をもつのか、試してみることにした。

その時以降、研究用のデータの公開化、共有化を、さまざまな場面で提案を続けてきた。少しずつではあるが、次第に同調者がうまれつつある。それ以来、筆者は時間の許す限り、自分の書いた文章を自分のウェッブサイトに掲載してきている。

筆者の名古屋大学での最後の頃は、まずは院生諸君にホームページの作成法を教えた。バンコクにインターンにいった院生がホームページの作成法をマスターしていたのは、こうした流れのなかにいたからである。

第一回目のインターン派遣は、期待以上の成果を上げた。たまたまバンコクにゆく機会があったので、バンコク事務局に立ち寄ってみると、皆が「あのような院生だったら、いくらでも欲しい。ぜひまた送ってくれ」とたのまれた。それ以来、毎年のように名古屋大学国際開発研究科からは院生がインターンとしてバンコク事務局に派遣されることとなった。

インターンの効果は、直接現場での経験ができる、自分の持っている実力がどの程度評価されるのか、それを具体的に知ることができる、インターン期間中、さまざまな人々と接するうちに、当人の実力を認めてくれる人が現れる、それがきっかけになって就職機会が増える、などなどである。専門職業人の育成、就職先の開拓は、このように時間がかかり、手間暇がかかる。まだ一期生しか卒業していないのに、面白おかしく「お先真っ暗」と書きたてたメディアの無責任さには、いまさらながら怒る前にあきれた。

8　新構想大学院の現状と可能性

一通の手紙

しばらく前から、筆者のもとに遙か海を越えて、たどたどしい英語の手紙が月に一度届くようになった。手紙の書き主は、国民一人当たりGDP五〇〇ドル以下という最貧国に住む一三歳の少女である。彼女はいま筆者たちの拠出する、月一、〇〇〇円の奨学金で、中学校に通っている。筆者がこうした奨学生プロジェクトのあることを知り、及ばずながら貧者の一灯を灯すようになったのは、筆者の国際開発研究科に、ある外国人留学生が入学してきたときからのことである。

はじめ私費留学生として日本にきていた彼は、幸運にもある年度から国費留学生になることができた。その彼がまず最初にやったことは、奨学金の月額一七〇、〇〇〇円という数字にあやかり、彼の生まれ故郷の中学校から一七名の生徒を選び、彼らに奨学金を送り届けるプロジェクトであった。こうして一七名というささやかな規模で始まったプロジェクトは、やがてその趣旨に賛同する人々が増加するにつれて、今では一〇〇名ほどに成長するまでになった。

月額一、〇〇〇円という金額は、我々日本人にとっては、ごくささやかな金額でしかない。ところが、これがいったん海を超え、国民一人当たりGDP五〇〇ドル以下というこの最貧国にたどりつくと、一夜にしてこれが大きな金額になり変わる。これだけあれば、中学校の授業料を払い、教科書代、通学費、制服代などを、じゅうぶんに払うことができる。これが為替レートというものの魔術である。

それでは奨学金を受け取る中学生には、どのような義務が生まれるのか。まず第一に月に一度、奨学金の提供者に英語で手紙を書かなければならない（これは彼あるいは彼女らにとっては、英語の勉強になる）。第二には周囲にいる文字の書けない人のなかから、三カ月間で最低一人を選び、その人に文字の読み書きを教えなければならない（ちなみにその国の成人識字率は、三七％でしかない）。第三に学校の勉強を規則正しく行い、成績が下がったりしてはいけない。

筆者のもとに、月に一度、たどたどしい英語の手紙が舞い込むようになったのは、筆者がこのプロジェクトに加わったからである。ところで、日本のODAは今や一兆円の規模を超え、国民一人当たりで換算すれば、毎年一〇、〇〇〇円強の規模にまでなった。まさにこの奨学金プロジェクトと同じ金額である。ところが、これだけの規模のODAがどのように使われているのか、その多くが海の彼方での事業のため、一般の人には伝わらない。だから新聞などで、ODAの無駄使いが報道されると、読者の多くはそれを本当だと信じてしまう。

それにひきかえ、この奨学金プロジェクトでは、月々送られてくるわずか一本の手紙が、我々にささやかな志が何がしかの意味をもっていることを伝えてくれる。ここが国家という、我々の身体感覚を越えた巨大機構と、ごく小規模な草の根の市民活動との質的な相違である。

ただ世間の話では、こうしたボランティア活動は、最近ではちょっとしたブームとなっているという。あるいは一種のファッションになっているという人もいる。人はそれぞれ価値観が違うし、趣味も違うのだから、いろいろな見方ができるのは、やむをえないのだろう。この本の読者のなかにも、筆者がこうした話を書きつらねることに、何がしかの心理的反発を感じる人がいるのかもしれない。筆者もまた、この種の話がとかく「美談」に祭り上げられる危険性があることを意識している。それはまかり間違えば、鼻持ちならぬ「偽善」に堕する危険性があるのだろう。現についい最近のことだが、あるボランティア活動への参加を呼びかけるポスターに、「偽善といわれてもいい。何もしないよりまし」という標語が書かれているのを見たことがある。現代とはそれだけ複雑な時代である。

ただ、こうした活動に自分自身で触れるようになってから、さまざまな人に会い、さまざまな経験をするにつれ、ある種の発見をするようになった。それは「何か世の中のためになることをしたい」と思っている人々が、かなりいるという事実である。それよりもむしろ、そういう思いを持ちながらも、具体的にどうしたらよいのか、わからないまま、右往左往している人々がかなりいるという事実である。さらにそういう人々の話を、じっくり聞いていると、彼らは単に「世の中のため、他人のためになること」をしたいと思っているのではない。「何かやり甲斐のあること」「何か意味のあること」「何か自分の心に響くこと」をしたいと思っている。つまり「世の中のため、他人のため」もさることながら、「自分の心に響くこと」「自分で何かの意味をつかめること」をしてみたいと思っている。

考えてみるならば、すべての事柄が巨大機構を通じてしか実行されなくなった現代では、一人ひとりの人間のやることは、意味がなくなってきた。個人がきりきり舞いをしながら、何かをやったとしても、世の中全体にとっては、ほとんど意味をもたない。何回かこういう経験を繰り返しているうちに、万事は政府にまかせておけばよい、という感覚ができあがる。とくに海の彼方の国のことなど、一般市民がしゃしゃり出たところでどうにもならない、政府におまかせしておくのに限る、ということになる。

しかしその反面、すべての人が「無力な市民」の座に甘んじているかというと、必ずしもそうではない。万事を政府をはじめとする巨大機構にまかせ、自らは税金を支払うだけのキャッシング・ボックスに甘んじているかといえば、必ずしもそうではない。むしろ、個人の役割が極小化し、無力化すればするほど、何か一人の市民としてできることをしてみたい、しかもやるからには、それなりの実感、達成感を感じ取れることをやってみたい、そういう願望が強まっている。

つまり「ささやかなことでよい。そのかわり自分自身の感覚を通して、その意味を実感できることをしたい」という願望である。それは言い換えれば、万事巨大機構を通してしか実行できなくなり、個人のもつ意味が極小化されてしまった現代のなかで、かろうじて個人の意味、個人としての生き甲斐を掴みとりたいという願望の現れなのだろう。さらに言うならば、万事がイデオロギーの尺度で測られる時代がようやく終焉し、誰でもが安心して「素朴な市民の声」を上げられる時代が到来したためなのであろう。

国際開発研究科の院生諸君が組織しているこうした小規模な活動には、こうした思いを抱いた市民が集まってくる。国連、世界銀行、ユネスコ、ユニセフ、ＪＩＣＡ、ＪＢＩＣ（旧ＯＥＣＦ）、これらが国際開発、国際協力、国際援助などが展開される一つの舞台だとすれば、こうしたささやかな善意の市民の集まりもまた、国際開発、国際協力、国際援助が展開されるもう一つの舞台である。しかもそれは相互に無関係な舞台ではなくて、相互に補完し合ったり、また場合によっては対立し合ったり、いずれにしても不可分の関係で相互に結び付けられた舞台である。

国際開発研究科は、こういう二つの舞台を前に、研究を行い、教育を行っていかねばならない。

卒業生のうち、ある者は国連、世界銀行、ユネスコ、ユニセフ、ＪＩＣＡ、ＪＢＩＣ等に活躍の舞台を見出していくことだろう。またある者は、ささやかな善意の市民の集まり、草の根の市民活動、ＮＧＯ、ＮＰＯ等のなかに、活動の舞台を見出していくことだろう。あるいは両方にまたがって活動していく者もいることだろう。いずれの場合にしても、この二つの舞台が互いにどのように動いていくのか、それを知らない限り、この現代では有効な活躍はできない。世界銀行という機関がどのような行動方針をもった機関であるのか、それを知らないＮＧＯは、この現代においては有効に活動することはできない。

海外実地研修

名古屋大学大学院国際開発研究科が設置されたのは、一九九一年のことである。その設置の目的は何であったのか。それは他でもない、すでに日本は世界最大の援助提供国となり、ＯＤＡ予算だけでも年間一兆円を超える規模に達し、それを如何に運営していくかは、日本にとって避けることのできない、新たな課題となり始めている。さらには国連、世界銀行をはじめ、さまざまな国際機関があるが、そこで実際に働いている日本人の割合は、日本の提供する資金規模と比較してみても、きわめて低い。こうした国際開発、国際協力、国際援助などの分野での専門家を養成することが、この研究科が創設された狙いである。

だから、この研究科の目的は、既存の人文・社会科学系の大学院とは、かなり違う。まず第一に、この研究科は大学教員の養成だけを目的としているのではなく、国際開発、国際協力、国際援助などの現場で活躍する専門家・実務家を養成することを目的としている。もっと正確に言うならば、長年にわたって、日本の社会を支配してきたアカデミズムと実務家世界(この実務家という言葉は、日本では独特な意味を帯びている。多くの人は実用的、実務的という言葉を聞くと、理論という高尚なものを水で薄めた、それだけ価値の低いものと理解するらしい。あるいは、それとはまったく逆の意味になる)との壁を取り払うことが狙いである。だから、我々の日常的な院生指導では、「修士課程を終了したら、どんどん実際の世界に入っていきなさい。そして実務世界で働いているうちに、もっと勉強したくなったら、自由に戻ってきなさい。我々はいつでも門戸を開けて待っていますよ」というものである。また、たとえ博士課程に進学しても、「名古屋にいて机の前に座って本だけ読んでいただけでは、現実はわからない。あらゆる機会を使って、フィールドに出掛けなさい」と指導することになる。

院生諸君もまた、積極的にフィールドへ出ていくし、研究科としても院生諸君にそういう機会を提供している。まず研究科としては毎年、かならず一カ月間の海外実地研修の期間を設けている。初年度(一九九二年度)はタイのチュラロンコーン大学と提携して、タイのなかでももっとも所得水準の低い東北部をフィールドとして、海外実地研修を行った。約三〇名程の院生を、「経済開発・企業経営」「教育・保健衛生・人的資源」「インフラストラクチュア・自然環境」「開発行政、住民参加、NGO」という四つのグループに分け、それぞれのテーマごとに、実態の把握、問題の構造分析、政策提言にいたるまで、一連の作業を実施した。

実態の把握、問題の構造分析、政策提言にいたるまでの一連の作業を行った理由は、やがて国際開発、国際協力．国際援助のような分野に入れば、単なる実態分析では済まされず、そこから得た知見をもとに、いかなる政策提言を行うか、こういう問題解決型の思考が求められるからである。たしかに院生程度の知識・経験をもってしては、いくら政策提言とはいっても限界がある。しかし、我々が狙ったのは、こうしたフィールド・ワークを通じて、いかにして現実を変えることができるのか、現実を変えるための芽をどのようにして発見していくのか、そういう問題解決型の思考様式であった。ただ断っておくならば、これはけっして彼ら・彼女たちが将来「実務家」になるから必要だというのではない。たとえアカデミズムの世界に身をおく場合にも、むしろ、それならばなおさらのこと、問題解決型の思考様式が不可欠だからである。

こうした海外でのフィールド・ワークにとって不可欠なことは、事前の研修である。夏休み期間に、海外から専門家(複数)を招聘して、ほぼ一カ月にわたる集中講義を実施してもらう。ちなみに、このための経費(旅費、滞在費、謝礼)は、本研究科が独自に集めた基金から支払われる(本来ならば、ここでこの経費問題を議論したいところだが、残念ながらスペースの関係上割愛せざるをえない。現実の国際開発関係のプロジェクトでは、つねにプロジェクトの持続可能性が重要な評価基準となる。そういう観点からみると、我々の実施している海外実地研修なるプロジェクトは、持続可能性という基準をみたしていない。それを持続可能なものにするためには、どうしたらよいのか。この点については、多くのことを議論しなければならない)。

この集中講義をもとに、院生諸君は基礎知識を身につけるとともに、問題のありかを学びとる。集中講義も英語で行われるが、院生相互のディスカッションもまた英語で行い、レポートもまた英語でまとめる。海外でのフィールド・ワークはすべて英語で行われるからである（この点で、我々はチュラロンコーン大学の学生諸君に多くを負っている。現地でのフィールド・ワークでは、提携大学であるチュラロンコーン大学の学生諸君が通訳として活躍してくれる）。

このようにして、一九九二年度と九三年度の二年間にわたって、タイ東北部をフィールドとしてきたが、一九九四年度からはフィリピンのカルバルソン地域に舞台を移して、海外実地研修を実施した。この場合も現地のフィリピン大学ロスパニオス校に提携大学になってもらい、同大学の教員スタッフに事前研修を行ってもらい、実際のフィールド・ワークの際には、フィリピン大学の学生諸君に協力してもらった。こうした海外実地研修の成果は、英文報告書と日本語報告書を刊行しているので、名古屋大学大学院国際開発研究科の事務室に頼めば、残部のある限り、提供してくれるはずである。

国内実地研修の試み

以上が海外実地研修の概要であるが、我々はこうした海外実地研修での経験をもとに、一九九五年度からは、国内実地研修を実施することになった。つまり、海外の事例ばかりでなく、日本の事例からも学ぼうというのである。これは折角、日本にきているのだから、留学生（本研究科の院生の三分の一は留学生である）にもっと日本を学んでもらいたいという狙いも込められている。フィールドとして選択したのは、愛知県下のI町である。

この町は、これまで鰻の養殖とカーネーションの栽培を主産業としてきたが（それ以前は漁村）、いずれの業種とも曲がり角にきている。しかしそうかといって、他産業に転換するにしても、その基盤がない。たしかに近隣地域には、東洋一を誇る自動車製造業地帯があるが、住民がそこに通勤するにはやや距離がある。それどころか、昨今の円高のお陰で、自動車製造業本体はもちろんのこと、部品製造業にいたるまで、続々と工場を海外に移している最中で、I町住民の雇用先には到底なりそうもない。

こうした地域を対象として、実態の把握から始まり、問題の構造分析を経て、政策提言まで、行わなければならない。この地域から学ぶべき点は多くある。たとえば、このI町の行政区域のなかに、人口わずか四〇〇名の離島がふくまれている。人口わずか四〇〇名とはいっても、その島には独立の小学校、中学校が一校ずつ立派に存在している。また、診療所が存在して、医師が一名常時勤務している。なぜそのようなことが可能なのか。その島の小学校は、児童数わずか一八名でしかない。その児童数わずか一八名の小学校に、どうして六名の教員が配置されているのか、そして教員がちゃんと確保されているのはなぜか。児童数わずか一八名だと、学校が成立しない国は沢山ある。そもそも人口わずか四〇〇名の村では、独立した単独の学校が作れないのが、現在の多くの発展途上国の現状である。そのような村では、学校が作れないから、子どもたちは初等教育を受けることができない。その結果、その村全体の就学率がゼロとなり、そのような村が多ければ多いほど、国全体の就学率が低くなる。あるいはたとえ学校の建物はできても、そのような僻地校に勤務する教員が出てこない。そのため授業が成り立たない。僻地に勤務する教員を確保するために、苦労している国は多くある。いったいなぜ日本では僻地校でも教員を雇うことができ、安定的に確保できているのか。

かねてから、日本の義務教育制度の優れた点は、全国どこへいっても（都市部であろうと、農村部であろうと、僻地であろうと、富裕な地域であろうと、貧困地域であろうと）、ある一定水準以上の義務教育を提供することに成功した点にあるとされてきた（筆者にこうした捉え方を教えてくれたのは、残念なが

図Ⅰ-3　農業高校での実地研修

ら日本人ではなく、外国人であった)。このようなことが可能となったのは、単なる偶然の結果ではなく、長年にわたるシステム作りが行われてきた結果である。義務教育国庫負担法、僻地教育振興法、都道府県単位による教員採用・配置制度など、諸々の制度があって、このような教育インフラが可能となっている。

問題は、こうした日本が長年にわたって蓄積してきた成果を、いかにして次の世代に伝えるかである。それも単なる知識としてではなく、実感をもって、現実性を伴って伝えるか、これが我々にとっての課題である。そのためには、義務教育国庫負担法や僻地教育振興法の条文を教室のなかで解説しても、あるいは学級定員に関する基準、都道府県単位による教員採用・配置制度などを解説しても、有効ではない。眼前にみえる現実に疑問を抱き、その疑問を解く過程を自分で体験しない限り、伝えることはできない。我々がフィールド・ワークを重視するのは、一つの命題を書物の上から直接そのまま頭脳に移し変えるのではなく、その命題が具体的に意味するものを、実際場面のなかで確かめつつ理解してもらいたいからである。

この国内実地研修は、我々の研究科の三分の一を占める外国人学生だけを対象としたものではなく、日本人学生をも対象としている。むしろ我々が狙っているのは、日本人学生、外国人学生の両者の混合であり、日本人学生だけ、あるいは外国人学生だけという分離は、むしろ有害だとみている。これは我々の普段の講義・ゼミでの経験からきている。本研究科が発足以来、新卒者三分の一、社会人三分の一、外国人三分の一、となるよう努力してきたのは、こうした院生の多様化がきわめて効果的な相互学習をもたらすことを期待しているからである。

事実、一つの教室のなかに多様な背景をもった院生がいることは、議論を活発化し、多角化し、複眼化する上できわめて有効である。一つのテーマを巡る議論にしても、日本人だけ、あるいは外国人だけでは、こういう展開にはならないだろう、という経験をしばしばしている。我々の卒業生が将来活躍しなければならない舞台は、おそらく国籍を問わず、さまざまな人種の者が相互にコミュニケーションしなければならない場であろう。場合によっては、日本人は自分一人だけ、あとは全部外国人という場のなかで、自分の立場を正確に説明し、主張しなければならなくなるのだろう。そうした場面での活動に準備させるとしたならば、教室のなかでの多様化は、不可欠な条件である。

多くの大学で大学院改革が進行中であるが、傍で話を聞いていると、どうも隣の学科から講座をかすめ取ったの、かすめ取られたのといった話になりがちである。戦後五〇年間、我々は大学院という制度を通して知識を生産する人を養成し、知識を次世代に伝達する人を養成し、さらにはその知識を現実場面に活用する人を養成してきた。その結果、我々が得たものが、アカデミズムの不毛性、現実遊離、知的有効性の欠如だとするならば、ここでもう一度我々が依存してきた大学院という制度そのものを、虚心担懐に見直してみる必要性がある。

日本の大学院に今必要なことは、大学院を舞台に展開されている、知識の生産方法から始まり、その伝達様式、得られた知識の活用方式、活用した上での修正方式にいたるまで、一連の知識サイクルに再吟味を加えることである。今、我々に必要なことは、知的活動の現実的有効性を再び取り戻すことであり、そのための大学院改革である。知的活動における新たなパラダイム追求という努力なしには、大学院改革の完成はあるまい。

9　発達臨床学専攻の設置

国際開発研究科の創設は一九九一年のことであったが、それ以前に筆者は同じような経験をしていた。それは学部長時代のことだった。教育学部長として行ったのは、名古屋大学教育学部に発達臨床専攻というコースを作る仕事であった。なぜこういう提案を行ったのか、その背景をすこし説明しておく必要があるであろう。

その当時筆者は全国四七都道府県ごとに、将来、教員需要がどう変わるのか、推計作業を行っていた。その推計結果からわかったことは、かなりの府県で今後急速に教員需要が減少するという結果であった。その推計結果は『教員需要の将来展望』(福村出版)として、一九八五年に刊行された。

この本は、全国の教員養成学部の将来を考えるために書かれたように見えるが、筆者が目指していたのは、むしろ名古屋大学教育学部のような、旧帝国大学に置かれた教育学部の将来であった。教員養成大学・学部というものは、将来需要減小はあっても、毎年、ある数の教員が必要となることは紛れのない事実で、それだけで存在根拠を説明することができる。ところが、旧帝大の教育学部はどこでも、学部説明の冒頭に「本学部は教員の養成を目的とする学部ではない」という、「断り書き」がまずくる。それでは積極的な存在根拠なり目的は何かというと、「教育研究者の養成」だという。教育研究者といっても、フリーで成り立つはずがなく、一番多いのは全国の教員養成大学・学部の教育学、教育心理学関係の教員になる途である。しかし全国の教員養成大学、学部を全部合わせても、果たしてそれほど大量の教育学、教育心理学担当の教員が必要なのか、誰しもが疑問を抱く。かねてから、旧七帝大に筑波、広島を合わせて、九つの大学で養成しなければならないほど、需要があるのかが、しばしば話題となった。しかし話題となったといっても、その頃は、せいぜい茶飲み話程度で、発展性のある話にはつながらなかった。

ところが筆者の推計結果は、新しい事態の到来を予告していた。今後、教員養成大学・学部の縮小が避けられないとしたら、当然のことながら、その影響は旧帝大系の教育学部まで及んでくる。これまでは茶飲み話で済んでいた話が、それでは済まなくなる。旧帝大系教育学部は座して待っているだけでよいのか。筆者が抱いた危機感はこういうものであった。

それではどうするか。教育学、教育心理学の教員以外にマーケットはどこにあるのか。その時目に入ったのが、カウンセラー育成である。かねてから名古屋大学教育学部にも「教育心理相談室」が置かれ、小人数の教員が懸命になって相談業務に当たっていた。世間では家庭内暴力、学校内暴力が頻発し、我が学部の相談室にも、はれあがった頬を隠すようにして、相談に駈け込んでくる母親がいた。またこの相談室が扱ったケースを、克明に記述した報告書（もちろん、すべて匿名）を読むたびに、担当者の粘り強さ、根気強さを思わざるをえなかった。これからは、こうした専門家に対する需要が増えることだろう。そのためには専門の養成機関が必要になるに違いない。それが発達臨床学専攻の出発点であった。

そこで、発達臨床学専攻の設置のための概算要求を文部省に行った。文部省には何回か足を運んで、係官にその主旨、計画内容を説明した。さまざまな論点が出されたが、今でも記憶しているのは、果たして人間の心を他人が治せるのか、そのための一般理論があるのか、それは一人ひとりの名人芸になるのではないか、といった論点だった。たしか、名人芸だからきめ細かく伝授しなければならないのだといった説明をしたように記憶している。

ただ係官は最後に「先生。今回は講座増を認めますが、東大、京大を抜かないでくださいね」と念をおされたことだけは、鮮明に覚えている。その背景を説明するならば、名古屋大学の教育学部は、他の教育学部にはない独自の講座があった。そのため、東大、京大に近い数の講座数になっていた。その当時、東大が一七講座、京大は一四講座、名古屋が同じく一四講座あった。文部省の係官の頭のなかには、明確な大学間序列ができていて（それが一番明らかに出るのが学長の俸給ランクである）、それを乱すわけにはいかなかったのであろう。そのときの一言が、その後の国際開発研究科創設の背景の一部となった。つまり、これ以上、教育学部のままでいっても発展性がない。ここまでが限度であることを、その時はっきり悟った。

また文部省との交渉の最終段階で、臨床心理士の資格が問題となった。国家資格にするには時期尚早であり、またそうなると厚生省との関係が出てくる。文部省の係官は、民間の資格認定機関を作ることを示唆してくれた。名古屋に帰り、さっそく関係講座の先生にそのことを伝えたが、それが後に日本臨床心理士資格認定協会として具体化されることとなった。

このように発達臨床学専攻は、教育学部の将来に対する危機感から生まれた。この専攻を作った時、筆者は密かに、やがてこの専攻が教育学部全体の「逃げ込み小屋」になる時がくるのではないかと思った。やがて暴風雨が教育学部を襲った時、一時そこに非難して作戦を練るための避難場所。この分野は心理学だけでなく、社会学をはじめ、さまざまな分野の支えが必要である。いろいろな講座が最後の存在理由を確保できる場にならないか。またそういう時代がくるのではないのか。大型計算センターにこもって行った「教員需要の将来推計」は、筆者の人生を予想もしない方向に引き込んだ。

実をいうと、この教員需要の将来推計値をそのまま公表するか、大いに迷った。出てきた推計結果は、いずれもきわめて悲観的だった。いまこの推計結果を公表したら、教員養成大学・学部の縮小案が浮上することは必至である。それはおそらく大きな社会的な混乱を招くことだろう。そこで幾人かごく親しい、教員養成に深い関係をもった人々に、果たして発表すべきか否かを尋ねてみた。今後一〇年ほどで教員採用数が半減するなどという話は、景気の良い話ではない。これでだれかが得をするなどという話では絶対にない。こんな推計結果を発表したところで、迷惑がられるだけである。いったい、これをこのまま発表すべきか、それともワープロ原稿のまま、関係者だけに限定配布するに止めるか、いろいろ迷った。

しかし筆者が相談を持ち掛けた人たちの意見は一致していた。そういう推計結果になるなら、隠しておいたところで無駄だろう。どうせ、誰かが同じ推計をするだろう。そういう結果が出たなら、むしろなるべく早く発表したほうがよい。我々はそれにどう対処するか、方策を考えるからと。

この推計結果は昭和六〇年（一九八五年）二月一二日と三月八日の『内外教育』に発表した。その後、国立大学協会の教員養成特別委員会にも呼ばれて、結果の概要を報告した。国大協はこの問題について、文部省の担当官からも意見を聞いたようだった。後になってからのことだが、当時の愛知教育大学の丸井文男学長は、一九八八年一月号の『ＩＤＥ・現代の高等教育』で次のように書いている。

「愛知教育大学は、昭和五九年三月に学内で約四ケ月の討議のうえ、将来計画委員会を発足させた。私ごとで恐縮であるが、昭和五八年秋に、人口の推移によって、今日のあることを予想し、転換の必要性を痛感した。その後、名大潮木守一教授の『教員需要の将来展望』という我々にとって、バイブルというべき見事な教育社会学的研究の成果が刊行された。当初、文部省の担当官が、我々の構想や、潮木研究にも、いろいろ難色を示し、また、データの不正確さを指摘するような姿勢を示す時期があったことは事実である」。

私の本は「悪魔の書」ではあっても、けっしてバイブルであろうはずがなかった。ただ、こうした事態が迫っている以上、できるだけ早いうちに何らかの策が必要だという警告を発することが、筆者の意図だった。

その後、筆者が『内外教育』に発表した論文が、議会で議論の対象になっていることを知った。

昭和六〇年三月八日の衆議院予算委員会第三分科会と、昭和六〇年四月一七日の衆議院文教委員会である。たとえば、四月一七日には次のような議論が交わされている。

「これはお読みになったと思いますが、『内外教育』ですね、二月十二日、三月八日、連載されておりますが、名古屋大学の潮木教授でございますが、小中学校の将来、需要予測というのを出しております。この中に「教職志望者の就職難時代が本格化する」というのが出ております。(中略)お一人の学者の御意見だけでいろいろしんしゃくするわけにはいきませんけれども、そういう実態は全く心配しておられませんか」。

これに対して、文部省側は次のように答弁している。

「(前略)潮木先生の論文につきましては、詳しい点は承知しておりませんけれども、未確定の要素についてかなり大胆にいろいろな前提を置いてつくった全くの試算であるということを御本人から事柄としては承っておるわけでございまして、そういう意味で私どもの計算とはかなり違うと思っておるわけでございます」。

10　研究成果に基づく政策選択

国会ではこのような議論が交わされていたが、それ以外の分野からも、いろいろな反応・反発が聞こえてきた。その詳細は割愛するが、その時まず痛感したことは、一研究者の研究成果に対する社会の評価がいかに低いかということであった。政策選択は科学的な根拠をもとにされるべきだという「政策科学」の構想は、すでに長年にわたって主張されてきた。のちに政策研究大学院大学の創設者・学長となられた吉村融先生の「政策科学」の構想は、すでに二〇歳代の時から知っており、心ひそかに応援していた。教育論義を左右イデオロギーの代理戦争にしあげる周囲の雰囲気に、筆者は完全に背を向けていた。なによりも実証的なデータで勝負する、これを自分のミッションと、心で決めていた。

三〇歳に入って、筆者はベルリンにあるマックス・プランク教育研究所に留学した。なぜそこを選んだかというと、その研究所には当時ヨーロッパで唯一の教育経済学者フリードリヒ・エディング教授がいたからである。今では知る人もいないだろうが、その当時エディング教授の研究は、戦後ドイツの教育改革に大きな影響を与えていた。さらには成立したばかりのOECDのなかでも、教授は主導的な役割を演じていた。一九六〇年に欧州経済協力機構（OEEC）から発展して経済協力開発機構（OECD）となったが、その最初に開催したOECD会議が「経済発展と教育投資」という会議であり、エディング教授はスウェーデンの経済学者スヴェニルソン、イギリスの教育学者エルビンとともに基調報告を提出していた。それ以来、エディング教授の研究成果にはたえず目を配ってきた。

なかでも一九六〇年にエディング教授が発表した『一九六〇年から一九七〇年にかけての教育費』という刊行物は、今後一〇年間の生徒人口の推計、中等教育への進学率の推計をもとに、どれだけの財政負担が必要で、それは果たしてドイツ経済にとって負担可能なのかどうかを論じていた。それは一見すると、単なる数字の羅列にしか見えない本であったが、筆者にはこのアプローチがきわめて新鮮に映った。

またちょうどその頃、フランスでは第四次経済計画の一環として、同じく教育人口の予測、それに必要となる教育費の推計をレイモン・ポワニャンという人口学者が発表していた。このなかでポワニャンが使用した推計方法を、筆者はその後日本に適用し、高校増設に関する推計モデルを組み立てる時に、参考にさせてもらった。このポワニャンの手法はその後さらに精緻化、体系化されて、今では発展途上国での教育システムの効率性を測定する方式へと進化した（**ボックス6**で紹介した本のなかに、その概要が紹介されている）。そして、今ではユネスコ、世界銀行やその他の国際機関が、標準的な手法として利用している。おそらく今の若い世代は、こうした経緯を知らないだろうが、一九六〇年代のヨーロッパでは、それまでにないまったく新しい教育研究が展開されていた。筆者がマックス・プランク教育研究所を留学先に選んだのは、こうした理由からであった。

ベルリンの研究所へいってみて、もっとも強く印象づけられたのは、多くの若手人材を指揮しながら、膨大なデータ分析をもとに、教育政策策定の理論的な根拠を提供しているエディング教授の姿であった。そうか、これが新しい教育研究の現場なのか、一国の教育政策はこうした分析研究を背景に、選択されてゆくのか。これは「研究成果に基づく政策研究」の現場を見た、最初の経験であった。

日本に戻った筆者は、同じアプローチを日本に適用し、その分析結果をもとに社会的発言をいくつか行った。もちろん、一国の教育政策が、一研究者の分析結果に左右されることはほとんどない。政策選択、政策決定は「科学的」ではなく、はるかに「政治的」である。それはドイツでも同じだった。

ボックス❻：文献紹介

黒田一雄・横関祐美子編『国際教育開発論—理論と実践』（有斐閣。二〇〇五年刊行）

果たしてどれだけの人が認識しているのか、定かではないが、発展途上国の日本に対する期待は大きい。それは日本が多額の財政支援をしてくれるだけでなく、それ以上に、ぜひとも日本の発展の経験から学びたいという、大きな期待があるからである。しかし、こうした動きに対する日本の学界・大学界の反応はにぶい。日本は多額のＯＤＡ予算（政府開発援助）を使っているが、この資金をもとにどのような企画を作るか、そのプランナーが足りない。とくに教育分野での支援要請が増えているのに、それをこなせる人材が不足している。この本は、こうした背景を受けて、これまで教育分野での開発援助に携わってきた若手の専門家が書き上げたスタンダードな教科書である。

日本の学界にも、発展途上国の教育を研究する人々はいる。しかしそれはあくまでも「研究」であって、発展途上国が現に直面する問題への処方箋につながることは少なかった。これは日本だけのことではなく、海外でも同じだった。この本の冒頭では、アメリカ比較国際教育学会での論争が紹介されている。世界銀行で活躍している第一人者が、現在の研究は非計量的で叙述的なものが多く、山積する問題に対する処方箋としては役立たないと批判した。こうした論争は日本でもあった。この本の筆者達の多くは、こうした内外での論争を大学院生という立場で聞いていたことであろう。

本誌の読者にとって、「国際教育開発」という言葉は、馴染みがないかもしれない。それにもかかわらず、あえて本書を取り上げたのは、今後、日本の大学がこの分野にどれだけ参画するかで、大学の将来の在り方が大きく変わる可能性があるからである。これまで発展途上国の具体的なプロジェクトを立案・実施してきたのは、民間のシンクタンクであった。ところが欧米では大学が一つのシンクタンクとなり、こうした開発プロジェクトに積極的に参加してきた。日本の場合、さまざまな制約があって、大学がこうした活動に乗り出す例はほとんどなかった。

　ところが、いまや状況は年々変わろうとしている。大学側がビジネス・ベースで依頼先と契約を結び、プロジェクトを引き受けるケースがでてきた。一口にしていえば、大学そのものが欧米並みに、教育機能、研究機能だけでなく、シンクタンク機能を発動しはじめた。今後日本の大学も欧米のように、たとえばアフリカの初等教育の整備計画、インドシナ諸国の高等教育の整備計画などのプロジェクトを引き受け、それを実施する時代がくるだろう。それは大学の新しい活動分野であり、こういう活動に参画することで、大学での研究が変わり、教育が変わり、学問とか学習の中身が変わることであろう。

　筆者のもとには、「貧しい国の子どもの教育のために働きたい」といって、若者が相談にくる。筆者はいろいろ質問するが、必ず「貴方は数学が好きですか」という質問を含めている。教育という分野は、その国の歴史、文化、政治、経済に根ざしているが、他方では、種々さまざまな歯車で動く巨大装置である。どういう部品（たとえば、教員養成制度、教科書作成機構、カリキュラム開発、などなど）がどのように組み合わさって、全体としてどう動いているのか、その設計図を理解し、その問題点を判別できなければならない。そのためには、さまざまなデータからの指標計算、中長期的な予測推計、経費予測が欠かせない。筆者が数学にこだわるのは、そのためである。そのことは、本書を通読すれば、具体的に理解できることだろう。

　最近、ふたたび「研究成果に基づく政策選択」(research-based-policy) あるいは「証拠に基づいた政策選択」(evidence-based policy) が提唱されているが、筆者のこれまで経験をもとに語るならば、我々研究者の発信する研究成果に対する社会的信頼は、残念ながらけっして高くない。いったい、その理由はどこにあるのか。その理由は、きわめて単純である。それはあくまでも一研究者の行った分析結果、推計結果であって、その成果の正しさ、信頼性は、第三者によって検証されていないからである。

これが自然科学の分野であれば、誰かが新発見をしたという情報が流れれば、多くの同僚研究者がそれぞれ独立して、どれだけ再現できるか検証実験を行う。そして、多くの研究者がそれを再現できれば、新たな科学上の発見として公認される。ところが社会科学の分野では、そうした検証がなされることは、ほとんど期待できない。

他人のやった推計作業を繰り返してみたところで、結果はその推計は正しかったか、それとも間違っていたかのどちらかでしかない。正しかったというのでは、オリジナリティに乏しく、時間とエネルギーをかけてやるだけのインセンティブが生まれない。間違っていたら、もしかしたら先人の業績に傷をつけかねない。そういうことで、他人が行った分析作業、推計作業を繰りかえしやってみることは、現実問題として期待しがたい。

もともと専門学会というのは、その専門分野で発表される研究成果の一つ一つに集団的な吟味を加え、その確からしさを検証し、学術上の新たな知見であるか否かを判定するための機関であるはずである。ところが、現実には多くの調査結果が発表されるが、発表された研究成果に対して質的吟味を加えることは、あまり行われていない。

それ以前に、年々多くの研究成果は発表されるが、その根拠となるデータ、情報類の原資料は、その研究を行った当の研究者の手元に置かれたままで、第三者には公開されることはない。だから、第三者は「そうですか。そういう結果が出ましたか。結構ですな」と、ただの聞き役に回るだけである。このままでは確たる証拠の上に根拠付けられた結論なのかどうか、分析手法上妥当なものかどうか、第三者が検証しようにも検証することができない。これは科学、学問の進め方としては、きわめて不完全である。

科学とか学問では、論証、実証のすべてが公開される必要があり、これがなければ、外部社会からの信頼は得られないし、説得性は保証されない。こういう状態が続く限り、「研究成果に基づく政策選択」はしょせん絵に描いた餅で終わる危険性が多い。一研究者の行った分析結果で、社会が動かされることの方が、かえって危険で、有害ですらある。

だがその反面、政策立案者は、たえず政策選択に必要な情報を求めている。これは単に中央政府だけではなく、大小さまざまな政策決定者がじゅうぶんに根拠づけられた、信頼できる情報を求めている。こうしたギャップを埋めるためには、どうしたらよいのか。そこで筆者は提案したい。

まずは研究者自身が使用したデータ、計算モデル、計算過程を公表すべきである。我々は一つのことを発表し、発言するためには、大量のデータ・情報を使い、それに一定の処理を施し、そこから得られた結論を報告する。しかし発表できるのは、そのエッセンスだけであり、ほんの一部分でしかない。だいたい、膨大な数字を並べたところで、ふつうの人には興味がない。ましてや計算に使った何千、何万行のプログラムを提示するには、莫大な経費がかかる。

しかしこれは過去の話である。かつての時代では、こうした物理的な、経費的な制約があった。ところが現在はデジタル時代であり、ウェッブ時代である。かつては不可能だったことが、この現代では可能となった。研究者はこの時代の変化を大いに活用すべきである。

筆者は二〇〇四年に、再び全国四七都道府県ごとの教員需要の将来推計を行った。この将来需要推計は、エクセル・ファイルで六・五メガとなる。また、五四列二、四三六行のシート一頁、五四列二、〇九四行のシート一頁、三五列一四九行のシート二頁、三五列一九五行のシート二頁、それに四七都道府県ごとのグラフからなっている。もしこれを印刷するとなると、推計計算過程（つまり数字の羅列）だけで三〇〇頁、中間処理過程で二二〇頁（これも数字の羅列）、四七都道府県ごとのグラフ五〇頁、合計六〇〇頁の印刷物になるであろう。六〇〇頁すべてが数字とグラフだけで埋まった出版物など出版する出版社はない。かりにあったとしても、そのような出版物は意味がない。しかしこれをウェッブ上で、デジタル情報として公表することによって、初めて意味を持つことができる。

このように今や時代は変わった。いま試されているのは、我々研究者がこの文明の利器をいかに使いこなせるかという問題である。とくに博士課程を持ち、将来大学教員となる者を養成している博士課程担当教員は、まずもって自分自身でウェッブサイトの作成方法をマスターし、それを院生に教えるべきである。その新たな活用方法を開発すべきである。デジタル時代の到来とともに、新たな研究情報の提供方法が登場したことを、院生自身に体験させるべきである。これは博士課程担当教員である以上、逃れることのできない責任であり、義務である。それをマスターしようとしない教員は、博士課程教員として不適格であり、その知的怠慢を責められてもいたしかたあるまい。

先にも触れたように、筆者は二〇〇四年にも一九八五年の時と同様、全国四七都道府県ごとの教員需要の将来推計を行った。この時には前回の経験があったので、単なる推計結果だけでなく、それに使用したデータ、計算モデル、計算過程をすべてウェッブ上で公開してみた（http://www.ushiogi.com/juyou.html）。このウェッブサイトにアクセスすれば、筆者がいかなるデータを用いたのか、どういう計算過程をたどったのか、そのすべてを第三者でも見ることができる。言ってしまえば、こちらの手の中を万事みせる手法を、あえて選んでみた。

このような手段をとった意図は、これまでも我々研究者の行った推計結果に対しては、さまざまな疑問、疑義、疑惑が呈されてきた。それらに答えるには、すべてのデータと、その計算過程を公表するしかない。第三者にそれを検証してもらうほかない。しかしこれまでは、その手段がなかった。ところがデジタル時代の現在では、それができる。ようやく、多くの疑問、疑惑に対して、具体的な証拠をもって答えられる時代が到来したのである。

さらにまた、一人で行った作業である以上、どこかに思い違い、計算ミスがないとも限らない。もちろん公表する以上、ミスは許されないので、再計算、再々計算を行ったが、それでも発見できないミスがまったくないとはいえない。誰か気づいた人がいたら、ぜひ知らせてほしいと考えたからである。またもっと優れた推計方法があったら、それを教えてもらいたいと思ったからである。

研究成果の質保証は、研究者集団に課せられた社会的責任である。社会一般は研究者の研究成果を信頼し、それを根拠として、さまざまな判断・選択をするが、その根拠が不確かだった場合、その責任は研究者集団全体が負わねばならない。たとえば最近、両親の所得水準によって、子どもの受ける教育の量と質に格差が生まれ、しかもその格差が年々拡大傾向にあるのではないかという懸念が浮上している。また所得格差をめぐっても、両極分解傾向にあるのか、単に高齢者の比重が増加したために生じた、単なる見かけ上の現象なのか、さまざまな議論が行われている。

一般社会が我々専門研究者に求めるのは、それぞれの専門分野で起こる社会現象に対して、継続的な定点観測を続け、もし危険な兆候がみられた時は、いち早く警告を発することである。その警告は「狼少年」であってはならない。第三者にきちんと証拠を示した上での警告である必要がある。

11　オンライン・ジャーナルの試み

筆者は一九九五年に「オンライン・ジャーナルの可能性と課題」という論文を発表した。これはどこかの専門雑誌に発表したのではなく、まったくウェッブサイト上だけに発表した論文である(http://www.ushiogi.com/onlinejournal.html)。そして志を同じくする者同士で、オンライン・ジャーナルの可能性を探ろうではないかと呼びかけた。それからすでに一〇数年の歳月が流れ、その間にさまざまな変化が起こった。

この論文を発表した時の最大の関心は、紙ベースの論文に依存している限り、我々は限られた研究情報しか交換できない、この現状をどうやって打開するかという点にあった。我々にとって専門研究の成果を発表できる場は、学会誌あるいは各大学が刊行する紀要類に限られている。ところがこれらには、必ず枚数制限があって、規定以上の情報を盛り込むことができない。しかし研究によっては、使用したデータ、統計、図表類などは大量の情報を載せる必要があることがある。しかし枚数制限がある以上、それらを大幅に割愛することになる。筆者の教員需要の推計作業など、大量のデータばかりで、経費的にも物理的にも印刷に回すことなど不可能である。

他方、そうした論文を読まされる読者からみれば、重要情報の欠落したままの論文しか読めないことになる。たとえば、一つの結論が述べられていても、その根拠は何なのか、それを確かめたくとも確かめようがない。これが従来型の印刷物にまつわる宿命的な制約であった。しかしながら、無限の費用を投じることができない以上、いたしかたない制約であった。

問題はこうした隘路をどうやって克服するかにあった。その時登場してきたのが、インターネットでありウェッブサイトであった。ウェッブサイトを使う限り、そうした物理的な制約は一切気にする必要がない。枚数は無制限（そういっても、あまり長すぎては読者からは歓迎されないだろう）、統計・図表は好きなだけ（これも枚数の場合と同様）、引用資料も好きなだけ（同上）。要するに執筆者は自分で納得のゆくスタイルで、思う存分、研究成果を発表することができるではないか。

しかもそれだけではない。このオンライン・ジャーナルには、文字、数字だけでなく、音声も静止画も動画も載せることができる。これは紙に印刷するという従来型の発表方法では、物理的技術的にできなかったことである。それが可能となった今日、我々は従来にはなかった研究スタイル、発表スタイル、情報の交換方法、研究成果の保存形態を採用できるようになった。

そこで筆者は数年前、ushiogi.com なるドメインの使用権を購入し、あわせて民間のレンタル・サーバー会社と契約を結び、個人のウェッブサイトを立ち上げ、そこから筆者自身の分析結果や論考を発表し始めた (http://www.ushiogi.com)。これは、定年退職時がまじかに迫り、勤務先のサーバーが利用できなくなる時が来るからである。すこし早めに個人用ウェッブサイトを立ち上げ、勤務先のサイトに掲載されていたデータを移動し始めた。またメールアドレスも定年退職すれば、勤務先のものは利用できなくなるので、個人用のアドレスを優先的に使うように切り替えた。

参考まで記しておくと、ドメインの使用料は年間わずか八〇〇円プラス消費税である。レンタルサーバーの使用料は年間三、〇〇〇円プラス消費税である。つまり年間四、〇〇〇円程度で、自分のウェッブサイトが持てる。

問題は、こうした個人用ウェッブサイトからの研究成果発表に対して、世間はどういう反応を示すのかという点である。筆者にとっては、「私設印刷所」を持つことよりも、この他人の示す反応のほうが、はるかに関心があった。これまで、さまざまな反応があったが、現時点での中間報告をしておきたい。

かつてオンライン・ジャーナルの実験を呼びかけた時、こういう反応があった。ウェッブ上の論文は「執筆者本人がいつでも自由に修正することができるし、場合によっては消すこともできる。そのような論文は、どの程度信用したらよいのかわからない。おそらく誰からも信用されず、やがては読まれなくなるだろう。そしてサイバー・スペースの暗黒のブラックホールに吸い込まれ、消滅するだろう」という意見である。これはもっともな意見で、サイバー・スペース上を彷徨っているウェッブサイト、すでに消滅してしまったサイトは無数にある。筆者のウェッブサイトも、こうした運命を辿らないとは限らない。

たしかに、サイバー・スペースとは、利用価値のない、不確かな情報が氾濫する場である。だが、これは印刷文化・出版文化についても言える。しかしそれでも出版文化の場合には、編集者というゲイトキーパーがおり、出版にあたいするか否かを評価管理している。これと比較すると、サイバー・スペースは百鬼夜行のカオスの世界である。しかし、我々の持っているエネルギー、時間には限りがある。読んではみたものの、益することの少ない論文ばかりでは、やがてはウェッブサイト上の論文を参照する人はいなくなる。

各自が「私設印刷工場」を使って、勝手に情報を発信するようになれば、信頼性の劣る情報が大量に出回ることは、しごく当然の結果である。大量の情報のなかから、価値のある情報を選び出すことは、個人にとっては容易なことではない。我々は情報の発信者であるとともに利用者でもあるので、両者の利害が両立する均衡点を探し出すことが必要となる。

そこで筆者は機会のあるたびに、さまざまな立場の人々の意見を尋ねてきた。ウェッブサイトの持っている便利さを生かしながら、同時にそこから発信される情報の品質を維持管理するには、なにかよい方法はないのだろうか。当然のことながら、信頼できる情報は、何といっても正式のレフリーつきの論文であるという人が、圧倒的に多い。これは当然である。

ところが、こうした対話のなかで、まったく異質な考え方に出あったことがある。この意見は、将来のことを考える上で、重要なポイントを含んでいるので、ぜひここで紹介しておきたい。この立場からすれば「研究はたえず発展し、変化するもの」で、一旦発表した論文といえども、たえず修正・改善するのは当然である、むしろその方が最新の考え方、情報を広く提供できる点で望ましいとする立場である。ただこれまでは、もっぱら旧来からの印刷文化・出版文化に依存してきたため、物理的、技術的、経費的な理由から、論文発表→修正→再発表→再修正、というサイクルがとれなかっただけのことである。

たしかに、ウェッブサイト上では、こうした「研究過程と同時進行的に展開する発表」も可能である。研究の進み具合に応じて、逐次修正、再修正をかけながら、アップツウデイトで完全な研究結果を仕上げることができる。いうなれば「進化する論文」が可能である。

筆者にとっては、このまったく対照的な考え方の両方が、ともに興味深い。この両者は根底部分で、研究とか発表ということについて、かなり本質的な発想の相違があるように思える。文字として書き込まれ、修正のきかない、客観性を備えた公文書としての論文を重視する考え方。それに対して、研究過程と同時進行的に進化し、たえず最新の成果を盛り込んでゆく報告形式を重視する考え方。筆者にはこの両者ともがそれなりの意味を持っているように思える。筆者は今ここで結論を出すつもりはない。今後の展開を見守ってゆくつもりである。

新しいタイプのレフリー制は可能か？

また、このような対話を続けてゆくなかで、次のような構想にも出あった。これもにわかに結論は出ないだろうが、今後考えるヒントを与えているので、それを紹介しておきたい。この意見によれば、これまで通り、同僚専門家によるレフリー制は重要だが、それをそのまま踏襲するのでは、あまりにも芸がない。現にレフリー制に対しては、さまざまな限界が指摘され、不満、批判が提起されてきたではないか。そうであれば、このレフリー制にウェッブサイトの長所を生かしたらよいのではないか、という意見である。

具体的にいえば、「現在この論文がレフリーにかかっている」という説明つきで、審査中の論文をインターネット上で公表する。さらにレフリー自身もまた、自分の評価・コメントをインターネット上で公表し、万事衆人環視のもとに、同時進行で審査を行ってゆくという方式である。

これは言い換えれば「公開されたレフリー制度」とでも呼べるものであろう。おそらくこうなると、もはやレフェリー制ではなく、多数者の参加する公開フォーラムのようなものになるのだろう。このような「公開されたレフェリー制」が相互に生産的な過程になるのか、それとも収拾のつかないカオスになるのか。おそらくその両方とも可能性がある。ただここで重要なのはコミュニティの質である。それを抜きに考えても、堂々めぐりになるだろう。

いずれにせよ、こういう方式はまったく荒唐無稽なものかどうか、できるだけ多くの人々に考えてもらいたいテーマである。

ポストモダンでの権威の性格

この問題は基本的には「知識の正統性」、「知識の権威づけ」は何によって保証されるのか、という根本的な問題に至りつく。レフリー制度を成り立たせているのは、それぞれの専門分野には、その分野に属する知識の質を評価判定できる権威者がいるという前提である。しかしながら、これまでレフリー制度に対する不満、疑問は絶えたことがない。そうであれば、我々は一度「権威」とか、「正統性」というものに、虚心坦懐に向き合ってみる必要がある。

筆者が先にあげた「公開されたレフリー制度」は、あたかも存在するように見える「権威」「正統性」に対して、なにがしかのチェック機能、補正機能、修正機能を持つのかも知れない。

もともとインターネットの登場には、「既成の権威の崩壊」というポストモダンの要素が含まれていた。ただこうした「既成の権威の崩壊」に対する反応ベクトルが、人によってまるっきり逆だったことが、きわめて象徴的であった。ある種の人々は、そこに新時代の到来をみ、それを大歓迎をした。またある種の人々はそれを危惧し、心ひそかに脅威を抱いた。

もともとインターネットの世界には、「アングラ文化」の匂いがする。そもそもこの「アングラ文化」に対する評価それ自体が人によって違っていて、ある人々はそのなかに「革新性」と「創造性」を見ようとするし、ある人々はそこに「うさん臭さ」、「無秩序」、「一過性」をみようとする。我々はこれまで、「正統文化」と「アングラ文化」の関係を議論してきたが、いまやそれを他人事として議論するのではなく、自分たちの身近な問題として考え、かつ行動しなければならない段階に達した。果たしてウェッブ上の研究情報は、既成のルートには載れない、しかし貴重な情報の提供源となるのか、それとも単なる「落書きの寄せ集め」なのか。おそらく、その両方なのであろう。ただたとえ「落書き」であっても、落書き一つから革命が起こったという歴史的な事実を、視野に入れておくことが、社会科学の学問的な立場ではなかろうか。

いずれにせよ、インターネットの登場は「学問的正統性」とか「権威」についての再吟味を迫っている。これは「情報社会学」、「知識社会学」、「正統文化・アングラ文化論」、「社会運動論」、「支配の社会学」など広い範囲にまたがる、格好の研究テーマである。しかも都合のよいことに（あるいは悪いのか？）「参与観察」が可能である。「権威」とは何なのであろうか。「知の正統性」とは何なのであろうか。インターネット、ウェッブサイトを通じて流される「知の無秩序」のなかで、あらためて「知の正統性」を問うことは、エキサイティングな作業である。我々はとうぶん活字文化とウェッブ文化の両方にまたがりながら、両者の行く末を見守ってゆく必要があるのだろう。

この項を終わるに当たって、個人用のウェッブサイトを持つことの効用を紹介しておきたい。**図**

I-4は筆者のサイトへのアクセス回数を示している。ふだんはせいぜい五〇回程度あったアクセスが、一月二三日以降急激に増加している。一月二三日とは、N紙の朝刊に、筆者の一文が掲載された日である(**ボックス7**参照)。これほど見事に、新聞というメディアの効果を示す証拠はあるまい。既存メディアには、既存メディアとしての意味があるが、その制約もある(その具体例は、筆者の上記のサイトで確かめてもらいたい)。ウェッブサイトにも、それなりの意味があり、制約がある。我々は両方の世界を行ったりきたりしながら、活動する必要がある。

ただこうしたアクセス回数にもまして興味深いことは、どのようなドメインからのアクセスがあったか、それを知ることができる点である。つまり@以前のユーザー名までは分からないが、@以後のドメイン名ごとのアクセス回数を知ることができる。これはまさに筆者がushiogi.comなるドメイン(領土)の所有者であるが故の特権である。いったい、どのような人々が関心を示すのか、いつ頃になったら、あの分野は関心を示すようになるのか。それを追跡することができる。どの分野が敏感に反応するのか、どの分野が眠ったま

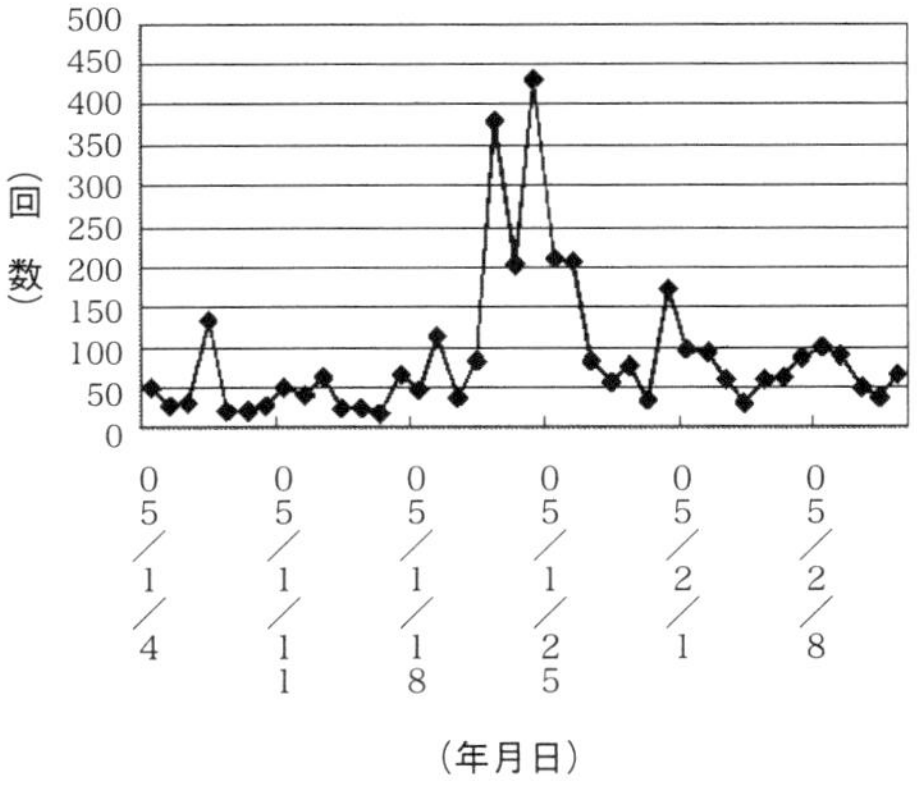

図I-4　ushiogi.com へのアクセス回数

まなのか、それを読み取ることができる。そのなかから、世の中の動きが感じ取れる。つまりウェッブサイトは、「私設印刷所」だけでなく、同時に気象観測所のようなデータを提供してくれる。

ボックス❼：大量教員不足時代のなかでの教員養成政策

少子化傾向が続いている今日、将来教員の大量不足が起こるといっても、誰も信じないだろう。ところが、事実はそうではない。近い将来、首都圏、近畿圏を中心として、大量の教員不足が生じる危険性がある。その理由は、少子化とともに総量としての教員数は減ってゆくが、それ以上に大量の教員が定年を迎え、教職から離れてゆくからである。児童生徒数の減から生じる自然減と比較すると、この定年退職者数の増加の方がはるかに大きい。

ことに首都圏(埼玉、千葉、東京、神奈川の四都県)、近畿圏(滋賀、京都、大阪、奈良、兵庫の五府県)では、今後数年たらずして、大量の定年退職者が出る。そのため、かなり大量の教員を新たに採用しなければならなくなる。教員需要のピークは、二〇〇九年度で、首都圏では五五〇〇名規模、また近畿圏でも三八〇〇名規模の新たな教員（小・中学校）が必要となる。ところが首都圏にある国立の教員養成課程の入学定員は、合計して一六三五名、近畿圏の場合には一一一五名にしかならない。もし仮に必要となる教員をすべて、これら教員養成課程卒業者で埋めるとなると、首都圏、近畿圏ともに現在の入学定員の約三倍強の教員不足が発生する。つまり、教員養成課程卒業者を一人残らず採用しても、まだ足りず、全国各地から教員集めをしなければならなくなる。

それほど教員が足りなくなるのならば、もっと教員養成課程の定員を増やせばよいではないか、という意見が出るが、それは違う。この大量退職はあくまでも一過性のもので、数年も経てばその波は急速に引いてゆく。ピーク時に合わせて教員養成課程を拡大させると、その後に養成過剰という、さらに深刻な事態になる。こうした教員の養成過剰、養成不足はこれまでも繰り返されてきた。ベビーブーム時代には、全国で教員養成課程の入学定員が大幅に増やされた。ところが、そのベビーブーム世代の波が去ると、今度は一変して教員過剰時代が到来し、一九八六年度からは教員養成課程の縮小期に入った。一九八六年度には約二万人に達していた教員養成課程の入学定員は、今では九七三〇名と、ピーク時の半分以下に縮小された。教員養成の難しさは、こうした需要の大幅変化が時々おこることにある。

教員養成課程の困難さは、それだけではない。教員養成課程は小・中学校一〇教科に対応するためには、最低九〇名前後の教員を必要とする。たとえ入学定員が少なくとも、最低限それだけの教員が必要となる。つまりそれだけ教育コストが割り高になる。ところが周知のように、二〇〇四年四月からは、旧国立大学は国立大学法人に変わり、今まで以上に自立性と経営努力が求められるようになった。旧国立大学時代は、国が国立大学という直轄学校を使って、教員需要が増えれば教員養成課程を拡大させ、教員需要が減少すればそれを縮小させることによって、計画的養成を図ってきた。ところが、新たに発足した国立大学法人にとっては、どれだけの規模の教員養成課程を取り込むかは、それぞれの地域での教員の需給状況を睨みながらの経営上の判断事項となった。需要があれば、教員養成課程を拡大させるだろうが、そうでなければ、経営上の観点から縮小・廃止を考える国立大学法人が出ないとも限らない。その場合、教員を採用する側である都道府県、政令指定都市は、どこから教員を採用するのだろうか。このようにいまや新たな段階のなかで、首都圏、近畿圏での教員大量不足時代が到来しようとしている。いったい、この新たな局面のもとで、教員養成に対して誰が責任をとるのであろうか。

国と国立大学法人との関係を具体的に形作るのは、六年単位の中期目標、中期計画である。文部科学大臣は国立大学法人に対して、六ヵ年の中期目標を示すことになっている。またそれを受けて国立大学法人は六ヵ年の中期計画を作成することになっている。個々の国立大学法人がどれだけの教員養成課程を持つかは、この中期目標、中期計画のなかに具体化される。その場合もっとも肝心なことは、文部科学大臣がいかなる根拠をもとに個別の国立大学法人に向けて中期目標を示し、国立大学法人はいかなる根拠を持って中期計画を策定するのかという点である。つまり両者とも、それぞれの地域の教員需要についての将来予測がなければ、目標も計画も立てられない。

　このことはすでに二〇〇三年一二月の総務省行政評価局が指摘していた点で、そこでは「将来にわたって、安定的により質の高い力量のある教員を養成し、教育の水準を確保する観点から、全国的な規模での中長期予測を策定する必要がある」とされている。しかしながら、現状の統計収集、集計方式を続ける限り、教員の需要予測といって、ごく限られた予測しかできない。まず必要なことは、推計の基礎となる統計情報の収集、集計方式そのものを見直すことである。それは小さいことにように見えるが、決してそうではない。その時々の需要の変化に振り回されている限り、質の高い教員を安定的に確保することができない。詳細は、以下のウェッブサイト上で述べているので、それを参照してもらいたい。

http://www.ushiogi.com/juyou.html

12　国立大学は閉鎖的なのか

　よく国立大学は閉鎖的だという人がいる。具体的にどういう点が閉鎖的だというのか尋ねてみると、たとえば先日大学図書館を利用しようと思ったところ、利用資格がないと断られたという。国民の税金で作られているのに、どうして納税者が利用できないのか。それが閉鎖的である理由だという。たしかにひと頃までの大学図書館は閉鎖的だった。これはアメリカの大学図書館とまるきり違う点で、アメリカの大学図書館は一般市民にもパスポートさえ見せれば、いつでも利用できた。

　このように日本の大学図書館が使いにくかったのは、市民だけでなく、教員、学生にとっても使いにくかった。第一に日曜、休日は閉館するのが普通だった。ところが欧米の大学図書館はほとんど一年三六五日、早朝から夜中の零時まで開館していた。ただ宗教上の理由から、日曜の午前中だけは閉館したが(教会にゆく時間)、それ以外はほとんど開館していた。しかも驚くことに、夜中の零時になるまで、図書館は学生で溢れかえっていた。日本の大学生が、夕食を済ますと、あとはテレビ、ゲームで過ごすのと、まったく違った光景が、そこでは展開されていた。この違いを見ていると、この知的エネルギーの格差が長年蓄積されると、どういう国力の格差となって現れるのか、ある種の恐れを感じた。

アメリカでは一般職業人が土日に休日をとるのは、ずっと以前から当然のことだった。ところが大学は違った。大学図書館は土日でも開館し、多くの学生・教員が利用していた。筆者も世界的な名声を博した教授が、日曜日の大学図書館で仕事に熱中している姿をよく見かけた。そういう姿を見ると、いい刺激となった。その時思ったことは、図書館とは単に必要な図書を探しにゆくところではない、とかく緩みがちな心に鞭を打ちにゆく場だと思った。世の中が土日休日が当たり前の時代から、アメリカの大学図書館はキャンパスの一隅に燈を掲げていた。

その時の体験は、大学のあり方、なかでも大学図書館にあり方に、一つのモデルを教えてくれた。それ以来、日本はいつになったら、この水準に到達できるのかが懸案となった。そこでたまたま大学図書館長に選出された機会に、この欧米方式を導入することにした。日曜休日も開館し、市民にも大学図書館を開放することにした。ところがはじめのうちは、こうした新機軸は周囲からはあまり歓迎されなかった。「名古屋大学は余計なことをしてくれた」という声さえあった。

いざ休日開館を実施しようとなると、さまざまな抵抗が起こった。その当時、国家公務員週休二日制が施行され、図書館職員は土日には大学へ出てくる必要がなくなった。せっかく完全週休二日制が導入され、喜んでいる職員に対して、休日開館のために休日出勤を命ずることは到底できない。休日開館を実施するには、どうしても人材派遣会社からアルバイターを派遣してもらうしかない。

ところが、まず大学本部の管理機関から待ったがかかった。「アルバイターだけで開館し、何か事故が起きた時、誰が責任をとるのか」というのが、その理由である。しかるべき責任体制のもとで休日開館を実施するためには、だれか一人は正規の図書館職員が特別出勤をしなければいけないという。

しかし図書館職員からすれば、せっかく完全週休二日制が実現したというのに、誰かが出てこなければならないなどという話はまっぴらごめんということになる。こうなると大学管理機関ばかりでなく、組合もまた同調して休日開館反対論を打ち始める。もともと組合は「なんでも反対体質」がある上に、最近ではそれに輪をかけた「保守化傾向」が加わり、新しいことはやりたがらず、最低限のサービスだけで済まそうとする。しかしこれも無理のない面があって、その当時、国家公務員削減計画が実行され、図書館職員数が年年削減されつつあった。ふだんの業務をこなすのにも手一杯なのに、その上、新しい業務が加わるのは反対ということになる。

「いや、貴方たちに交代で日曜休日に出勤しろといっているのではない。ちゃんと予算を確保して、外部の派遣会社から図書館司書の資格を持った人を派遣してもらう。休日出勤の心配はいらない」。こういう筆者の説明には「月曜の朝、出勤してきた時、昨日この座布団に見ず知らずの他人が座っていたと思うと気持ちが悪い」と言い出したが、そういう理由は取り下げてもらった。そのうちに今度は「休日開館を実施してからは、配架の乱れが多くなった」という話が出てきた。さらには「これだけ組合が反対しているのだから、休日開館を中止すべきだ」という論を立て始めた。そうなると、その頃の筆者は五〇歳代でまだ血気があった。「現にこれだけの利用者がいる。この休日開館を廃止したら、これだけ大勢の利用者が怒り、組合の部屋を取り囲むぞ。組合は孤立するが、それでいいのか」。

筆者の記憶では、アメリカの大学図書館では、大量の学生アルバイターが働いていた。カウンターで貸し出し業務をしているのも学生アルバイターだったし、一旦書棚から出された本を分類記号にしたがって元の書棚に戻す作業も学生アルバイトだった。ちなみにアメリカでは利用者は一旦本を書棚から取り出したら、自分で元の場所に戻してはいけないことになっている。机の上に置いておくか、「リシェルフ」と書かれた特別の棚に戻しておかなければならない。そして夜中の零時に閉館となると、その後アルバイターが一晩かかって元の書棚に戻すことになる。配架の乱れを防ぐためである。

このように我々の目に入ったのは、皆学生アルバイターだったが、何か事故があった時、責任をとるために専門の図書館職員が、背後で待機していたのであろうか。学生アルバイトを使ってでも、二四時間フルに図書館を開けようとするアメリカの大学。責任者不在のまま、不完全な管理体制下での開館は認められないとして図書館を閉じる日本の大学。この相違は、どこにあるのだろう。

ボックス❽：完備されたアメリカの大学図書館

昨年一年間、図らずも、アメリカの大学で研究生活を送る機会を得た。最初の五カ月をシカゴ大学で、残りの七カ月をカリフォルニア大学のロサンゼルス校で過ごした。

筆者がシカゴに到着したのは八月。暑い夏の盛りのことであった。大学はちょうど夏学期で、講義を開いている先生方はほとんどいなかった。学生のほうも大部分が夏休みをとっており、キャンパスは閑散としていた。しかし私の方はすでに一定の研究テーマをもっていたので、図書館で必要な文献資料に当たることとなった。図書館のなかも人影がまばらで、いつもきまった席で仕事ができた。

そんな生活を一週間ばかり続けているうち、いつ行っても必ず、きまったテーブルにきまった学生が席を占め、朝から晩まで勉強をしているのに気付いた。夏の最中に勉強をしているところを見ると、博士論文の完成に精を出している大学院生のようである。

毎日顔を合わせていると、何を勉強しているのか気になる。向こうも、何をやっているのだろうといった顔つきで、こちらに視線を走らせる。ことに私が書庫から新しい本を持ち出して来ると、ちらりとその本に目を走らせ、おやといった表情を浮かべたりする。

私の方も、相手が書庫から抱え出して来る本をそれとなく見ると、どうも私がいま調べようとしているテーマと関係する本だったりする。どちらからともなく声をかけ合うようになり、話を聞いてみると、私がやろうと思っているテーマとかなり近いところを博士論文としてまとめている大学院生であった。

シカゴ大学で、一番ありがたかったのは、図書館が実によく完備していることであった。この大学では全大学の図書のほとんどを、中央図書館に集中的に納めており、そこにはありとあらゆる本がそろっている。またこの膨大な図書館の一角には中国、日本、韓国などで出版された本を集めた極東図書部もあり、だれがこれだけ集めたのだろうかと、首をかしげたくなるほどだった。

大変光栄なことに、筆者の本も何冊か納められていて、試みに筆者名カードを引くと、ちゃんと「う」の項に分類されていた。筆者の名字は、ご存じの通り、日本人でも正確に読める人はまれで、「し」の項に分類されることが多い。一体だれがこれだけ正確に確認してくれたのだろうと思ったりした。

さらによく見ると、ヨーロッパで出版された、かなり古い文献がきちんと貯蔵されている。本の扉を開けてみると、ある国の大学の所蔵印が押してある。戦争、革命の混乱のなかを流出したのであろう。シカゴ大学はそういう閉鎖になったヨーロッパの大学から、一括して蔵書を購入したという。いくらアメリカは世界一の金持ちだとはいえ、こういう地道な努力がなければ、学問の基礎はできない。

シカゴ大学の教授たちは、私の顔を見ると、仕事は順調に進んでいますか、と尋ねてくれた。それに対する私は答えはいつも同じ。「これが日本だったら、いくつかの都市にある、いくつかの図書館を駆けずり回らなければならないのに、ここでは一カ所で済ますことができます。たいへん幸運な事です」

これは決してお世辞ではなかった。例えば一つの論文を読んでいると、注のなかに今まで目を通したことがない文献が引用されている。そこでその文献を探しに書庫のなかに入ってゆく。その文献を読んでいると、また私の知らない文献が引用されている。そこでふたたび書庫に文献を探しに入る。こういうことを、何回やっても、目指す本がないということは、ほとんどなかった。万巻の図書を納めた図書館のなかでの研究生活。大学院生にとって、これほど幸運なことはあるまい。

渡米中、いくつか素晴らしい本と出合ったが、そのうちのかなりのものが、大学院生のまとめた博士論文であった。学問は下からの地道な支えがなければ成り立たない。

『岐阜日々新聞』一九九三・一一・三〇

休日開館のもう一つの問題は経費問題であった。休日開館を実施するには、年間約九〇〇万円の追加経費が必要だった。これだけの予算は、年々図書館に配分される経常経費から捻出することはできなかった。どうしても大学全体でプールした予算から特別に支出してもらうしかなかった。しかもこういうタイプの予算は一年限りのものではなく、一旦始めたら、ほとんど半永久的に支出してゆかねばならない。

その上、大学全体の予算というものは、結局のところは各学部に配分されるべき予算から吸い上げたものだから、その使い道は各学部が目を光らせている。よく「図書館は大学の顔」とはいうが、いざとなると、けっしてそうではない。ほとんどの人が、図書館は金食い虫だとみている。

蔵書は増えることはあっても減ることはない。当然のことながら、図書館の増築が必要になる。そこで図書館長が増築計画を大学の施設課に持って行ったところ、「蔵書は増えるに決まっている、増築増築を重ねて、キャンパスが図書館だらけになっていいと思っているのですか」と、逆に脅された図書館長を私は知っている。たしかに「金食い虫」である。

しかも、全学共通経費で実施しなければならない事業は、図書館以外にいくらでもある。多くの他の計画と競合するなかを、ある年度から今後継続的に毎年九〇〇万円を固定的に割かねばならないのだから、大学全体の予算編成にとっては大きな問題となる。大学全体の予算配分などというものは、すでに長年にわたってある種の均衡ができていて、どこかを増やすためには、どこかを削るしかない。こうしたゼロ・サム均衡を覆すことなど、一大学図書館長だけでは到底できることではない。こういう時にものをいうのは、大学首脳部の決断であり、それをおいて他にはない。ちなみに今ではほとんどの大学図書館は休日でも開館している。筆者はその恩恵を今では大いに活用させてもらっている。

休日開館を実施する時、学生諸君にその意義を説き、大いに利用するよう、ハッパをかけた。**ボックス9**は、そのときに全学の学生に呼びかけた文章である。

ところで組合はどうして休日開館に反対したのだろうか。その背景をたどってゆくと、こういう事実にたどり着く。教員は頻繁に海外に出かけ、さまざまな大学図書館のあり方を知っている。ところが図書館職員には、その機会がほとんどない。我々教員が海内の大学図書館はこうだといっても実感がないし、切迫感もない。この情報ギャップを埋めるにはどうしたらよいのか。

そこで民間財団に掛け合って、図書館職員を海外に派遣するための経費を助成してもらうこととした。こういう計画を持参すると、その財団は「こういう計画が出てくるのを待っていた。ぜひとも協力させてくれ」といって、大賛成してくれた。

たしかに文部省も図書館職員の資質向上のために、海外派遣制度を持っていた。ところがその割り当てはきわめて少なく、順番が来るのを待っていると、八〇年くらいかかった。その点は、民間財団の機動性はありがたかった。おかげで図書館職員を短期間ではあったが、アメリカの大学図書館に派遣した。百聞は一見にしかずで、その図書館員は新たな図書館開発に、大いに活躍してくれた。

ボックス⑨：図書館の休日開館の実施に当たって

先頃から国家公務員の週休二日制が導入され、図書館職員もまた他の職種と同様、土日が休日となりました。それとともに、大学図書館の開館日を、どのように設定したらよいのかという、新たな課題が浮上することになりました。こうした事態を前にして、我々は知識の宝庫ともいうべき大学図書館を、一週間のうち二日間まで、鍵をかけて利用できなくすることは、本来の大学図書館のあるべき姿ではないという認識に立ち、外部委託の形で休日開館を実施することとなりました。これまで我々は利用者の利用動向に注目してまいりましたが、その結果すべての学部で土曜日、日曜日には授業が開かれなくなったにもかかわらず、かなり多くの利用者があるという事実が明らかとなりました。そこでこのような利用実績を踏まえ、本格的に休日開館を実施することとなりました。

そこで、この休日開館の実施に当たって、是非とも利用者にじゅうぶん理解してもらいたい点があります。それは、これだけのサービス時間を確保するために必要となった追加経費は、人件費、光熱費を含めて、かなりの金額に達するという事実です。限られた名古屋大学の予算のなかから、これだけの経費を新たに捻出することは、決してたやすいことではありません。全学的な支持があって、初めて可能となったことを、是非とも理解してください。これだけの貴重な予算を投入しても、利用者が数名、あと猫が一匹紛れ込んできたということでは、完全に税金の無駄使いになってしまいます。この折角の休日開館を、税金の無駄使いに終わらせることのないよう、また貴重な名古屋大学の予算の浪費に終わらせることのないよう、休日の図書館を大いに活用することを希望しております。そうでないと、せっかくの休日開館というシステムを、恒常的に維持することは、困難になってしまいます。その意味で、将来にわたって継続的に休日開館を維持できるか否かは、他でもない、利用者の双肩にかかっています。はたして名古屋大学にどれだけの知的エネルギーがあるのか、どれだけの学習意欲があるのか、それが試されます。今や試されているのは、利用者自身なのだということを、認識してください。

もともと研究とか学習には、アイディアのひらめきが不可欠です。あるアイディアがひらめいた時、それを確認し、さらにそれを発展させるために、どうしても文献、資料、データに即座に当たる必要性が生じます。しかも、厄介なことに、そうしたアイディアは何時ひらめくか、事前にはその当人にも予想できません。その意味で、学習とか研究には、ある種の「わがまま」がつきものです。しかし、大学という知的空間こそ、こうした「わがまま」を認め、自由なアイディアの飛翔を可能にする空間であることが必要です。アメリカの大学図書館が常時開館方式をとっているのは、こうした研究、学習とが持つ独自性を見据え、長い歴史の中で、それを大学人全体の合意のもとに、一つの制度として育て上げてきた結果です。

さらにまた、大学図書館の常時開館という課題は、いまや別の側面からも求められ始めております。その一つは生涯学習時代の到来に対応する地域社会への開放という課題です。余暇時間の拡大、価値観の多様化とともに、休日にこそさまざまな人類の知的所産に触れてみたいという人々が年々増加し始めております。しかも、日本では研究情報のほとんどが、大学に蓄積されています。そのため大学図書館は、こうした地域社会の要望を受け止め、それに応えてゆく責任があります。この休日開館には、人件費、光熱費等を含めて年間約九〇〇万円の追加予算が必要となります。今後果たしてこれだけの資金投入を行うべきか否かが、全学的な観点から議論されることになるでしょう。その時、重要な判断材料となるのが、これまでの利用実績です。つまり今や試されているのは、名古屋大学の教育活動、研究活動そのものです。我々の教育研究活動がどれほど外部に誇れるほど活発なものか否か、そのことによって図書館の将来は決定されます。この図書館の挑戦に対して、利用者各位はどう答えるのか我々は大いなる期待をもって、その解答を待っております。

13　国立大学は国際化に遅れていたのか

国立大学は閉鎖的である、国際化に遅れている。そういうせりふがしばしば飛び交う。私には、そういう人が何を根拠にそういうのか、不思議でならない。こういう風評がある以上、具体的に実例でもって説明するのが、ベストであろう。

ある時期から、海外から共同研究の誘いが増えた。それは日本の世界的なプレゼンスが高くなったためである。国際的な共同研究には、どうしても日本に入ってもらわなければならない。そういう依頼を受けて、いくつか参加した。出かけてみると、日本人は私だけ、アジア人は私だけということもあった。

いってみると、参加者全員が一つのホテルに泊まり、朝から晩まで報告をし、議論をする。夜はかならずパーティーがあり、アルコールを飲みながら、さまざまな議論を続ける。いちばん大切なのは、この夜のレセプションやパーティーで、そこでさまざまな情報が交換される。海外の国は、完全にコネ社会で、当人を直接知っているか否かが、決定的な違いとなる。だから夜のパーティーで直接話を交わし、知り合いになるかどうかが、その後の人間関係に大きな意味をもつ。

こういう国際共同研究に参加していると、今度は会議を日本でやらないかという話が出る。その途端に、こちらは憂鬱になる。何が憂鬱かを具体的に説明しておく。

日本で国際会議を開くとなれば、まず招聘者の旅費を調達しなければならない。それには科研費に応募しなければならない。これは当たることもあれば、当たらないこともある。それは予算に限りがある以上、しかたがない。文句の言えることではない。次に会場とするホテルを借りる交渉をする。これも大したことではない。問題は夜のパーティー経費である。国民の血税を飲み食いに使うのはもってのほかだという。しかしこちらが招待された時は、朝から夜のパーティーまで世話になっている。会費を徴収することはできない。晩飯は各自に町に出て、勝手にとってください、といっても、日本語以外通用しない町に、外国人を追い出すことはできない。そうすると、自由になる民間資金を集めるしかない。あちこちの財団、企業回りをすることになる。たった五分間の説明のためでも上京しなければならない。しかし、これも我慢する。

国際会議の準備には、だれか手助けが必要である。大学の事務はぜったいにやってくれない。「そんな先生が好きでやることに、なぜ我々が手伝わなければならないのですか。我々には平常の業務があります」。そこで英語のできるアルバイトを臨時に雇うことになる。そうすると、その人がいる部屋が必要となる。電話があって海外・国内からの連絡を受けてくれる部屋が必要になる。「国の大切な施設を、先生個人のために使わせることはできません」。

結局自宅を事務所代わりにして、教師がすべてを処理することになる。午前一時、二時に飛び起きて国際電話をかけることになる（Eメールが普及し始めた時、どうしてこれがもっと早く登場してくれなかったのだと、ぼやいたものである）。これは私費だ国費だなどといっている暇があるなら、自腹を切ったほうがはるかに楽である。ただし、こういうことを一度でもやると、もう二度とやる気はなくなる。

海外の教授たちの様子を見ていると、どこかの財団から資金を受けると、そのための口座ができ、どこへいってもカードで支払っている。招待者に飲み食いさせても(たいして飲めるわけではない、食えるわけではない)、それで注文がつくわけではなさそうである。それ以上に、そのような教授にはだいたい秘書がついている。その秘書が献身的に働いてくれる。この秘書なしで、徒手空拳で国際会議を開くことは、無謀というほかない。

この教授秘書も過去五〇年間を振り返ってみると、それなりの変遷があった。まずアメリカは同じ教授でも秘書のいる教授もいるし、いない教授もいる。これはその教授がどれだけ実力を持っているかできまる。アメリカでは教授の引き抜きが結構ある。他大学に移るときには、自分の年俸ばかりでなく、秘書・助手の数、あるいはそれを雇う経費を含めた研究費、教育条件など、交渉で決める。さらには著名教授になると、住宅を提供することもあるし、男女ともに働くのが当たり前のアメリカでは、配偶者の就職斡旋も交渉条件に入る場合がある。

比較的知人の多いドイツの場合は、かつては(少なくとも二〇年ほど前までは)、正教授である以上、かならず秘書がいた。ところが、教授の増加とともに、一人の秘書をつけることができなくなり、途中から〇・五人になった。つまり教授二名に秘書一名になる。もっと必要ならば、自分で研究資金を獲得してきて雇うことになる。ただ、ヨーロッパは被雇用者の権利が強い。怠け者の秘書に当たってしまい、解雇できないで困っていた友人がいた。しかし一般に海外の秘書は実に有能で、長年その教授の秘書を続けてきた人など、筆者とも顔見知りだから、簡単に用件をすますことができた。

海外の教授たちにいわせれば、日本の制度は「プール制の秘書」だという。そして、それはそれでフレキシブルでいいではないかという。たしかに便利な面もあるが、そうとばかりはいえない。要するに英語のタイプができ、英語で電話を受けられる秘書は、結構値段が高くて、雇いきれない。そうなると、結局は院生を動員することになる。つまり院生、助手がいない大学で、国際会議はできないということである。助手・院生はさすがに「先生が好きで勝手に引き受けてきた仕事は、手伝えません」とは言わない。むしろ将来にむけての訓練だと説明しておく。いずれこういう活動をすることになるのだから、今からよく経験しておけ。ただ、もしかして、それは逆効果になっていたのかもしれない。一旦国際会議を引き受けると、あれほどきりきり舞いをさせられるのか、これはかなわない。もしこういう印象を残したとしたら、次世代には反面教師になったのかもしれない。

14　留学生交換協定の交渉

もう一つ一九八〇年代のはじめ頃、しばらくカリフォルニア大学で在外研究生活をすることになったので、これを機会に院生の交換制度を立ち上げる交渉を始めた。具体的な交渉は、こういう形で進んだ。まずカリフォルニア大学の親しい教授が小生の計画を聞いて、ビジネス・ランチを設定してくれた。ファカルティ・クラブに行くと、カリフォルニア大学の国際交流委員会のメンバーが待っていてくれた。その教授たちに制度のあらましを説明したところ、みな驚いた。何に驚いたかというと、この交流契約を結ぶと、日本からカリフォルニア大学への留学生の渡航費・滞在費を日本政府がもち、さらにカリフォルニア大学から名古屋へくる留学生の渡航費も滞在費も、日本政府がもつことになる。

そういう説明をした途端、カリフォルニア大学の教授たちは「なんと気前のよいことか」と半ば呆れ顔で言い出した。ふつうの交換制度は、滞在費は呼んだほうがもち、そのかわり旅費は送り先側が負担する。相互交流という以上、カリフォルニア大学側もそれなりの予算の手当てをしなければならないものと、考えていたらしい。ところが、この日本政府のプロジェクトは実に気前のよい話である。これほどおいしいビジネスは、カリフォルニア大学側がのらないはずがない。大いにやりましょうという、ただちに話しはまとまった。

ところが、そこに難問が生じた。ビジネス・ランチに集まった教授たちは、いくつかの学部にまたがる組織の代表者だった。そこでこれはカリフォルニア大学と名古屋大学全体の協定と考えていたらしい。ところが、私のほうは全学的な交流計画を作るとなると、各学部の了解をとらなければならない。それに時間はかかるし、どのような横槍が入らないとも限らない。そこで、これは名古屋大学教育学研究科とカリフォルニア大学の教育大学院との交流として発足させたいと説明した。

そして日本の大学は学部の独立性が強くて、日本に帰ってから全学部をカバーするアンブレラ組織を作る自信がないと説明した。この説明にはカリフォルニア大学の教授たちが驚いたらしい。日本ではそれほど学部の独立性が強いのかと、しきりに話題がそこに集中した。

ともかくも、できることから始めたほうがよいと考え、カリフォルニア大学教育大学院と名古屋大学教育学研究科との院生交換ということで話を落ち着けた。協定の細部は、カリフォルニア大学の教育大学院の学生部長と詰めた。彼は大学院内部の調整にいろいろと骨を折ってくれた。いよいよ協定締結が本決まりになり、一緒に昼食をとった時、こちらが「貴方にはいろいろお世話になった」と御礼をいうと、彼はこう話し出した。「自分はこれまで学生部長として、いろいろなビジネスをしてきたが、これほどスムーズに話の進んだビジネスはしたことがない」。たしかに、カリフォルニア大学側からすれば、双方とも全額日本政府持ちである以上、願ってもない話しだったのだろう。

こうしてカリフォルニア大学との院生の交換が始まり、最初の頃はかなりの院生がカリフォルニア大学にゆくことができた。一九八〇年代の前半まではそうだった。ところが八〇年代後半になると、こういうことが起きた。なかなかカリフォルニア大学への留学希望者が出てこない。そこである同僚教授がある院生をつかまえて、「君、こういう制度があるが、行ってみないか」と誘った。ところがその院生は、もじもじするばかり。挙句の果てに「これは私が行かなければいけないのでしょうか」と言い出したという。

その話を聞いて「もう面倒みきれないよ。やめた、やめた。」という気分になった。我々が若い頃は、一ドル三六〇円、厳しい通貨管理があり、日本からは二万円しか持ち出せなかった。外国にゆくとしたら、全期間の生活費を負担してくれる海外のスポンサーを探すしかなかった。しかもその機会が限られていた。筆者は西ドイツのフンボルト財団に応募して、西ドイツに行ったが、その準備には長い年月がかかった。ゲーテ・インスチトゥートに通い、語学の勉強をし、語学試験を受け、語学の資格をとり、研究計画書を書き上げ、合格通知をもらったときは、思わず「万歳」と叫んだ。

ところが時代は大きく変わり、それからすでに二〇年以上の歳月が流れていた。その間に、日本経済は目覚しい成長を遂げ、円は世界でもっとも強い通貨になっていた。通貨規制は撤廃され、いくらでも円を持ち出すことができるようになっていた。海外旅行など、学生のお小遣いでいける時代になっていた。何もわざわざアメリカまで苦労しにゆくまでもないではないか。学問もまた、気楽にやることになったのだろうか？

ちょうどその頃、学生が海外旅行にゆくというので、あそこのホテルは安いよ、と紹介した。ところが、初めての海外旅行だから、どうせ泊まるなら一流ホテルにしなさいと親が言ったという。どうぞ、どうぞ、余計な口出しはしません。どうでも勝手にやってください。海外渡航のチャンスが増えるとともに、海外留学の意味も変わったらしい。

鉄のカーテンの向こう側

筆者がドイツに留学した時、当然のことながらドイツ人研究者とも付き合ったが、それ以上に同じフンボルト財団で招聘され、ドイツに留学してきた、さまざまな国の同輩研究者との付き合いが興味深かった。とくにその頃フンボルト財団は、東欧からの留学生を増やしており、その彼らとの付き合いを通じて、「鉄のカーテン」の向こう側の生活ぶりを、つぶさに知ることができた。

彼ら、東欧出身者は一様に明るく、楽観的で、陽気だった。ところが一旦一対一の付き合いになると、周囲に注意深い視線を走らせながらも、コメコン体制下での経済生活の逼迫、共産党独裁体制下でのミゼラブルな市民生活に、文字通りあからさまな批判を展開した。「我々は自分から戦争を始めたことはない。しかし戦争が起これば、必ずそれに巻き込まれた。我々は自分から革命を起こしたことはない。ところが革命が起これば、必ずそれに巻き込まれた。戦争と革命、そして革命と戦争。これが我々の歴史だった」。

一九六八年夏はプラハで「人間の顔をした社会主義」を求めて、チェコ市民の蜂起が起き、それをソ連軍の戦車が弾圧した歴史的な瞬間であった。「ただいま、放送局のドアが激しく叩かれています。チェコからの自由の声も、これが最後となります。皆さん幸運を祈ります」というせりふを最後にプツンと放送が途切れる、そのような雰囲気の中を筆者はドイツに向かった。ドイツでは多くのチェコ人の友人ができた。

長年、海外に出ることを許されず、ましてやドイツ連邦共和国のような西側世界との接触を断たれていた彼らにとって、このフンボルト財団の招聘は、「鉄のカーテン」の反対側を見る、ほとんど唯一の機会であった。彼らは西東間の格差を、当時の後進国日本からの留学生以上に、ほとんど怒りをもって語った。

そして、やがて期限が来れば、ふたたび「鉄のカーテン」の反対側に戻っていった。戻ってゆく彼らの目には、ある秘めたものが宿っていた。一九七〇年代、八〇年代を通じて、チェコでは知識人を中心とする自由化を求める声明・宣言が、いくたびか発せられた。おそらくあの時知り合った友人も、その署名に加わっていたのだろう。そして一九八九年ついにベルリンの壁が崩れるとともに、チェコでは「ビロード革命」が成功し、かつての英雄ドプチェクが政権に復帰した。おおくのチェコ人は、再び政治の舞台に姿を見せたドプチェクに向かって、熱狂的な声援を送った。

大きく両手を広げ、集まった大勢の群集を抱え込むようなしぐさを見せたドプチェク。久しぶりの彼の姿をみて、あれから流れた二〇年という歳月の長さを思った。一九一八年のロシア革命から一九八九年のソ連の自己崩壊。この七〇年間に、我々は何を経験したのであろうか。

酒場でテーブルを囲みながら語る彼ら東欧人の目には、何か一途なものが宿っていた。若い頃の筆者は、こうした一途な目をした学生、若者に、海外だけでなく、この日本でもよく出あった。そのひたむきな一途さに、こちらがたじろぐような思いを、幾度かした。ところがいつからか、そういう経験がなくなった。何かを目指して一途に進むことは、ダサいことになったのだろうか。時代遅れになったのであろうか。それとも日本だけがこの一途な目を失ったのだろうか。

以上が大学の国際化の現場で起こったことである。まず第一に日本の大学は国際化に遅れているという人に、聞きたい。日本の大学は国際化に遅れているのか。遅れているとしたら、どこに原因があるのか。

増補I　研究者はデジタル時代にどう対応すべきか?

第I部10の「研究成果に基づく政策選択」(五二頁から六一頁)で、今後の研究者はインターネット、ウェブ・サイト、デジタル情報にどう対応すべきかを論じました。その後電子出版が急速に発展し、印刷物、書籍を駆逐するのではないかと思わせる場面が出てきました。これは筆者のように、一方に文章で勝負しながら、他方ではデータで勝負するタイプの研究者には、とうてい無関心ではいられない変化でした。いろいろな人たちと、いったいこの新しい表現ツール、伝達ツールにどう対応すべきか意見交換を続けてきました。その中でさまざまな意見にも触れましたし、私自身いろいろな経験をいたしました。ここではインターネット時代での研究の在り方について追加をしておきたく思います。

振り返ってみると、筆者の仕事は文章で勝負するものと、データで勝負するものとの二つに分かれます。たとえば、この『大学再生への具体像』は前者の系列のものです。『ドイツの大学』(講談社学術文庫)、『アメリカの大学』(講談社学術文庫)、『キャンパスの生態誌』(中公新書)、『ドイツ科学を支えた官僚』(中公新書)、『フンボルト理念の終焉?』(東信堂)、『職業としての大学教授』(中公叢書)

などもまた文章で勝負する系列に入ります。

ところが他方ではデータで勝負する系列のものがあります。一番古くは「高校増設問題」がありました。一九七四年頃、いくつかの都市圏では高校を倍増しないと、大量の中学浪人が生まれる危険性がある、高校の増設が緊急課題だという警告論文を発します。なぜデータ分析を重視したかは、その当時の教育研究のなかでの筆者のポジショニングと関係しています。そしてその背後には、二〇歳代の筆者が感じた日本の教育研究の状況に対するささやかな反発がありました。教育学の議論というのは、どれだけ根拠があるのか不確かな前提をもとに、コトバだけの議論に終始している、それは当時私の抱いた不満でした。そこで私はあえて実証研究の途を選びました。

こうした実証研究はデータやグラフの多いもので、とうてい出版してくれる出版社はありません。唯一の発表場所は大学の紀要と学会の機関誌だけでした。だから実証研究の結果は、いまだに紀要や機関誌のなかに長年埋もれております。そこで筆者自身一九九五（平成七）年頃からは、ウェブ・サイトにかつて論文を発表する方法を見つけだし、自分のウェブ・サイトを立ち上げ、そこから発表するスタイルをとるようになりました。

こうした計量分析のなかで、比較的多く利用されたのが「教員需要の将来推計」です。そこでこの研究結果にまつわる後日談を報告し、次の世代にむけての注文を述べたく思います。これは本書の第Ⅰ部10に述べたことをさらに展開させたものになります。

まずなぜ将来教員採用数が増えるか、減るかといった技術的な問題に関わることになったのか、それを説明しておきます。ある時期から、筆者のもとには教員養成課程を新設したいのだが、いったい卒業生のマーケットはじゅうぶんあるのだろうかという相談が来るようになりました。筆者はかなり前から教員需要の将来推計を行ってきました。第一回目は一九八五（昭和六〇）年のことでした。その当時、筆者の周辺では「最近教員採用試験を受験しても不合格となる学生が増えたが、何か原因があるのだろうか」という話がしばしば持ち上がりました。その当時筆者は教育関係のデータベースを組み立て、それをいかに有効活用するかを模索している最中でした。つまりデータは既に手元にある、それを活用すれば全国四七都道府県別に教員需要の将来推計を行うことができる、そこで将来教員の需要がどれほどになるのか推計を始めました。

しかし他人からは、何のためにこんな「本質的ではない、些末で、技術的な問題」に関わるのか、しばしば疑われました。というのはその当時、教育学で議論するのは、「理想の教師とはどうあるべきか」、「理想の教師を養成するには、どうあるべきか」といった「べきか論」ばかりでした。やや具体的な問題となると、教職専門科目（教育学・教育心理学などの科目）と教科専門の科目（地理・歴史・理科・数学のように教えるべき教科に関する科目）との比重はどうあるべきか、若干の教職関係の科目を取得すれば、一般大学の卒業生でも教員免許状が与えられる現行制度を放置したままでよいのか、そもそも戦後導入された「開放制」（＝教員養成を目的としない一般大学でもまた教員を養成できる制度）は正しかったのかどうか、戦前の師範学校のような明確な目的性を持った養成機関でなければ、使命感を持った教員は養成できないのではないか、そういった議論が交わされていました。

しかしそういう論者の説を聞いてみても、どれも客観的な根拠に乏しく、何を基準として評価したらよいのか、まったく見当がつきませんでした(少なくとも私には)。たとえばこういう議論を立てる人がいました。その当時、教員免許状を取得しても教員にならない(なれない)者が多くおりました。ようするにペーパー・ティーチャーが毎年大量に作られていました(現在でもそうでしょう)。この現状について、賛否両論がでました。ある人々は「実際教員になるつもりがなく、ただ飾りだけ、あるいは将来もしものことが起きた時に使えるようにと、免許状を発行することは、教職の価値を下げるだけである」と主張しました。また逆に「そういう学生だって、将来は親になるだろう。その時に教職の知識が役立つはずである。だから免許取得の基準を下げることには反対である」。

そのほかにもさまざま議論がでましたが、どれをとってもどれだけ客観的に根拠づけられるのか、それを確認する手続きさえ見えない命題ばかりでした。こうした堂々巡りの議論に巻き込まれるのは、私には耐えられませんでした。そこでもっと根拠を持った議論をするために、実証研究をすることに心をきめました。

もともと数字で議論をする習慣のない教育学の世界で、あえて数字で議論するには、さまざまな批判、非難、誹謗がありましたが、そのことについては、別の機会に述べます。ただここでは、世間にはこうした「役に立つ実用的な研究」を求めている人がどれほどいるのか、その証拠をまず示したいと思います。こういう人がいる限り、「役立つ実用的な研究」は不可欠だと信じています。

ここで私のウェブ・サイトを見た人からのメールを一つ紹介したいと思います。東北地方に住むその人は、毎年教員採用試験を受けてきたが、いっこう採用されない、しかも毎年ごく少数しか採用されない、来年度は何人採用する予定か、教育委員会に問い合わせても教えてくれない、そこであなたのウェブ・サイトを見たところ、当分採用が見込まれないことが解った、それで需要の多い大都市圏の教員採用試験を受験し、合格し、今ではハッピーにやっている、こういうメールです。

その他には都道府県の教育委員会事務局から、参考に使わせてほしいというメールがきました。しかしもっとも多かったのは、私立大学からの問い合わせでした。教員養成課程を新増設する話が学内で起きているが、今の大量採用がいつまでもつのか、それが解らない、あなたのデータを使わせてほしい、というメールです。

一般に研究者の間には「役に立つ研究」をすることは、邪道である、世間に対する迎合である、といった不可解な価値観があるようです。しかし私はそういう立場は取りません。「役に立つ研究」はそれだけ価値があります。現に情報がないために、困っている人がいるのが現実ですから。たとえたった一人でも、誰かに役立てばじゅうぶん意味があると考えます。これが「教員需要の将来推計」を行い、自らは推計方法の改善に努め、関係する官庁には統計のまとめ方を改善するように提案してきた理由です。

ただその反面、困ったこともありました。少しでも多くの人々に役に立ててもらいたいと思っても、それを発表する場がない、という問題です。どこかに発表しない限り、「役立つ・役立たない」もありません。もう少し具体的に説明しますと、「教員需要の将来推計」の推計結果は、全国四七都道府県ごとに、公立小学校・中学校教員の需要推計結果ですから、合計一〇〇枚ほどのグラフになります。しかし一〇〇枚のグラフだけの本など出版してくれる出版社はありません。そこではじめは、関係者だけに推計結果を送るつもりでおりました。ところが福村出版の編集長がわざわざ名古屋まできて、出版したらどうかという話を持ちかけてくれました。その結果が福村出版から『教員需要の将来推計』（一九八五）として刊行されることになりました。

公表されると、今度は自分の推計結果がどれだけ正しいかを検証する必要が生まれます。推計誤差が見つかれば、その原因を探らねばなりません。詳細は別の専門論文に譲りますが、一番肝心なポイントは文科省（文部省）が発表する『学校教員統計調査』（各三年おきに実施。最新年度は平成二二（二〇一〇）年度）の集計基準にありました。それを変更してもらわない限り、無理な前提を置き、それが推計誤差の原因になっているという結論に達しました。

しかしさまざまな統計の中でも、国の基本的な統計である「指定統計」の集計方法を変更することは容易ではありません。指定統計は連綿と続けられてきており、そう簡単には集計基準を変更できません。いざ変更するとなると、文科省を越えて他の関係部署と折衝しなければならないことでしょう。私は頼まれれば文科省に出向き、自分の推計結果を報告し、現行の集計方式ではこういう無理な前提を置くしかない、それが推計を歪めている原因であることを具体的に説明してきました。

ところが遂に平成二二（二〇一〇）年度調査報告のデジタル版は、必要なデータを収録した完璧なものとなりました。しかも指定統計に必要な年次的な一貫性を保つために、本体とは別に「閲覧公表」

という新たな項目を立て、そこに必要なデータを提供してくれるようになりました。(http://www.mext.go.jp/b_menu/toukei/chousa01/kyouin/1268573.htm)

読者の中には、私はもっぱら技術的なことばかり話しているように思われるかもしれませんが、私の言いたいことは専門研究者の役割のことです。研究者の責任はその領域に関する知識をつねに更新し、新たな課題が出てきたときに、いかなる選択肢があるかを、政治家、行政機構、選挙民などに提示できるように、準備してゆくことです。統計のまとめ方といった技術的なことと軽視するべきではありません。たとえ時系列上の一貫性が求められる指定統計でも、具体的な必要性を明示すれば、行政機構もその集計方法を改善してくれます。むしろ研究者がそうした集計データを使うことで、新たな集計方式をとってくれるものです。

しかしこうした改善が一挙に行われたわけではありません。それなりの積み上げがありました。そこでこれまで「学校教員統計調査」結果の公表形式がいかに改善されてきたか、その経緯の概略を説明しておくと、こうなります。

(1)平成七（一九九五）年度までは各県別の年齢構成が五歳刻みでしか公表されてきませんでした。そこで将来推計といっても五年単位の大まかな推計しかできませんでした。五歳刻みと一歳刻みとの相違をみてみると、**図増補Ⅰ-1**のようになります。要するに教員の年齢構成が五歳単位でしか集計される限り、五年分をまとめた大まかな推計しかできないのです。

(2)ところが平成一〇（一九九八）年度からそれが一歳刻みで公表されるようになりました。それによって定年退職者数が一年ごとに、かなり正確に把握できるようになりました。ただし残念ながら、定年前の離退職状況は、県別に区分されておらず、全国一本しか集計されていませんでした。また新規採用者の年齢構成も全国一本で、都道府県別には公表されてきませんでした。このことが、需要予測に一定の制約を課してきました。どのような制約となったかは、すでに拙著『「証拠に基づく政策」はいかにして可能か？——教員需要推計の事後検証をもととして』日本高等教育学会編『高等教育研究』一二集、一六九-一八七頁、二〇〇九（平成二一）年に書いたので、それを参照していただきたく思います。

(3)ところが、平成二二（二〇一〇）年度報告書（デジタル版）からはこれらの制約条件はすべてなくなりました。とくに「閲覧公表」という欄が特設されることによって、都道府県別の年齢別新規採用者数、離退職者数が公表されることとなりました。そうなれば、それぞれ将来

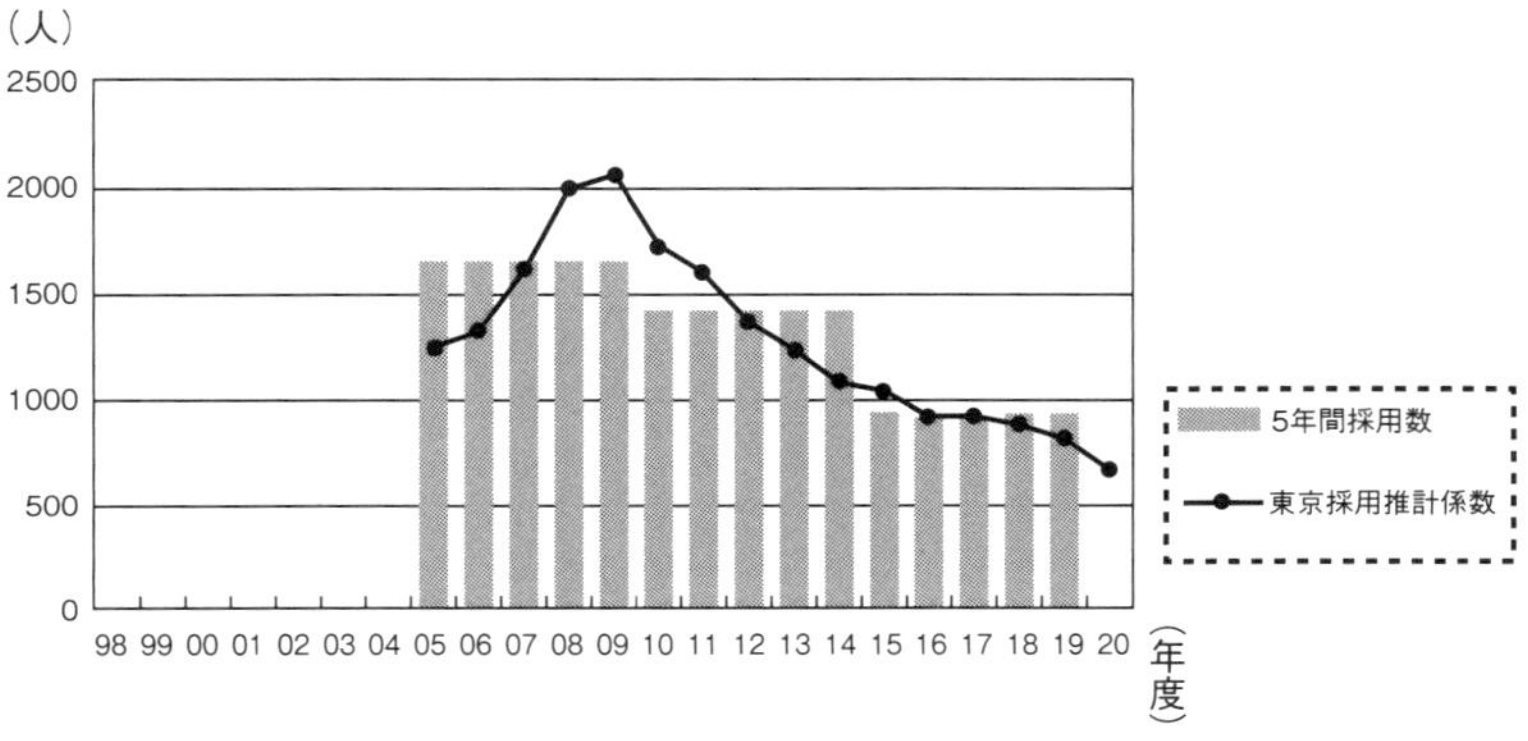

図増補Ⅰ-1　5歳刻みの時の推計、1歳刻みの時の推計（東京公立小学校教員）

推計を必要とする大学が、学内の人材を活用することで、自力で容易に推計ができるようになったことになります。

ちょうどそのころからさまざまな大学から教員養成課程の新増設の話が増えました。要するに学内で教員養成課程の新増設の話が浮上しているのだが、目下の大量採用はいつまで続くのかという質問です。その当時、どの大学も受験生の減少を前にして、受験生にアピールする新企画を探っていました。しかし新学部・新学科はほぼ出尽くし、新たな目標が見つけにくくなりました。そのなかにあって、近年の教員の大量採用は、多くの大学にとって、魅力的な新規市場と映ったのでしょう。教員養成課程であれば、高い就職率が期待できると見たのでしょう。しかし数年先の教員需要がどうなるのか、正確な情報を掴んでいる大学関係者は、ごくまれにしかおりません。ほとんどの場合、情報なしに、あるいは根拠不明の風評をもとに行動しているように思えました。

しかし教員養成課程は最初の卒業生を生み出すまでに最低限五年はかかります。せっかく教員養成課程を設置し、学生を受け入れても、卒業生が生まれる頃には、もしかしたら大量採用のピークが過ぎているかもしれません。小学校教員の年齢構成から判断してみて、大都市圏での採用ピークは平成二一年度前後であることは、関係者の間では、かなり確度が高いと見られています。事実そうなりました。

しかしそれにもかかわらず教員養成課程の新増設が続きました。**図増補Ⅰ-2**は小学校教員養成課程を持っている大学の数の伸び方を示しています。つまり二〇〇三（平成一五）年度には二二〇大学だったのが、二〇一〇(平成二二)年度には三三四大学、つまり一〇〇大学も増えました。なかでも増加が著しいのは私立大学で、二〇〇三年度には一一二大学だったのが、二〇一〇年度には二二八大学、つまり二倍に増加しました。

しかしこれらの教員養成課程の卒業者が卒業を迎える頃、教員市場はどのようになっているのでしょうか。こうした推計作業を行い、それを公表する機関は私の知る限りでは聞いたことがありません。まず文科省、都道府県教育委員会のような公的機関にそれを求めるのは無理だと思います。その理由は、この種の推計にはいくつかの仮説なり前提を置かなければ推計できません。そこには当然不確定要素が入っています。

こうした不確定要因を含んだ推計を中央官庁、あるいは地方自治体といった公的機関が行うことは、別の種類の問題を引き起こしかねません。公的機関にとっては安定性と確実性と信頼性が欠かせません。また採用者側である都道府県、政令指定都市の立場からすれば、教員志願者が多け

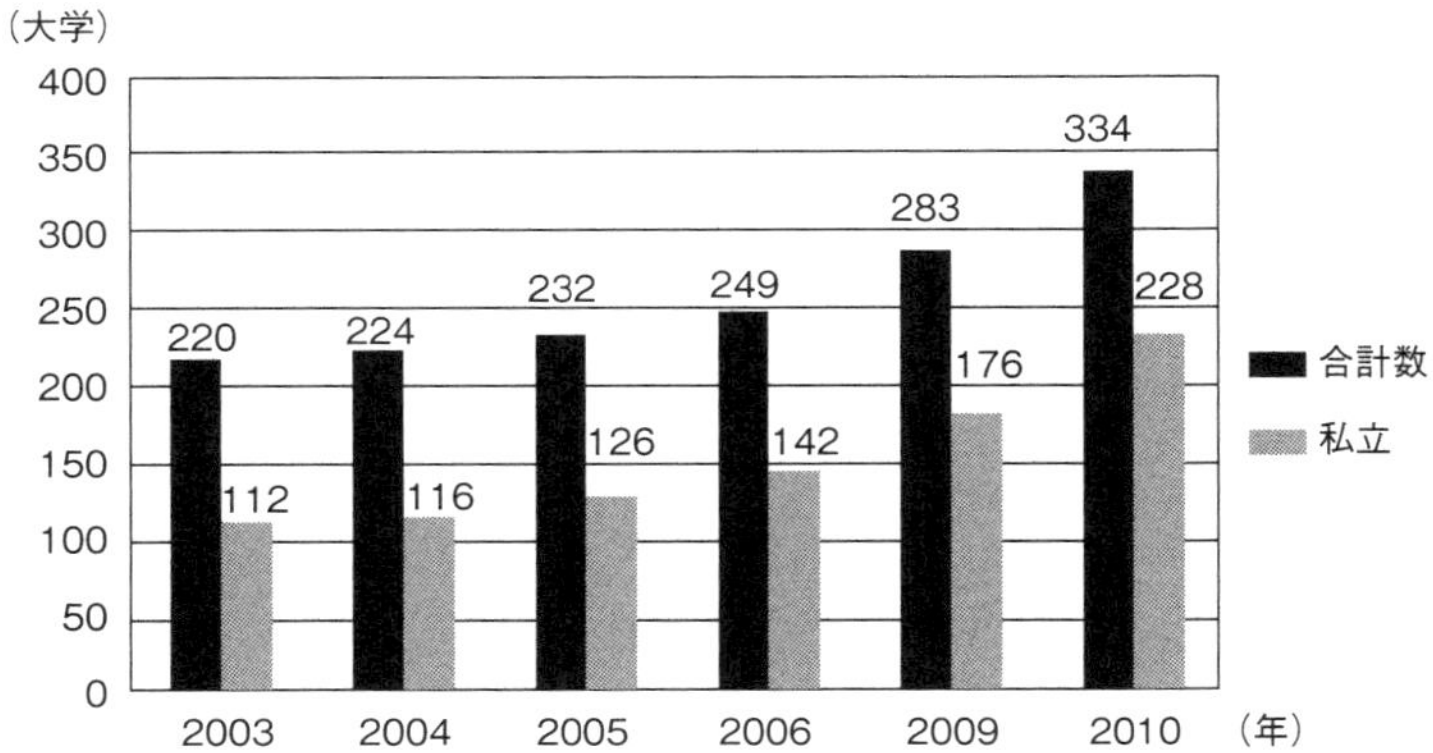

図増補Ⅰ-2　小学校教員養成課程を有する大学等数の推移

れば多いほど、それは歓迎すべきことで、あえて四年先、八年先の教員需要数を推計し、それを公表しなければならない立場にはありません。

そうなると、こうした情報をもっとも切実に必要としているのは、他ならぬ大学だということになります。教員養成課程を新増設するか、それとも逆に縮少、改組転換をはかるべきか、そういう戦略を立てるのは、それぞれの大学にとっては、経営上の重要課題となります。

そもそも近年になって教員養成課程の新増設がにわかに浮上した背景は何だったのでしょうか。その背後には次のような四つの要因が働いていると考えられます。

第一に中央政府の政策変更がありました。つまり平成一七（二〇〇五）年三月、文部科学省は長年継続してきた教員養成機関の定員抑制策を撤廃し、各大学の自主的判断に任せることとしました（教員養成系学部等の入学定員の在り方に関する調査研究協力者会議。平成一七年）。教員養成課程を設置したい大学は、自主的判断のもとに設置すべき事項で、その代わりその結果についての責任は、当該大学が負うべきである、という方向転換を行ったのです。

つまり中央機関を通じての「計画的養成」の時代は過去のものとなり、それに代わって個々の国立大学法人、学校法人が政策立案、政策実行主体として責任を負わなければならなくなったのです。それだけ大学側から見れば、教員養成課程の設置に「しばり」がなくなったように見えたのでしょう。まず教員養成課程の急増は、こうした中央での政策転換が背景の一つとなっているようです。

第二には、近年東京都、大阪府といった都市圏で教員採用の急増があったことが、もう一つの引

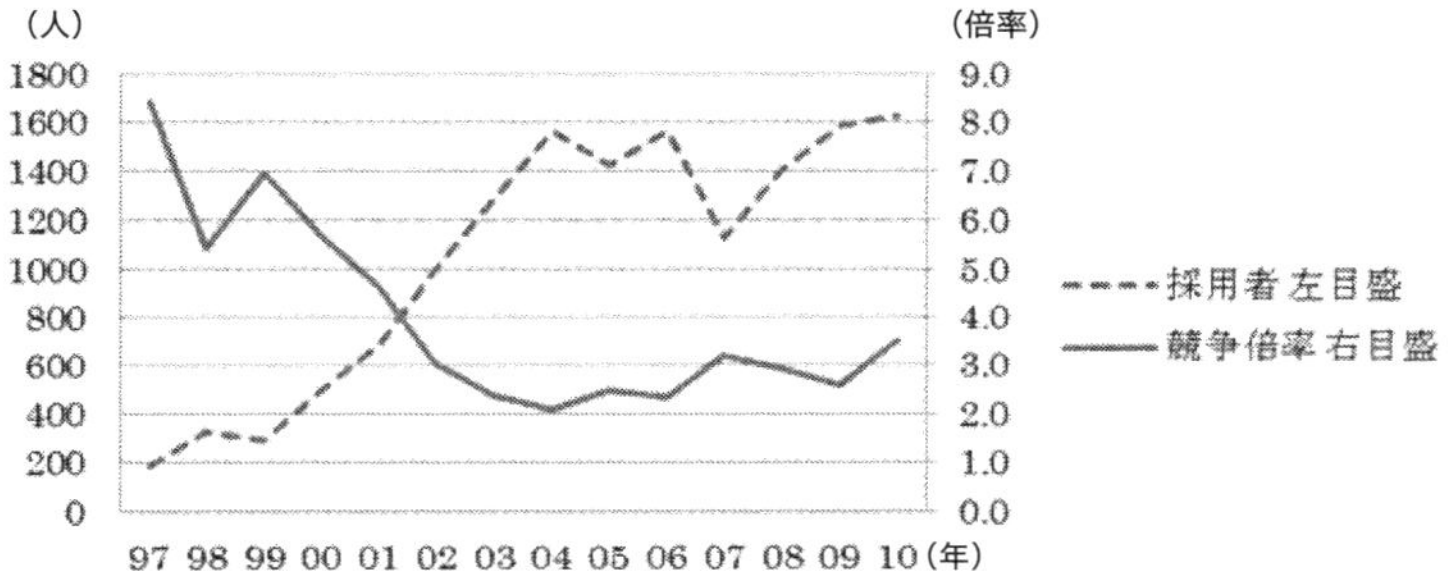

図増補Ⅰ-3　東京都公立学校教員採用試験の競争倍率と採用者数

き金になりました。**図増補Ⅰ-3**は東京都の公立小学校の教員採用試験の競争倍率を見たものですが、一九九七（平成九）年度を頂点として、それ以降一貫して低下してきています。採用数は一九九七年度には二〇〇人弱だったのが、二〇〇四（平成一六）年度以降は一、五〇〇人前後の大量採用が続いています。すでにこの大量採用は一〇年近く続いています。

もう一つ大阪府（大阪市、堺市を含まず）の場合を見てみましょう。**図増補Ⅰ-4**がこれまでの公立小学校の教員の採用数と競争倍率の推移を示したものです。ここでは一九九七年度に三七倍という例外的な高率を記録しましたが、二〇〇二（平成一四）年度頃から

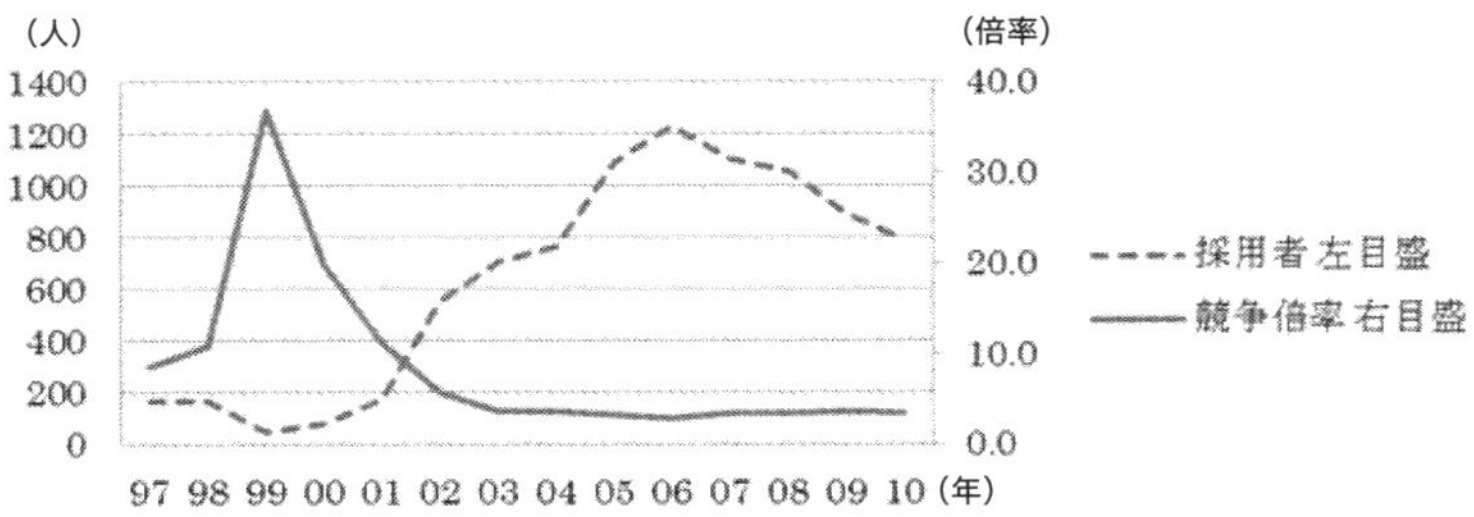

図増補Ⅰ-4　大阪府の公立小学校教員採用試験の競争倍率と採用数

採用数の急増とともに、競争倍率は低下、二〇〇三年度以降は三倍程度の水準にあります。これは大阪府の話ではなく、大阪市の場合ですが、一時は二倍を切ったという話です。

どの程度の競争倍率が適正か、絶対的な基準はありませんが、最低二倍は必要というのが、この業界のめどとなっていました。ひと頃教員採用試験はきわめて厳しく、教員養成機関を卒業しても教員になれないことが社会問題化していましたが、最近ではまったく様相が一変しました。教員採用試験の合格率が急速に高まりました。これは首都圏、近畿圏を中心として、教員の大量採用が発生した結果です。

一般によく誤解されるのですが、全国の出生数が年々減っているのだから、教員に対する需要も将来減少してゆくと思われがちです。しかし現実は逆で、現に平成一八年頃から大都市圏で教員の大量採用が始まりました。この原因は教員の年齢構成が都道府県によって大きく異なっており、定年退職教員の規模はそれぞれの県で異なっているからです。とくに平成一八、一九（二〇〇六、七）年度には東京都、大阪府、神奈川県など大都市圏で多くの教員が定年に達し、それが教員の大量採用を引き起こすこととなりました。

こうした例が示しているように、時代はどんどん変化してゆきます。今後は教員養成課程を新増設するか否かではなく、逆に縮小廃止、あるいは改組転換が、各大学にとって大きな課題となる時代が訪れようとしています。かつて筆者は平成一三（二〇〇一）年度から三一（二〇一九）年度までの需要パターンを四つに分けて、**図増補Ⅰ-5**のようにまとめたことがあります。

この地図は平成一三年度のデータをもとに推計した結果を示したものですが、現在（平成二四年度）ではそれからすでに一〇年も経っています。今後はこのラベル通りの需要パターンにはなるとは限りません。現に「急増急減型」と名付けた東京、大阪ではすでにピーク時は過ぎ去り、今後は減少期に入ります。また平成一三年度当時「後期増加型」と名付けた県も、今後増加し続けるわけでなく、新たなピークが現れ、その後は減少期に入る可能性が現れています。また人口移動の変化もありますし、なによりも都道府県で三五人学級への転換や、特別教員の加配、定年制など、いろいろな政策要因が教員の需要を左右します。

参考までに、平成二二（二〇一〇）年度の学校教員統計調査に公表されたデータをもと

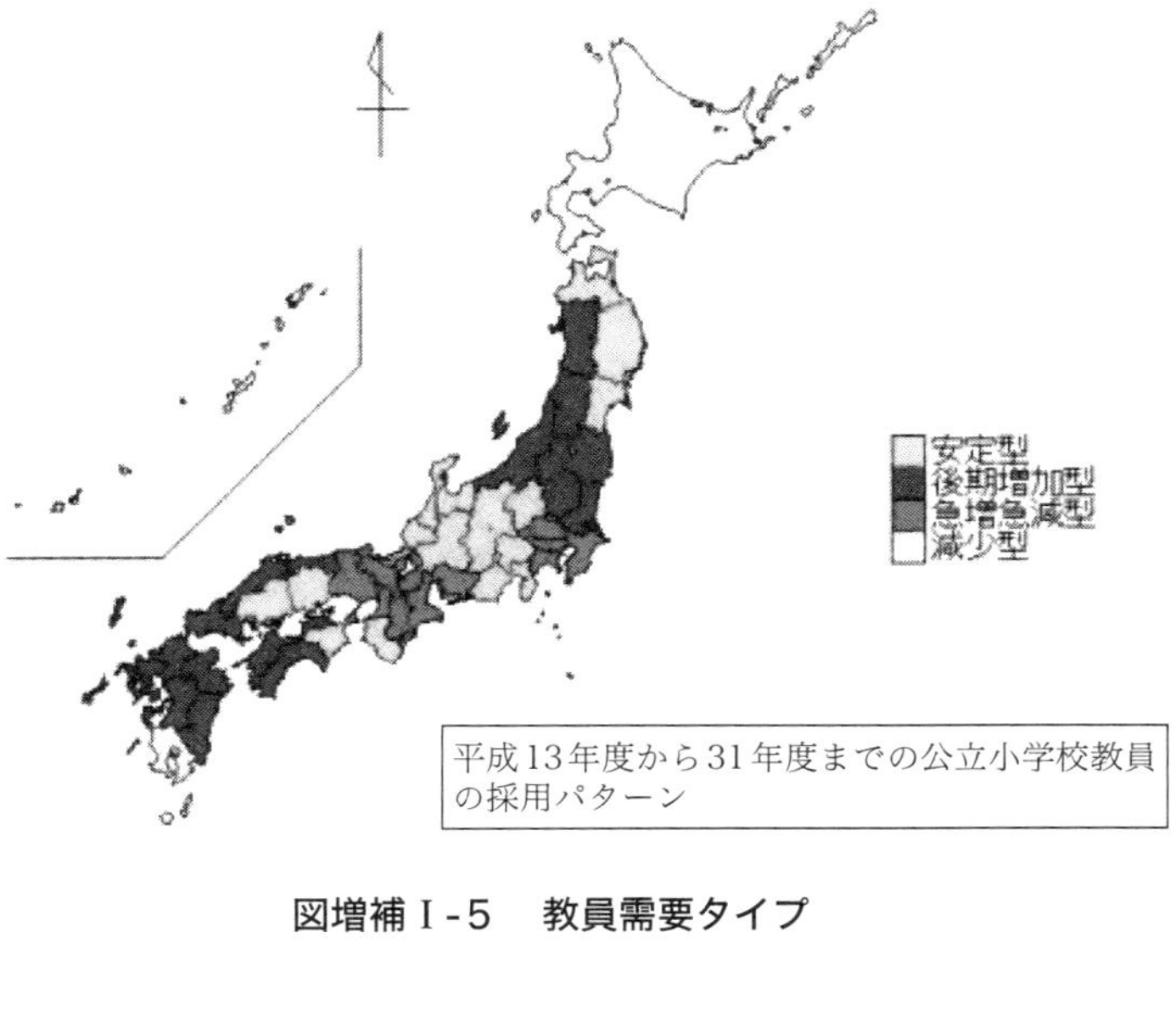

図増補Ⅰ-5　教員需要タイプ

に行った公立小学校教員の将来需要推計の結果の要点をあげておきます。目で見てすぐ分かるように、日本のどこで採用減が起こるか、採用増が起こるか、分県地図を書くと**図増補Ⅰ-6**のようになりました。ただくれぐれも「ラベル」に惑わされないようにしてください。「後期増加型」とラベルをはっていても、その後期がいつ始まるか、増加の規模はどれほどか、それぞれ違っています。詳細は小生のウェブ・サイトを参照してください。

大学はこうした教員市場の動向を無視して、将来計画を立てることはできません。今後どれだけの教員採用が増えるのか減るのか、それをあらかじめ知ることは、大学経営上不可欠な情報です。しか

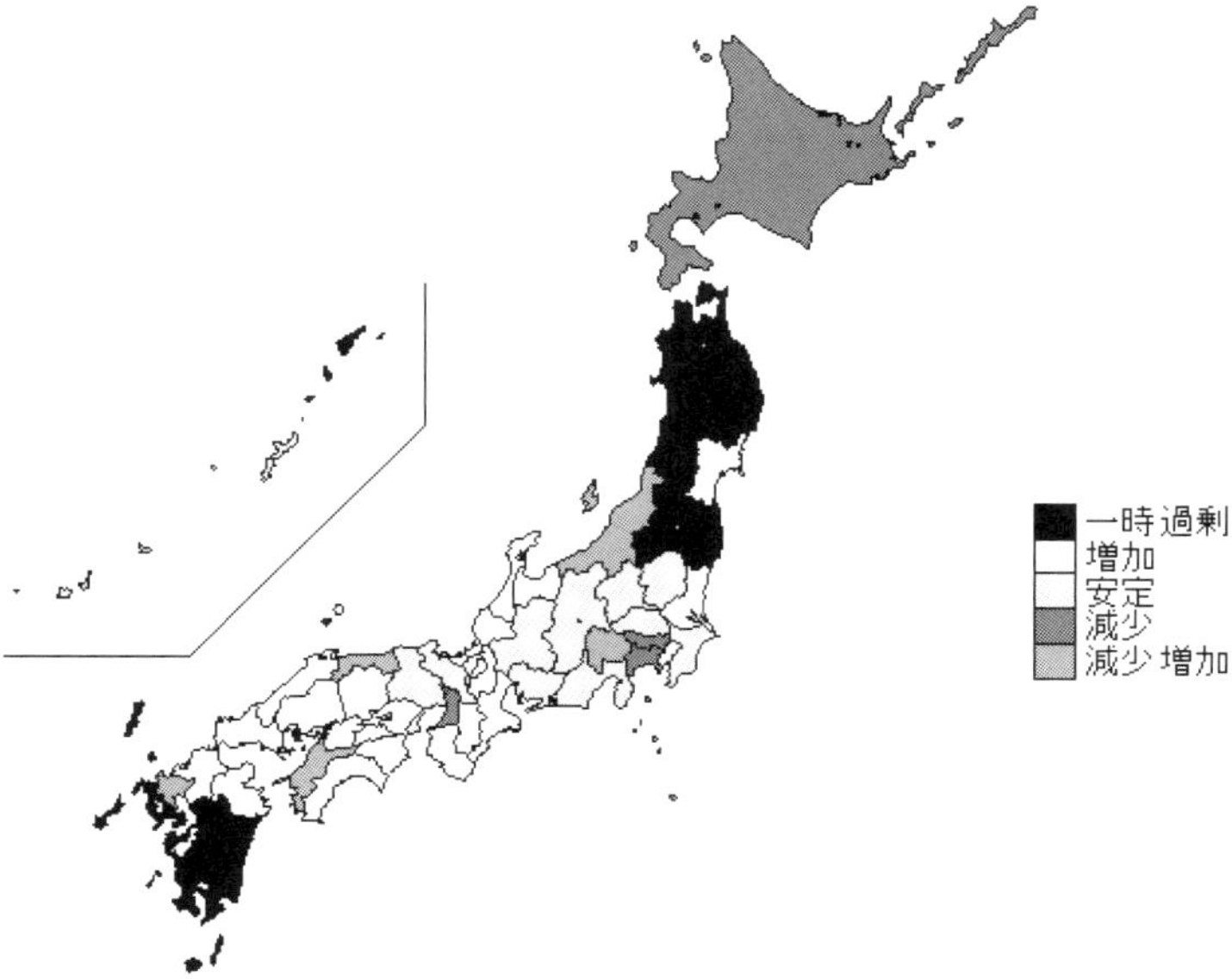

図増補Ⅰ-6　公立小学校教員需要（平成23～31年度）

もその責任は各大学が負う必要があります。つまりそれぞれの大学が需要推計（＝市場調査）をしながら、そのデータをもとに将来計画を立てる段階に入ったことになります。これからは学内の専門家を集めて、その大学の将来を企画していかねばなりません。

とくに難しいことはありません。これまで何回かこの作業を行い、その都度、推計方法に工夫を加えてきましたが、結論からいえば、「地元県、もしくは周辺県の教員の年齢構成さえ見れば、だいたいの傾向は分かる」ということに尽きます。たしかにこれからは少子化傾向とともに児童数は減少します。しかしすべての自治体で同じ程度の児童減少が起こるのではなく、それぞれ異なっています。しかしそれをあらかじめ推計するのは、多くのデータを使う必要があり、どれだけ正確に推計できるかも明らかではありません。

さらにまた今後の教員需要推計は児童数といった人口要因ではなく、各自治体の教育政策が大きく関係してきます。つまり三五人学級導入をどのような工程表で進めてゆくか、教育困難地域への教員の特別配置を、どのような日程表で行ってゆくか、児童減少地域では学級統合、学校統合をどのように進めてゆくか、これらはすべて地方自治体の政策判断に関わってきます。つまり筆者はこれまで人口要因だけをもとに、教員一人当たり児童数は変化しないといった機械的な前提を置いて推計作業を行ってきましたが、それが通用しない時代が到来しようとしています。

こうした事情から筆者としては、この推計作業はこれが最後とすることにしました。いずれ三年後の平成二五（二〇一三）年度には「学校教員統計調査」が行われ、その結果が公表されるでしょう。

その時筆者は八〇歳を超えています（生きていれば）。正直言って、その時体力、とくに視力がもつかどうかが分かりません。こうした推計を必要とする大学があれば、それを自力で推計すべきことでないでしょうか。

もう一度繰り返しますが、面倒なことは考える必要はありません。調査年度の一〇月一日現在の一歳刻みの年齢構成が公表されますから、それを見れば数年先のだいたいの傾向はつかめます。これまで私の推計では、六〇歳の者は全員、五九歳の者は半分が次年度当初に定年退職するという前提で推計してきましたが、この前提さえも、今後は都道府県で異なってくることでしょう。この意味でもこれからは、もっと地元の事情を知りうる立場にある個々の大学がこの種の作業に当たる段階に入ったと思います。

一例として平成二二（二〇一〇）年度統計をベー

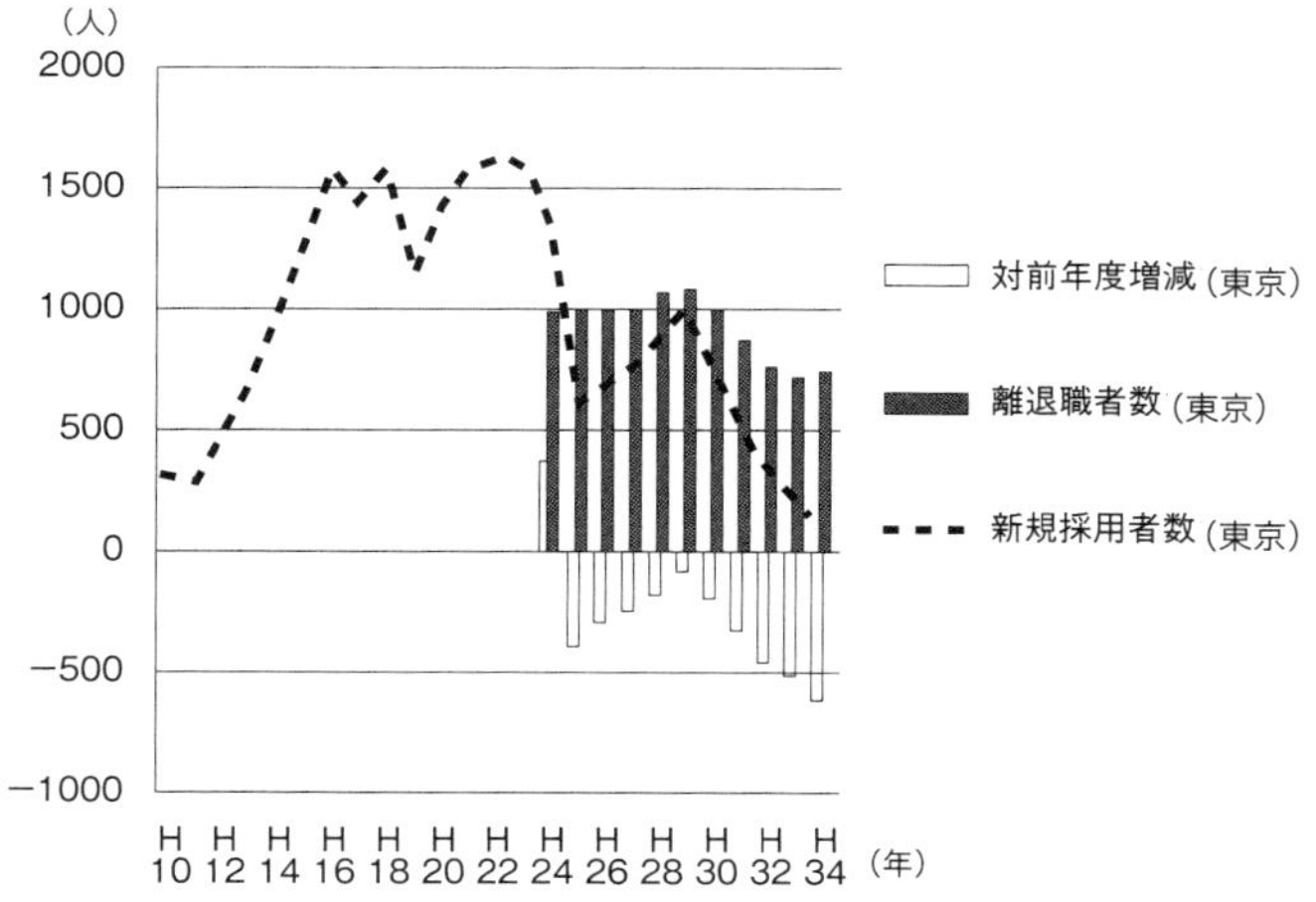

図増補Ⅰ-7　公立小学校教員需要の将来推計
（教員1人当たり児童数は平成22年度のまま）

スとした時の東京都の公立小学校教員の将来推計をあげておきます（**図増補Ⅰ‐7**）。

東京都では平成二〇（二〇〇八）年度前後、大量の教員が定年期を迎え、大量採用をしなければなりませんでした。今後も平成三〇（二〇一八）年度頃までは毎年一、〇〇〇人程度の退職者が続く見込みです。その結果、平成二九（二〇一七）年度頃までは一、〇〇〇人弱の新規採用が続きます。

しかしそのピークを越えると採用数は急速に下がってゆきます。そしてさらに三〇年後、平成一四年度から二九年度にかけて大量採用された教員が、定年を迎えるまでは教員市場は「氷河期」に入るものと見込まれます。

それと対照的な県として秋田県を紹介しておきましょう。この県の特徴は定年退職者がこれから増加し始めるという点です。ただそれとは反対に児童数は年々減少して行きますから、平成二五

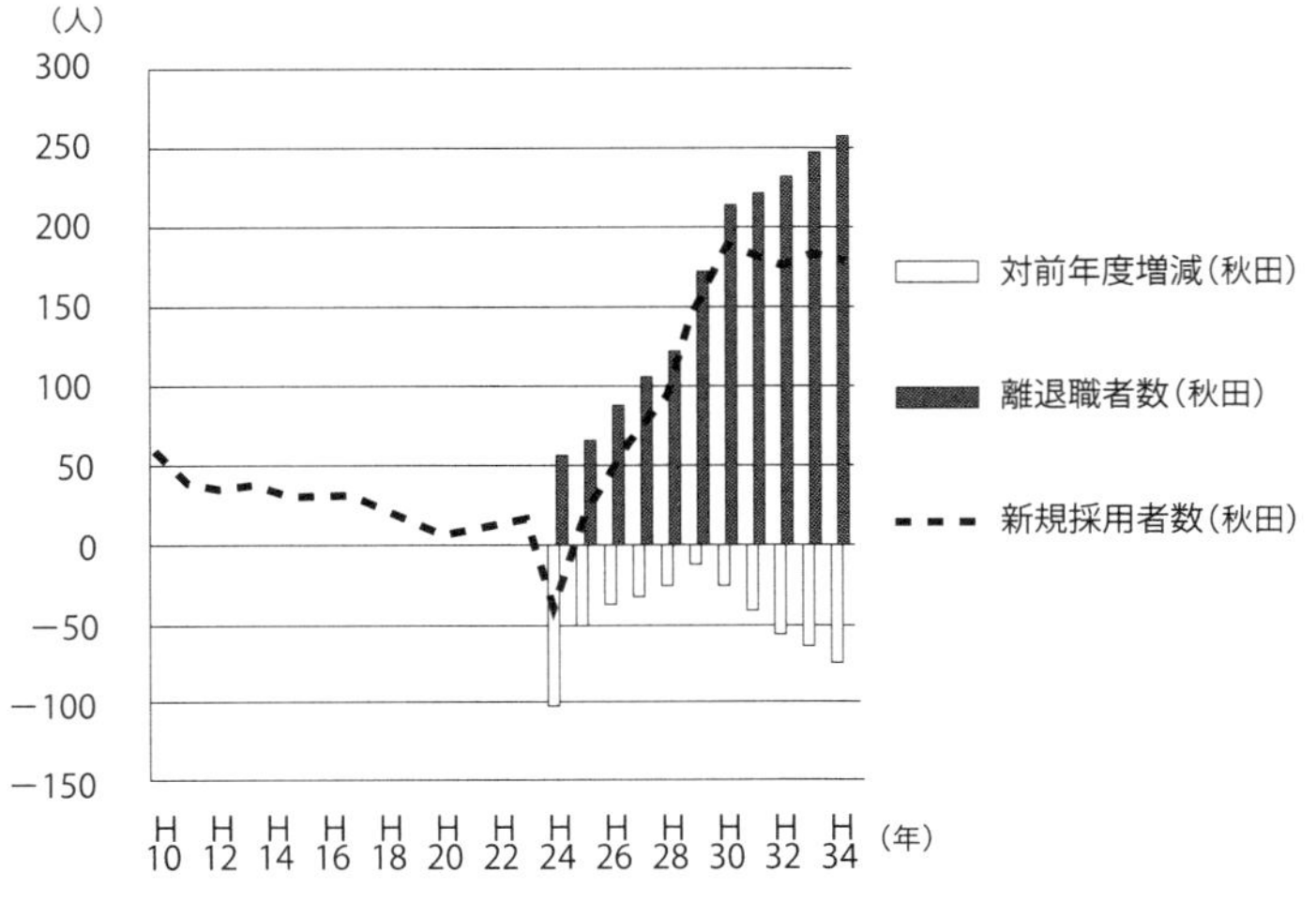

図増補Ⅰ‐8　公立小学校教員需要の将来推計
（教員1人当たり児童数は平成22年度のまま）

(二〇一三)年度前後までは教員過剰の状態が続きます。しかし平成二九(二〇一七)年度頃からは一〇〇人を越える新規採用が必要になる可能性があります。グラフには平成一〇年度からの採用数をあげていますが、それと比較すると、平成二九年度以降の新規採用規模は秋田県としてはかなりの規模となることが分かると思います。

本来ならばすべての県の推計結果をあげるべきでしょうが、スペースがありませんので、ここでは割愛します。すべてのデータは筆者のウェブ・サイトに掲載されていますので、それを参照してください(http://www.ushiogi.com)。

最後に「学校教員統計調査」を担当されてきた文科省内の関係者各位に感謝したく思います。指定統計の集計方針を変更することは、中央官庁の立場からすれば、それほど簡単なこととは思えません。これまでの集計方針との一貫性を維持しながら、新たな集計結果を「閲覧公表」という形で追加する方式を工夫されるには、関係部局との間で、さぞかし多くの協議が必要だったことでしょう。しかし上記の一連の改善の結果、この統計の利用価値は著しく向上しました。具体的な個人名は私には分かりませんが、長年の努力に改めて深謝したく思います。

もう一つ追加するとすれば、こうしたデータだけの推計結果の「著作権」は誰に帰属するかという問題です。私が使っているデータはすべて文科省のホームページからダウンロードしたものです。私個人が集めたものではありません。ただ初期の頃は印刷された報告書から一つひとつ数字を入力し、夜分密かに妻と細々とデータを読み合わせたりしましたが、今ではすべてデジタル化されていますから、この面倒なデータ入力、その読み合わせという作業から解放されました。

しかし、なまのデータだけでは推計はできません。最初の推計（一九八五年刊行）は名古屋大学計算センターのコンピュータを使い、プログラムはFORTRANで書きましたが、最近のものはExcelを使っています。推計方法は単純ですが、FORTRANのプログラムを組むには、私なりの時間とエネルギーを使いました。すでに述べたように、最近ではこれらの情報がデジタル化されましたから、苦労せずダウンロードさえすれば済みます。Excelの操作は簡単ですが、しかし同じことを四七都道府県ごと小・中学校の二回繰り返さねばなりません。しかも検算が必要です。計算過程をもう一度点検し、おかしいと思った箇所はもう一度やり直さなければなりません。それにはそれなりの集中力と根気と時間がかかります。要するに私個人の時間とエネルギーと神経が投入されていることは事実です。

目下のところは、私個人のウェブ・サイトから、だれでも推計結果を見ることができるようにしてありますが（http://www.ushiogi.com）、ときどきこういうボランティア活動でよいのだろうかと考えることもありました。またこのような「物好き」なことに首を傾げる人もいました。出版は当初から不可能ですから、それは考えず、だれでも無料で見ることができるように、私個人のウェブ・サイトに公表しました。

その時目に入ったのが、Google Booksでした。ものは試しと考え、Google Japanにこういう相談を持ちかけました。「私は一〇〇枚のグラフだけの原稿を持っています。まだ出版しておりませんので、ISBN（国際標準図書番号）はありません。おそらく今後も出版の可能性はまったくありません。こういう本でもGoogle Booksから出版できますか」。

そうしたところGoogle Japanからは、ISBNのない本でも出版するという返事がきました。そこでヴァーチャル上の出版社を立ち上げ、Google Booksに連携（affiliate）することにしました。しかし出版社といっても、これまでの出版実績はゼロです。従業員は二名（私＋妻）だけです。このような出版社を連携相手にしてくれるかと疑いましたが、幸いにも連携を認めてくれました。

さっそくGoogle Booksの指示通り、原稿をすべてデジタル化してアップロードしました。しかしそれには値段をつける必要があります。そこではたと困りました。いったい私個人に「著作権」を主張する根拠があるのかどうか。もしあるとしても何を基準に価格を設定したらよいのか。

たしかに私個人はレンタル・サーバ会社に何がしかの年間使用料を支払い、ushiogi.comなるドメイン名の使用料を毎年支払ながら、自前のウェブ・サイトを運営しています。ですから、つまるところは、万年赤字の絶対に黒字の生じない小規模自営者ということになります。もし私個人の時間とエネルギーに見返りがあるとしたら、どれほどになるのか、この辺りがよく分からないまま、もう少し様子を眺めようという段階に今あります。何かいい知恵のある人は、教えてください。

II　私立大学はどう変わろうとしたのか

1　私立大学での新学部創設

筆者は一九九八年三月末をもって国立大学を定年退職した。その数年前から、ある私立女子大に頼まれ、新学部創設委員会に加わっていた。その女子大は文学部と短期大学部からなる、典型的な女子大だった。しかも文学部の入学定員四〇〇名、それに対して、短大の入学定員一、〇〇〇名と、きわめて短大の比重の重い大学であった。

ところが一九九二年度をピークとして一八歳人口は減少期に入り、大学受験者数は減少傾向をたどり始めた。その影響がまず現れたのは、四年制大学よりも短期大学で、短大受験生数はそれを境に、急速な減少期に入った。短大の受験生が減り始めた理由は、一般企業の採用の重点が、短大卒業生よりも四大卒女子にシフトしたからではない。むしろ女子ばかりが集まる短期大学に、女子自身が魅力を感じなくなったためである。

一、〇〇〇名という大きな短大定員を抱えていたその女子大学にとって、この短大受験生の激減は、大きな衝撃であった。ひと頃まで短期大学は、四年制大学よりも、利益を上げやすい商売と目されていた。また、女子の受験生から見れば、四年制大学よりも年数が短く、小回りの利く大学として、人気が高かった。多くの女子高校生は、四年制大学は就職に不利、就職するなら短期大学と見ていた。

ところがいつごろからか、この四年制大学と短期大学との地位が逆転した。受験生は雪崩をうって、短期大学を見捨てて、四年制大学に向かい始めた。このことはその女子大学でも歴然としており、短期大学受験生数は年を追うごとに減少していった。一、〇〇〇名という大口の入学定員を抱えた短期大学を、そのまま維持してゆくことはできなくなった。何らかの手を施す必要が生じた。

こうした経緯のなかから浮上したのが、「現代社会学部」構想であった。短期大学の定員を削って新しい四年制学部を作る。この手法はその女子大学ばかりでなく、その当時多くの短期大学が採用した転換手法であった。

当時まだ名古屋にいた筆者のもとに、現代社会学部を新設したいという話が来たのは、一九九六年頃のことだった。学部創設準備委員会の一員として、この学部の構想を練るなかで、筆者なりにいくつかのアイディアを盛り込んだ。学部発足後、さまざまな機会に新学部の構想を説明する場面があったが、繰り返し次の点を強調した。現代社会学部の目標は、「企業社会のなかで、一人前の企業人、社会人、市民として、自立して行動できる女性を育成する」ことである。またさらに具体的な目標として、次の四点を強調した。

⑴現代社会そのものを教材として取り上げ、現代の社会がどう動いているのかを学ぶ。もし解決すべき課題があるとすると、いかなる選択肢が我々に与えられているのか、それを理解する。

⑵自分の耳で聞き取り、自分の口で語り、自分の思っていることを的確に表現できる英語力を身に付ける。上手い下手は一切問わない。まずは自ら英語で語る積極性を身につける。

⑶現代の新しいリテラシーであるコンピュータ・スキルを身につける。それを使うと、どのような新しいタイプの活動ができるようになるのか、それを体験する。大きなことではなく、身近にできることから始める。

⑷教室で学んだことを、ただ頭のなかに仕舞って置くのではなく、実際にそれを使って、ごくささやかなことでよいから行動に移してみる。つまり学びながら行動し、行動しながら学ぶ。たとえば、パソコンのスキルを習得したら、それをシルバーパソコン体験教室で生かしてみる。少しでも英語を習得したら、それを使って英語ボランティアをしてみる。

学生諸君にこうした活動の場を提供するために、フィリピンでの植林活動、アメリカ体験ツアー、シルバーパソコン教室、英語ボランティアへの参加など、いくつかの企画を実施した。体験学習の狙いは、学んだことを頭のなかではなく、身体に刻み込むことである。今の若い世代を、一日中教室のなかに閉じ込めておくのは無理だし、まず身体的にもたない。それだけでなく、学習のスタイルとしても不自然である。教室のなかで何かを学んだら、それを実際場面で活用し、体験を通じてさらに学習を深める、こういう機会がどうしても必要である。「行動しながら学ぶ」という発想である。

具体例で説明すれば、学生は教室のなかで、「地球温暖化の原因は大気中の二酸化炭素の増加で、それを減らすには、緑を増やさなければならない」と学ぶ。しかし、それが単なる一つの知識として、耳を通じ頭のどこかにしまわれるだけでは意味がない。この知識を一人一人の身体のなかに、何がしかの具体的な体験として刻みこむにはどうしたらよいのか。

こうした問題意識から始まったのが、フィリピンでの植林活動である。夏休み期間中、希望者を募って、フィリピンで植林活動に出かけた。多くの学生にとっては、海外に出るのが、これが初めてである。事前の講義ではフィリピンの熱帯雨林がなぜ消滅したのか、その当時のフィリピン経済・政治情勢、フィリピンをとりまく国際関係などの事前情報を教えておく。しかしこれでは「普段の講義」と変わりなく、インパクトにならない。そこでフィリピンに出かけ、現場に立たせる。現地に出かけてみると、意外にも緑は青々と繁り、ヤシの木陰に民家が点在する「豊かな自然」が我々を迎えてくれる。これでどうしてフィリピンの山が禿山だというのだろうという疑問が沸いてくる。

問題はヤシ並木の間を縫うようにして流れる川にある。「あの川を見てごらん。何か気づかない」。「いいえ、べつに」。「川の水の色をみてごらん。何色をしているだろう」「?」、「黄色になっているのに気づかない?」「?」。「あれは、はるか上流で森林が伐採され、あたりが禿山になり、雨が降ると、土砂が川に流れ込み、その濁った水がここまで流れてきているのだよ」。すでにフィリピンでも学校の先生が、川の水ははじめから黄色く濁っているものと思い込んでいる。はるか昔は、澄んだ水が流れていたことが、彼等の記憶から急速に消え去ろうとしている。

まず現地に到着すると、フィリピンの子どもたち、青年たちのとの対面が始まる。はじめは知らない者同士だから、日本人、フィリピン人で固まらないよう、それぞれのテーブルに分散して座らせる。そして同じテーブル仲間で、自己紹介を始める。当然のことながら、共通の言語は英語である。ふだんの英語の授業では、できるだけ教師に指されないように逃げまわっていればよかったが、今度はそうはいかない。何かをしゃべらなければならない。これはほとんどの学生にとって初めての経験である。

はじめは皆もじもじしていたが、だんだん気分がほぐれるのにつれて、会話らしきものが成立し始めた。流暢とはいえないが、それでもごくわずかな単語を並べただけで意思が通じることを発見するようになる。この自分のつたない英語でも通じるのだという自信は、やがて励みになり、もっと勉強すれば、もっと多くのことを語り合えるのだという実感につながるだろう。これがやがては、もっと身を入れて英語を学ぼうという意欲につながるのだろう。

植林の現場では、まず大地に鉄のバールで穴を開けなければならない。ところが、フィリピンの大地は予想以上に固い。そうとう力をいれないと、苗木を植える穴があかない。こうした感覚は、実際に現地にいった人間でないと体験できない。

また、この植林ツアーにはいくつかの学校訪問がプログラムのなかに組み込まれていた。小・中・高校（一部大学の場合もあった）を訪問し、現地の子ども・青年たちとの交流の機会を作り出すのが、その狙いであった。具体的には、学生が二人一組で、教室のなかに入っていって、子どもたちの前で、日本の昔話を題材にした紙芝居をしたり、折り紙の作り方を教えたり、日本の音楽を聞かせたりする。あるいは生徒をグランドに連れ出して、まず日本の子どもの遊びをやってみせ、フィリピンの子どもたちと一緒にゲームをする。それから、これに似た遊びがフィリピンにもあるのだろうから、それをやって見せてもらう。文化交流とはギブ・アンド・テイクの関係が必要で、まず日本を紹介し、それをきっかけにフィリピンの文化を教えてもらう。これが我々が「プレゼンテイション」と名づけたものである。

問題は、このプレゼンテイションをどうやって準備するかであった。普段の日は大学の授業がぎっちり詰まっていて、相談したくとも相談する時間がない。結局、夏休みに入ってから、植林ツアー参加者を集め、相談しながら出し物を決め、練習に入った。練習といっても、最大の難関は、英語であった。これまで繰り返し述べてきたように、人前で英語でスピーチをした経験などほとんどない。今度はフィリピンの子どもたちの前で、英語で日本の昔話を聞かせるのである。まったく初めての経験である。

まず第一は英語そのものが問題である。発音などは二の次のことで、どこかの本から引き写してきた英語では、フィリピンの子どもにはまったく通じない（フィリピンの子どもにとっても英語は外国語である）。その原稿をできるだけ易しい英語に書き直すことから作業は始まった。

スピーチの原稿が出来上がると、次に待っていたのが、その原稿の使い方であった。人前で英語で話すには、手元に原稿を用意し、見ながらそれを読み上げるしかない。しかし、これでは子どもたちに向かって語り掛けるスタイルにはならない。「朗読」になってしまう。そこで「あなたたちがやらなければいけないことは、子どもたちに語りかけることだ。原稿を読み上げるのではなく、相手の目と顔を見ながら、語りなさい。そのためには、あらかじめ頭のなかに、スピーチのキーワードだけ入れておき、それを使いながら、相手の目を見ながら語りなさい」と指導した。

しかしながら、この指導はついに最後まで成功しなかった。メモ、あるいは原稿なしにスピーチをすることは、現在の大学生には、あまりにも過大な要求らしい。早くも準備段階でそのことが分かったので、「メモはそばに置いておいてよい。しかしできるだけメモを読むのではなく、子どもたちの顔を見ながら話しなさい」と指導を修正した。

事実、本番の時には、幾人かの学生は懸命になって原稿を暗記してきて、子どもたちの顔を見ながら、堂々とスピーチを行った。「国際会議に出席する日本人は、メモを朗読するだけ」という批判、誹謗、悪口をこれまでしばしば聞かされてきた。相手の目を見ながら、顔を見ながら、英語で意見を発表できるようになるまでは、まだまだ時間がかかりそうである。

魔のミーティング

この植林ツアーでは、毎日、夕食後、必ずミーティングを開いた。ミーティングとは参加者全員、その日の体験を英語で報告する報告会のことである。これは学生の間にパニック状態を引き起こした。ある学生はこれを称して「魔のミーティング」、「魔の英語漬け」と形容した。ある学生は、「夜のミーティングさえなければ、こんなに楽しいツアーはない」とこぼした。日中、さまざまな体験に晒され、その時点その時点は楽しかったのだが、その経験を英語で語るとなると、途端に憂鬱な表情になった。

我々の指導は、あるいは厳しすぎたかもしれない。しかし英語は追い詰められなければ、身につかないというのが、我々の基本的な考え方だった。その日一日、ふだん体験できないほど濃厚で生き生きした体験、発見、感動があったはずである。ところが、いざそれを英語で発表する段になると、ごく平凡な、ありきたりの話しかできない。その原因は、基本的には英語での表現力に限界があるためである。高校までの英語では、具体的な日常場面での英語は、ほとんど教えられていない。自分の体験、感動、意見を英語で表現する訓練は、ほとんどなされていない。

教師の間では、しばしば苛立ちが生じた。その苛立ちが頂点に達したのは、最終日を明日にひかえた夜のことであろう。明日はフィリピンの人々の前で、この一週間に何を体験したのか、各自三分ずつのスピーチをすることになっている。ほとんど深夜になってから、そのリハーサルを始めたが、一〇数名の学生の話は、どれをとっても同じ内容、同じ表現で、何の変化もない。こんな話の連続を一時間以上、我慢して聞かせることは、相手に対して失礼の一語に尽きる。

「だれの話もみな同じではないか。こんなことでは、聞いているほうが退屈するだけではないか」と教員側が批評した時、「皆、同じツアーにきて同じツアーで回ったのだから、話が同じになってもしかたないじゃないですか」という反論が学生側から巻き上がった。おそらく、このツアー期間中、教員グループと学生グループとの対立、反発、緊張が、その時ほど極点に達した瞬間はなかっただろう。幾人かの学生は、その時になって、このツアーに参加したのは間違いだったと悔やんだことであろう。ある学生は、こんなことまで要求されるとは、夢にも思わなかったと腹の底でつぶやいたことであろう。あるいは、もっと英語をまじめに勉強してくるのだったと悔やんだことであろう。

すでに何人かの学生は目を真っ赤にしている。時間はすでに一二時を回ろうとしている。明朝は七時起床、八時出発、九時からフィリピン関係者の前での報告会が予定されている。そこで、教員三人が各五名ずつ学生を受け持ち、最小限その五名の間では話の内容が重ならないように調整することにした。この調整作業に午前三時までかかったグループもあった。

翌日九時から発表会が始まった。どういう結果になるのか、やらせてみるほかない。前夜ほとんど寝ていない学生もいる。教員側は不安だらけ。いよいよ本番の英語での発表会がやってきた。ところが、その時ほど驚いたことはない。

わずか数時間前までは、英語の原稿ができない、覚えられない、発音に自信がない、完全なパニック状態にあった学生が、実に堂々と、しかも胸を張って発表するではないか。夜のミーティングでは、流れる涙をぬぐっていた学生が、晴れ晴れとした表情で語っているではないか。「みんな。やればできるではないか。これでいいのだ。これを自信につなげなさい」。心の底でそう叫んでいた。発表会が済んでから、フィリピンの青少年と一つの輪を作り、互いに手をつなぎながら、お別れの歌を歌った。英語での報告がやっと終わったという開放感、一週間のツアーが終わったという緊張感からの開放から、会場のあちこちで国籍、人種、言語の相違を超えて、硬く抱き合っている光景が展開された。人類はともに一つだという。しかし百万弁の言語を費やしても、伝わらない。こうした体験を通じて、身体のなかに刻み込むしかない。これが「参加型授業」であり、「体験学習」である。こういう体験を眼前にしていると「異文化交流」という言葉は、どれだけの深みと重みをもっているのか、疑問が湧いてくる。

異文化接触

つり橋を渡ってたどりついた山のなかの小学校では、こういうことがあった。日本人学生が日本から手紙を出すから、住所を書いてくれとフィリピン小学生に頼んだところ「住所なんかないよ」という返事が返ってきた。それはかなりの山奥で、住民たちはふだんバガボ語を話している。小学生は学校へ入って初めて「公用語」である「タガログ語」と「英語」を学ぶことになる。それは彼らにとっては、初めて耳にする「外国語」である。電気のきていないこの地域に住む彼らには、タガログ語に接するのも、英語に接するのも、学校のなかだけである。山奥深く住んでいる彼らが外部と手紙のやり取りをすることが、年間どれほどあるのだろう。住所などというものは、彼らの生活にはかかわりがない。

こうしたショックが日本人学生にとっては、勉強のきっかけになる。「多言語社会」、「多文化社会」

といった用語は、何かの講義で耳にしたことだろう。しかし講義のなかで聴いている限り、それははるか遠い国の話でしかない。しかし、目の前に立っているフィリピンの子どもが、小学生になったとたんに、母語とはまったく異なったタガログ語と英語を学ばねばならない事実のなかに、「多言語社会」「多文化社会」というものの実態を、具体的な体験をともなって認識したはずである。

現代の学習は、あまりにも「書かれた文字」に依存しすぎている。「文字として書かれたテキスト」が頭のなかに記憶され、収納されると、それだけで学習が成立したような気になってしまう。「二酸化炭素の削減には植林が必要である」。これだけの命題だったら、コンピュータのほうがはるかに正確に記憶できる。これだけの命題だったら、わざわざ大教室に大量の学生を集め、無理やり机に座らせ、教師が大声を張り上げて伝える必要はない。

インターネットを使えば、好きな時間に、自由に引き出せる。あらゆる情報がデジタル情報として蓄積可能となった現在、今や必要となったのは、それらの情報を一人一人の学習者が、その当人固有の体験を通じて身体のなかに「暗黙知」、「個人知」として刻み込むことである。学習とは「自分の体内に内面化された言葉にならない言葉」を獲得することである。

個人の力

苗木を一本一本植えながら思ったことは、こうした活動がどれだけの意味をもつのかということである。おそらく世界全体でみれば、これよりもはるかに急速なスピードで森林の伐採が行われているのだろう。その大規模伐採と比べれば、この植林活動はほとんど効果はないのだろう。いったいこうやって苗木を植えることは、どのような意味をもっているのだろうか。

おそらく、この活動に参加する学生たちも、こうした疑問に突き当たったことだろう。我々の期待は、こうした疑問に突き当たってもらうことにあった。この現代とは、個人の力がみえにくくなった時代である。個人の意志が伝わらなくなった時代ともいえる。さらにいえば、すでに「ボランティア」という言葉が、ある種の「いかがわしさ」をともなってしか語れなくなった時代である。その原因はどこにあるのだろうか。

おそらく、多くの人の頭のなかに「人間は自分の利益になることでなければしないもの」という前提があるからであろう。「そんな自分の利益にもならないことを、人間がするわけがない」「それにもかかわらず、やっているのは、何か別の魂胆があるにちがいない」。そういう固定観念があるからだろう。それはちょうど、「意志ある市場」といっても、「わざわざ高い費用を払ってまで、環境保護に役立つ商品を買う人はいない」と考える発想と同じことである。

たしかに、私たちを支配しているのは、「個人は自分の利益を追求するのが、最も合理的な行動である」という価値観であり、人間観である。あるいは「人間の本質はエゴイズムで、その枠を離れることはできない」という見方である。そういう観念からすれば、「ボランティア」は、ある種の「くさみ」を帯びた、何がしかの「偽善」と「自己満足」の匂いがまとわりついている。

ひと頃までは、そういう傾向がなかったわけではない。しかし、時代はいつまでも同じではない。

さまざまなNGO活動に関係している人々と付き合って、まず感じることは、時代がすっかり変わったという実感である。ごく普通の人が、ごく普通のこととして、自分の時間・エネルギー・資力の一部を割いて、「ボランティア活動」を行っている。いってしまえば、個人が自分にできる範囲内で、無理なく、また肩をいからせることもなく、等身大の活動をしている。つまり、それだけ「市民」が成立し始めているのだ。これまで声を上げることのなかった「市民」が、徐々に姿を現し、社会のなかでそれなりの役割を演じ始めている。

親の反応、学生の反応

それでは我々の構想に、親たちはどう反応したのか、学生はどう反応したのか。フィリピンでの植林ボランティアを募集したものの、果たしてどれだけの学生が集まるか、予想がつかなかった。多すぎても困るし、少なすぎても困る。結局のところ、こちらが想定していた一五名の適正サイズに落ち着いた。

このフィリピン・ツアーの募集に両親がどう反応したのか、学生に尋ねた。フィリピンという国に対する日本人のもっているイメージが実によく分かった。「フィリピンのような危険な国に行くなどということは、もってのほか。この話はこれ限り。二度と話を切り出してはいけない」という意見から、「そのような経験は若いうちでなければ、絶対にできない。ぜひ行ってきなさい」という意見まで、実に幅広いスペクトルムが得られた。

それでは一五万円の個人負担をどう捻出したのか。これも実にさまざまであった。親がポンと全額出してくれたケース、学生がアルバイトをしてコツコツ貯めていったケース。さまざまなケースがあった。

薬プロジェクト

帰国すると、学園祭の準備に入った。学園祭では、現地の学校に薬を送り届けるための募金活動を行った。我々がお世話になったNPOは、植林活動と並んで、山村の小学校の保健室を整備し、そこに常備薬を備えておく活動を行っていた。必要な薬を整えておくには、年間一校当たり五万円ほどがかかった。そこで学園祭では、現地の状況を説明した写真や絵を展示し、薬プロジェクトの意図を説明し、その意図に賛同してくださる見学者から、募金をしてもらうこととした。このようにして集まった募金を日本のNPOを通じて、現地の学校に届けてもらった。

ただこうした「善意」が、思わぬ「被害」を与えることも知らねばならなかった。山のなかの学校は、夜になると無人となる。あそこの学校には薬が保管されていることがわかると、夜間にドアを壊し、薬の保管箱の扉を破り、持ち去ってしまう事件が起きた。そのため、薬プロジェクトを辞退する小学校がでてきた。薬は生徒ばかりでなく、地域の村人にも必要なときは配ることになっていた。しかしこういう事件が起こると、薬よりもドアの修理代、保管庫の修理代のほうが高くなる。「善意」が予期せざる結果を招くことを、我々は学生たちとともに身をもって体験することとなった。こういうことは、どういう教科書に載っているのだろうか。

しかし、展示会場を訪れた見学者は、我々の意図をじゅうぶんに理解してくれた。募金は、一校の保健室を維持するのにじゅうぶんな金額に達した。会場に備えておいたノートに書いてくれた、ある見学者の感想を最後に引用しておこう。「皆さんの植えた木が大きく育つといいですね。フィリピンの子どもたちが健康に育つといいですね。そしてあなた方も、立派な成人に成長してください」。

通訳ボランティア

帰国するとさっそく、地元のNGOと連絡をとり、学生を通訳ボランティアとして活用してもらう交渉を始めた。地元には、役所、学校、病院などとの交渉で困っている外国人が多く住んでいる。その外国人を支援する市民の通訳ボランティアが活動を続けていた。在住外国人を支援するといっても、NGOなので、専門の通訳を雇うだけの資金はない。民間人で、ある程度の英語のできる人の支援を求めるしかない。しかし、いくらボランティアといっても、無責任な通訳では困る。TOEICなり、TOEFLをある得点以上とっていることが、ボランティア通訳になる基礎条件である。教室のなかで、その条件を告げたところ、教室中からは悲鳴があがった。

先にも述べたように、現代社会学部にとっては、話せ聞き取る英語教育が、一つの柱であった。しかしこの目標達成は、容易なことではなかった。英語など話せなくても、聞き取れなくても、英語の単位はいくらでもとれるではないか。ふだんの生活に困ることは、一つもないではないか。我々教師は「英語が話せるようになると、どれだけ自分の活動範囲が広がるか」、その経験を語ったが、それでも学生は乗ってこなかった。

そんな学生に火をつけるとしたら、通訳ボランティアは格好の「仕掛け」であった。「通訳ボランティアを探しているNGOがある。条件はこれこれ」という説明は、教室一杯の悲鳴でかき消されたが、それでも授業が終わってから、何人かの学生が研究室にやってきた。「絶対にそれだけの得点を取るから、ぜひそのNGOを紹介してください」。今の大学生には学ぶ目標がない。教師には教える目標がない。だがしかし、こうした「教室砂漠」のなかに、かすかに火がともることがある。

しかし、このような体験学習はいくつかの課題を抱えていた。

⑴まずこのような「体験学習」は、準備段階、実行段階とも、手間がかかり時間がかかる。よほど「物好きな」教師がいなければ、長続きしない。学生からみれば、正規の単位にはならない。教員から見れば、正規の授業負担以上の負担になる。

⑵参加できる学生の数は限られている。全員にこのような体験を提供することは、物理的に不可能である。大きく見れば、大学教育のほんの一部分を対象としたイベントにしかならない。

⑶それよりももっと根深い問題として、こういうタイプの経験学習は、もしかしたら大学という教育機関には合わないのかもしれない。教育機関には、何か事故が起きたら誰が責任を取るのかという目に見えない圧力が張りめぐらされている。大学は授業だけしていればよいので、授業が終わったら、さっさと学生を家に帰らせ、責任の範囲外に追いやるに限る。余計なことを

して、もしも学生に事故がおきたら、誰が責任をとるのか。

現代の組織は、大学に限らず、組織防衛のために細心の配慮をしておかねばならない。万全の危機管理を張り巡らさねばならない。基本は保険機構に頼ることになるが、それ以前のきめ細かい危機管理が不可欠である。いったん何かが起きれば、マスコミはこの時とばかり、書き立てることは必至である。「計画がずさんだったのではないか」「現地の状況把握が甘かったのではないか」。そのときはマスコミと戦うしかない。それだけの情報を整理し、準備をしておかなければならない。またマスコミと戦う胆力・気構えを、常日頃から養っておかねばならない。

ちなみに我々の行った危機管理について説明しておこう。現地の情報は日本にいては、まったく入手できない。新聞、テレビはフィリピンの一地方のことなど、ニュースにしない。それを入手する確実な手段は、現地からの直接情報である。そこで我々が頼りにしたのは、フィリピンのNPOと連携しながら活動している日本側のNPOであった。この日本側NPOは現地に協力者を持っており、ネットワークができている。それを活用することになる。この情報網は日本にいてはつかめない情報を伝えてくれる。我々は出発直前まで、このルートを通じて現地情報を集めた。

現在では世界各地で日本人拉致事件が続発している。その理由は簡単で、要するに日本人の身代金が高いからである。日本からのこのこ学生を連れていって、グループごと拉致されるなどということは、最悪である。だから現地からの直接情報がきわめて重要である。しかしこれを集めることは、日本にある一大学には到底できることではない。長年にわたってフィリピンとの交流を続けてきたNPOがあったからこそできたことである。

ボックス⑩：森の再生

この数年ほど、夏休みに入ると、学生諸君一〇数名をつれて、フィリピンに植林にでかけている。フィリピンには、消滅した熱帯雨林をふたたび蘇らせる活動を続けているNGOがあり、そのお手伝いをするのが、ねらいである。

ただこういうたぐいの話は、とかく日本では「美談」に祭り上げられやすい。しかし、現地フィリピンでは、けっしてそうではない。はっきりいって、現地では、森の再生に関心をもつ人はほとんどいない。ごく一握りの人々が、黙々と植林活動を続けている。住民に植林の必要性を説いても、理解もしてくれないし、助けてもくれない。なかには、誤解して彼等の植林活動を妨害する人もいる。孤立、無視、冷淡。これがそのフィリピンNGOを取り巻く環境である。

今年も植林ツアーに行ってきた学生達が、その体験報告会を学内で開いた。会場には、植林活動を進めてきた一家のお嬢さんが、聞きに来てくれた。学生達の報告が終わったところで、フィリピン人としての感想を求められたところ、感極まって言葉にならなかった。最後にようやく、途切れ途切れに「私達を助けにきてくれて有り難う」と搾り出すように語り、そのまま絶句してしまった。

他人に理解されないくやしさ、もどかしさ、かなしさを抱きながら、活動を進めてきた人にして、はじめて語ることのできる「言葉にならない言葉」。孤立感を胸に秘めながら、苗木を一本一本植えてきた人でなければ流すことのできない涙。会場は一瞬、しんと静まり返ったが、この沈黙のなかを、国境を越え、言語の違いを越えて、無数の言葉が交わされたように思えた。人々が心を通わせるのは、言葉を通じてではない。それは「こころざし」を通じてなのだ。

時事通信社『内外教育』第五〇六三号、
一九九九年一一月一九日

2　参加型学習の可能性

現代社会学部の基本構想を練る時、いかにして学部としての独自性を出すかが、検討課題となった。そのためのいくつかの柱が議論の対象となったが、そのなかの一つに「参加型学習」という柱があった。この場合の「参加型学習」とは、次のような二つの意味を持っている。

第一の意味とは、教室内での授業に学生をいかにして引き込み、授業の過程に「参加」させるかという課題である。多くの学生は大学に入るまで、授業とは教師のいうことを黙って聞いているものだと思い込んでいる。授業中に学生が質問をしたり、意見を述べたり、疑問を提起したりする経験をほとんどないまま大学へ入学してくる。そのため、大学の教室では二種類の「シゴ」が支配することになる。第一の「シゴ」は、しばしば大教室でおきるシゴで、辺りかまわず、隣に並んだ者同士で「私語」にふけるという意味でのシゴである。なぜ「私語」が多いのかについては諸説あるが、これは大学での授業が高校までの授業とは異なって、二〇〇名、三〇〇名を越えるマンモス授業であり、いくら私語を交わしていても、いくら騒いでも担当教員にはどうせ名前が分かりはしないという「匿名性」が隠れみのになっていることが一番大きな理由であろう。

これに対して第二のシゴとは、大教室ではなく少人数教室を支配する「シゴ」である。一〇人前後という自由な意見交換に理想的な環境に入ると、今度は発言者がいなくなる。少人数教室が「お焼香ゼミ」と化し、教室内が「死語」で支配されるという意味での「シゴ」である。この不気味な沈黙に耐え切れず、教師がさまざまな話題を切り出していると、ゼミといっても発言するのは、教師だけで、学生は普段の授業と同様、黙って教師のいうことを聞いているだけ。「私語」にしろ「死語」にしろ、時間の無駄であり、莫大な資源の浪費である。この二つを克服することが、現在の大学の課題である。

いったい、教員と学生との対話を通じた「双方向型の授業」は、どうしたら成立するのであろうか。現代社会学部では一年生に「現代社会の課題」という授業を設けている。この授業の狙いは、「少子化」、「社会参加」、「豊かな社会の後に」などのテーマについて、「自ら進んで課題に取り組む構えを身につけ、資料の調べ方、まとめ方、口頭での発表のしかたを身につける」ことを目的としている。この授業では、学生自身があるテーマについて調べてきて、その結果を口頭で報告する。

しかしこのレポーターの発表をめぐって、レポーター以外の学生も含めて、相互の意見交換、自分の経験、考え方を述べるという意味での「参加型授業」は、なかなか成り立たない。ある学生は、「高校までこのような授業を受けたことがなく、大学になって急に大勢の人の前で、自分の意見を言えといわれても困る」というし、またある学生は「何か自分の意見を言ってもいいが、それが他の人の意見と違ったりして、他人を傷つけたり、自分が傷ついたりするのは困る」という。

したがって、折角のこの少人数教育も、発言をするのは、レポーターと教員だけ。他の学生はその対話を聞いている（聞いていないか）だけになりがちである。つまりここでも「参加型授業」は成り立ちにくい。

こういう場合には、「おもちゃ」を使うしかない。筆者が使ったおもちゃは、パワーポイントであった。我々の狙いは、パワーポイントの作成法を教えることではなく、それを作る過程での思考訓練が狙いである。一つの報告をするとなると、話の順番をどうするか、どういうキーワードを選ぶか、どういう素材を並べるか、試行錯誤する。この試行錯誤は思考の訓練になる。

これは同時に情報教育とその他の科目との融合にもなる。とかく情報教育は情報教育、その他の科目はその科目という具合に、お互いに分離する危険性がある。それでは困るので、普通の授業でもどんどんデジタル技術を使い、こういう使い方がある、こういう新しい技術が登場したことを、学生に伝えておかねばならない。

さっそくパワーポイントの作成方法を指導し、それを使ってのプレゼンテイションの練習を行った。学生にそれぞれテーマを選ばせ、調べてきた結果をパワーポイントを使って報告させる。あるテーマで報告するには、いろいろな手順があり、どういうキーワードを使うのが一番適切なのか考えなければならない。ストーリーの筋書きを考えるのは、パワーポイントはいい道具である。スライドの順番を自由自在に入れ替えることができる。

このパワーポイントの存在を知ったのは、一九九〇年代初めに開催されたアメリカでの学会に参加した時であった。欧米人はかねてから、きれいなカラースライドを使って報告をしていた。とくにシンクタンク系の研究員は、たった一枚のスライドに一つ単語をのせ、その印象を強める操作をしていた。その時も、筆者はそういうスライドを使っているのだとばかり思っていた。ところが、その画面上の文字が、突然動き出したではないか。その瞬間、自分の網膜に映ったものが、なにだったのか、認識するのに数秒かかった。たしかにスライド上の文字が動いた。あれはどういうことなのか。それ以降、筆者は報告内容を聞き取るよりも、完全に文字の動きに気をとられていた。あのように文字を動かすとしたら、スライドを連続技のように、瞬間的に入れかえなければできない。いったいそんな神業ができるのか。見れば見るほど不思議である。

そこで報告が終わると、すぐさま壇上に駆けつけて、報告者にどういう仕掛けなのか尋ねた。これがパワーポイントとの最初の出会いだった。

そこで日本に帰り、さっそくパワーポイントのソフトを購入し、練習を始めた。そして院生、学部生にも教え始めた。ところがパソコン画面を大勢の人に見せるには、プロジェクターが必要である。ちょうどその頃、国際開発研究科にアメリカ人教授が客員教授としてきており、その教授もパワーポイントを使って講演をしたいという。その当時、プロジェクターは一台一〇〇万円ほどする高価なものだった。そこでこれからはぜったいに必要になる、研究科で一台購入すべきだと論じ、購入がきまった。

やがて東京で学会が開催されることになり、そこでパワーポイントを使って報告することにした。その当時のプロジェクターは値段も高かったが、重量も重く、二〇キロにもなった。とうてい手で持ち運ぶことはできず、専用のキャスター付きのバッグに入れて、ガラガラと引きずるものであった。

学会報告のため、東京に持って行こうとしたら、ひと悶着がおきた。国有資産をこの建物の外へ持ち出すのは……と、物品管理官がしぶい顔をした。ともかく見なかったことにしてもらい、重いキャスターを引きずり、新幹線の階段をえっちらこっちら引き上げ、東京まで持って行った。

我々の報告が始まると、聴衆の間からどよめきがおきた。あの会場にいた人にとっては、初めての体験だったのかもしれない。今から十何年も前の話である。その時会場にいて、筆者の報告を聞いた人が、つい先日「先生はパワーポイントを使って学会発表をした最初の人では?」と言い出した。最初かどうかは確認しようがないが、一つの発表形式のモデルの提示にはなったのだろう。それからはどんどん普及し、今では当たり前のことになった。

現代社会学部を立ち上げた時は、すでにそういう経験を持っていたので、学生にパワーポイントを使ってのプレゼンテイションの仕方を教えた。これも学生の作った作品を、教師だけが批評するのでは意味がない。見ている学生にも意見・感想を出させようとした。学生が他人の報告に対してコメントをいえるようになれば、しめたものだが、いつもそれが成功したわけではなかった。依然として参加型の学習を成立させるのは、課題として残された。

しかし学生のパワーポイントの技能は高まった。最後には、きわめて興味深いテーマを探してきて、動きのある、印象深い作品を残した学生がいた。その学生は教室のなかでは、それほど目立った学生ではなかったが、確実にこちらが伝えようとしているものを把握していたのだろう。その学生は卒業後、コンピュータ関係の企業に就職したという。

シルバーパソコン体験教室の試み

情報教育は新学部の一つの柱だった。ただ我々が狙ったのは、パソコン操作を教えることではなかった。むしろ、パソコン操作を身に付けることで、これまでにはできなかった新たな社会的活動ができるようになることを体験させることにあった。

一九九七年ノーベル平和賞が、世界的規模で地雷禁止運動を展開させたジョディー・ウイリアムズさんに授与された。彼女はある新聞社の主催するシンポジウムで、これはインターネットの勝利だと語った。はじめ彼女とその同志は、ファックスで世界各地の同士と連絡をとっていたが、やがて朝から晩までファックスを送信しなければ追いついていけない状態に陥った。その時、教えられたのがEメールである。ファックスからEメールに切り換えることによって、国境を越えた連絡が飛躍的に容易になった。まさにこのノーベル平和賞は、インターネット時代が生み出したノーベル平和賞である。こうした事例が端的に示すように、これからは職業生活、市民生活、家庭生活、さまざまな場面で、パソコン、インターネットが活躍する時代が到来しようとしている。

それでは、大学生にこの時代の大変動をどう体験させるか。こうした発想のなかから登場したのが「シルバーパソコン体験教室」であった。大学周辺に住む六〇歳以上の方々を対象に、ふだん体験する機会の少ないパソコンに実際に触ってもらおうという企画である。四〇名ほどのシルバー受講者を対象に、まず専門のインストラクターの指導にしたがって、パソコンのスイッチの入れ方から体験してもらう。ただインストラクターの口頭の指示だけでは、シルバー受講者にはなかなか理解できない。どうしても、一人一人の手を取って、具体的に「ここ」と指で指しながら教えてくれるアシスタントが必要である。そこで「学生ボランティア」を募集した。そしてシルバー受講者二名当たりに一名の学生ボランティアにつけ、手とり足とりのガイドをしてもらった。一年前にはパソコンのパの字も知らなかった学生である。その学生たちがじゅうぶんな役割を果たしてくれた。

ただこの方式もまた安定したものにはならなかった。まず第一に、学生ボランティアといっても、最初の一、二回は物珍しさがあって、多くの参加希望者が得られる。しかし、その時期が過ぎると、極端に希望者が減ってくる。その上さらに、大学が雇用しているインストラクターを、いつまでも本来の業務以外に使うことができない。このようにして、ごく数回にして、このプロジェクトは行き詰まってしまった。

ところがその時、救いの神が現れた。たまたま筆者があるコンピュータ企業が開催する「大学におけるＩＴ革命」というシンポジウムに参加したところ、終了後、企業の経営陣の方から、直接会いたいという電話があった。お目にかかって、大学での情報教育の現状などを話しているうちに、談はたまたまシルバーパソコン体験教室のことに及んだ。「これまでは本学の専任インストラクターの献身的なサービスに依存して実施してきたが、これ以上無理を頼むことができないので、中断している」という筆者の話に、「それならば、わが社のほうでインストラクターを派遣しましょう」という、願ってもないお申し出を受けた。さっそくその御好意に甘えて、続けることができた。この行事は好評を博し、終了後は次回はいつ開催されるのかという問い合わせが続いた。終了後、参加学生からの声を集めたところ、次のようなものである。

⑴他人を教えてみて、はじめて自分のどこが足りないのかを知ることができた。あやふやだった知識を確実なものにできた。

⑵質問された時は分からなかったので、あとで調べることで、新しいことを学ぶことができた。

⑶一年前にはパソコンのパの字さえ知らなかった自分が、他人を教えることができて、自信がついた。他人から感謝されることが、これほど自分に自信を与えてくれるのか、知らなかった。

などである。

つまり、シルバーを対象とした体験教室であったが、もっとも多くを学んだのはシルバー受講生自身よりも、むしろボランティア学生自身だった。まさに「教えることが、最大の学習になる」とは、このことをいうのであろう。さらに大切なことは、「自分は今や他人に感謝されるスキルを学習しているのだ」、「世の中に役に立つスキルを学習しているのだ」、「だんだん自分は他人から期待される人間に成長しつつあるのだ」という成長感だったのだろう。

これはとかく目標を見失いがちな学生時代にとっては意味が大きい。現在、多くの大学生は「こんなことを勉強して、どんな役に立つのか」という疑問、「勉強したところで、どれだけの意味があるのか」という疑問を、つねに腹の底に抱えながら、大学に通っている。そういう状況のなかで

「他人に役立つ人間に成長しつつある」という感覚は、大きな意義を持っている。

あるシルバー受講者の声。「我が家ではパソコンのことがわかるのは、娘だけ。ところが教える態度が悪い。他人に寝そべったままで教えようとしたり、ちょっとこちらが失敗をすると、すぐ親のことを馬鹿にする。今日はこれから家に帰って、この大学の学生さんがどんなに丁寧に教えてくれたか、お説教をするつもりだ」。他方、学生ボランティアの声。「他人に教えてみて初めて、どこを自分がよく理解していないのか、よくわかった。大変貴重な経験でした」。

情報教育は流行だったのか

とかく情報教育は（このごろではそうではなくなったが）、「単なるパソコン技術の学習」、「卒業生のみせかけの商品価格を釣り上げることを目標にした、大学の現実に対する追従・妥協」ととらえられることが多かった。新学部の構想を練った時、パソコン教育を必修にし、パソコンの購入を義務づけ、全員にメールアドレスを与え、教員との連絡は万事メールで行うことにしたのは、単なる卒業生の商品価値を高めるためではなかった。そうではなくて、現在一八、一九歳の世代が社会的活躍期を迎える頃には、情報機器は社会の多くの場面に浸透し、それを使いこなせるか否かによって、生活条件・労働条件が大きく違ってくるに違いない。大学のカリキュラムは、一時代先の社会を標準に設定する必要があるという原則に従ったまでのことである。

このパソコン・ボランティアは、アメリカの大学生が中心となったＮＰＯに、そのモデルがあった。

このパソコン・ボランティア活動は、アメリカの大学の内部から登場した。コンピュータ、インターネットの普及とともに、かなり早い時期からアメリカで「コンピュータ難民」が社会問題となった。情報化社会のお陰で、生活が便利になったが、その反面ではそれについて行くことができず、かえって生活に不便を感じる人たちが生み出されている。そういう人々をそのまま放置してよいのか、大学は先端技術だけ追っていればよいのか、大学の知的活動の結果として作り出される社会格差を放置しておいてよいのか、という反省の声が高まった。

その時、習いたてのパソコン技術を活用して、こうした人々のために役立てようと、ボランティア活動を始めたのが、アメリカの大学生であった。彼等・彼女等は各地でお年寄りや体の不自由な人々のために、パソコン・ボランティアを始めた。我々の構想もこれと同じであった。学生諸君に今自分たちが習っているスキルが、どれほど他人から必要とされるスキルなのか、どれほど他人に役立つスキルであるのか、それを体験してもらうには、シルバーパソコン体験教室は絶好の場であった。

アルバイトとボランティア

現在、大学生のほとんどがアルバイトをしている。日本経済はこの大量の若年のパートタイム労働者によって支えられている。日本企業が「学生アルバイト」を求めるのは、あえて解雇をしなくとも、いつかは去っていくことが確実な労働力だからである。単なるパートタイム労働の提供源ならば、「主婦層」もある。しかしながら、「学生アルバイト」のほうが「主婦パート」よりも単価が高いのは、同じパートタイム労働であっても、「学生アルバイト」は「短期的」であることが確実だからである。雇用調整上の利便性を考えれば、「学生アルバイト」のほうが「主婦層」よりもはるかにまさっている。日本の大学生は一週間に二五時間のアルバイトをしている。ピーター・サックスによれば、アメリカの大学生もまた週当たり二〇時間のアルバイトをしている（『恐るべきお子さま大学生たち、崩壊するアメリカの大学』ピーター・サックス著：後藤将之訳、草思社、二〇〇三年）。つまり、学生時代とは、学業を学ぶ時期であるとともに、アルバイトを通じて「社会体験」をする時期でもある。

こうした学生時代のアルバイト体験を通じて、学生は「自分を労働力として売る」という価値観を習得する。あるいは「働いた以上、それ相応の報酬を期待するのは当然である」という価値観を内面化させる。しかしながら「ボランティア」とは、改めて述べるまでもなく「無償性」を原則としている。ボランティアとして参加する以上、何らの報酬も期待できない。つまり、ある場面では「賃労働」として働く者が、別の場面では「無償のボランティア」として働くことになる。その両者は学生当人の内面で、どういう関係になるのであろうか。

この葛藤は、「ボランティア活動」への参加者募集に歴然と現れた。シルバーパソコン体験教室を維持するには、ボランティア学生の安定的な確保が欠かせない。ところが、最初の一回や二回は「物珍しさ」があって参加者も多いが、つねに安定的に確保できるわけではない。学生は「忙しい」。

この「忙しさ」は、大学職員も同様である。とくに最近の大学では人員削減の結果、どの部署も手一杯になっている。こういう「面倒な仕事」をあえて引き受ける職員が出てこない。たかがシルバーパソコン体験教室とはいうが、具体的には、外部に向けてのPR、受講希望者からの問い合わせへの応答、学生ボランティアの確保、インストラクターの手配、受講希望者や学生ボランティアの名簿作成、出勤体制の編成、出勤チェックなど、さまざまな仕事がある。そのための人件費は結構な額になる。

大学のイメージアップになる、学生自身の勉強にもなる、社会貢献にもなる、ということは分かっていても、大学内に安定的な支援組織を作ることが難しかった。

こうした面倒臭さを考えると、いっそのこと、無償ではなく、インストラクター、学生アルバイトにも市場価格に応じた報酬を支払い、受講者からはそのコストに見合った受講料を徴収するという、準コマーシャル・ベースで考えたほうがよいのではないかと考えることもあった。つまりボランティアから始まった事業を、あえて準コマーシャル事業に転換することであった。もちろん、その場合、それだけのコストを負担してもよいという受講者が、採算に乗るだけ集まるかという危険性は残る。

要は「ボランティア活動」は、それに協力してくれる人材の安定確保に難がある。そうだとしたら、万事「コマーシャル・ベース」で割り切ったほうがすっきりするのかもしれない。内橋克人は「食えるボランティア」の可能性を求めているグループを紹介している。現在、ボランティア活動には個人生活を犠牲にし、汗水流して、歯を食いしばってというイメージが付きまといがちである。こういうイメージが続く限り、このライフスタイルの持続可能性は低い。この持続可能性をいかに確保するかは、現在の避けられない課題であろう。

ボックス⑪：ユヌス博士講演会開催

バングラデシュのグラミン・バンクの創設者であり、またその総裁であるユヌス博士の講演会が開催された。この講演会の実施には、多くの方々の支援を受けた。立派なポスターを作り、各所に郵送配布できたのも、多くの方の支援があったからである。通訳者はユヌス博士とグラミン・バンクの思想に感動し、常識では考えられない、ごく名目程度の謝礼しか受けとってくれなかった。総裁もまた、もともと講演料など期待される方ではなく、すべては仲介者のいう「将来のノーベル平和賞受賞者の講演料がどれほどものものかは、招聘する当の大学が知っているはず」という言葉を手がかりに、感謝の意を示しただけであった。ただ一回の講演会ではあったが、その舞台裏ではさまざまな心動かすエピソードがあった。

バングラデシュ大使自身の来訪もまた、こうしたエピソードの一つだった。当初我々は、この都心を遠く離れたところまで、大使自身が来訪されることなど、まったく予想しなかった。これは我々がお願いしたことではなく、大使自身の口から提案されたことである。この話には準備をしていた我々の方が驚いた。

しかしなぜ大使がわざわざユヌス博士と同行されたのか、その理由は大使のスピーチを聞いて初めてわかったような気がした。大使はユヌス博士のことを「バングラデシュのイメージを変えてくれた、国にとって大切な人物」と紹介された。つまり「貧困にあえぐ国バングラデシュ」というイメージではなく、「貧困撲滅のために人々が勇気をもって立ち向かっている希望に満ちた国」。こういうイメージを世界に与えた貴重な人物、これが大使のユヌス博士紹介のことばであった。この言葉を聞いた多くの人々は、深い感銘を受けたことであろう。ユヌス総裁の講演が多くの人々に感動を与えたのは当然であるが、たった一回の講演会の企画・実施のなかで、さまざまな心動かすものが生まれた。

デジタル映像の訓練

情報化のテンポは急速であった。年々新たなデジタル・デバイスが登場した。なかでも軽量デジタル・ビデオの登場は画期的であった。そこで海外植林ボランティア活動では、学生にデジタル・ビデオ・カメラを持たせ、活動の様子を画面に納めた。ともかく、活動の全部の様子をビデオに納めるようにした結果、一二時間を越える映像が収録された。帰国すると、それをパソコンにとりいれ、二〇分程度の長さに編集するという課題を学生に課した。

ちょうどその頃、デジタル・ビデオ・カメラが小型化、軽量化し、素人でも簡単に扱えるようになった。それとともに、ビデオ・ジャーナリストという、新しいジャーナリズムが登場しつつあった。教室では、それらビデオ・ジャーナリストの作った優れた作品を紹介した。現代社会のさまざまな課題にビデオ・カメラで迫り、世間にアピールするその手法は、まさに現代社会学部がまず試すべき手法であった。いつかは、卒業生のなかからビデオ・ジャーナリストが誕生することを期待した。

しかし、これらは現代社会学部のカリキュラムには登場してこない、いわば「隠し味」であり、目に見えない「仕掛け」であった。いつかその「仕掛け」に乗る学生がでてくるだろう。それを待つしかない。「行動しながら学ぶ」。こうした目標も、学生をこうした「仕掛け」にひっかからせることで、具体化できるだろう。これが我々の狙いであった。

我々の専門分野では「見えざるカリキュラム」が関心の的となった時期がある。つまり時間割、カリキュラムなど、「目に見えるカリキュラム」ではなく、そこには登場してこない「目に見えないカリキュラム」が、人間の成長には意味が大きいということである。具体的にいえば、クラブ、サークルなどへの参加が、その例である。大学は教師の講義だけで成り立っているのではない。学園全体の盛り上がりが鍵である。学生をどうやって盛り上がらせるか。

オンライン・シラバスの試み

この頃では、どこの大学でも教員はシラバスを提出することになっている。ところが不思議なことに、一科目のシラバスはＡ４判一枚に収めろという。Ａ４判一枚のシラバスは、いまだかって見たことがない。海外の大学では、教授にもよるが、普通はＡ４判五、六ページはある。しかももっと理解できないのは、そのＡ４判一枚のシラバスを、全教員の分を一冊に纏めて製本することである。当然のことながら、電話帳のように分厚くて重いシラバス集が出来上がる。

学生の扱い方を観察していると、そのような分厚い電話帳を持ち歩く学生はほとんどいない。自分の履修する科目の分だけ、切り取って持ってあるいている。しかしそれは学期の始まりだけである。やがてどこかに飛んでしまうらしく、やがて教師のもとに、あのシラバスをくれといってくる。いちいちそれに答えるのが面倒なので、ウェッブサイトに掲載することにした。

この電話帳シラバスは、学生に役に立たないだけでなく、教師にも役に立たない。Ａ４版一枚では、毎回のテーマ、参考書、評価方法を書くだけで終わってしまう。毎回のテーマを書いただけでは、学生にも教師にも役立たない。

そこで大学に提出したシラバスをウェッブサイトに載せ、それに工夫を加えた。毎回のテーマのところをクリックすると、画面が変わって、そこに講義内容、参考資料、使用する教材、キーワードが現れるオンライン・シラバスを作成した。こうしておけば、欠席した学生でも、その時間の講義内容をあとから知ることができるし、授業中、隣の学生から話しかけられ、聞き漏らした内容も確認できる。あるいはその気になれば、予習もできる。しかし教師の側からすれば、半学期分の資料を探し出し、それを編集して、ウェッブサイトに載せるには、結構時間がかかる。

授業の開始時に、学生にはこのオンライン・シラバスが載っているサイトを教え、それを事前にプリントアウトし、講義を聴きながら、そこにメモを書き加えていけば便利だというコツを教える。今の学生は話を聞きながらメモをとることが苦手である。講義をするときは、その画面を教室のスクリーンに写しながら、説明することにした。

こういうオンライン・シラバスというか、オンライン教材を使っている教師は、今ではけっこう多い。そこでそういう教師が集まり、その効果について情報交換をする機会があった。そのとき期せずして出たのが、こういうオンライン・シラバスを作ると、学生がノートをとらなくなるということであった。たしかにウェッブサイトに載っている以上、ノートをとる必要はない。昔のように、教師のいうことをすべて一字一句までノートをとるのは、無意味だし、時代遅れというものであろう。しかし、あまりにも便利になると、ときどき困ることが起こる。

多くの教師が講義のなかで、昨日の新聞にこういうことが書いてあった、こういう事件が起こったが、その背景はこうだという、ホットな事件・話題を教室で取り上げる。これは授業を活性化するために、多くの教員が使う手法である。ところが、それが学生には評判が悪い。なぜか。そういう本来のシラバスに書いてないことを講義したならば、すぐウェッブ・サイトに載せろという要求が出てくる。教室で配布した当日資料もウェッブサイトに載せろという声が出てくる。せめてそのくらい自分でメモなり、ノートをとればいいではないか。そうするのが当たり前ではないか。ところが今は学生消費者主権時代だとかいう。要するに自分でノートをとったり、メモをとったりしたくない。だから、それの代わりを教師にやらせようというのである。

ここまでくると、学生の便利さを考え、オンライン教材を充実させることも、考えものになる。どうせ教えることだから、便利なほうがよい。学びやすいほうがよいにきまっている。そのためには、大いに時間をかけて教材を充実させるように努力しよう。しかしだが、教師の期待とは逆へ逆へ走る学生を見ていると、あまりにも手をかけるのは、逆効果に思えてくる。

最近では「分かりやすい授業」とは、「勉強しなくても分かる授業」、「予習しなくても分かる授業」、「先生が答えを教えてくれる授業」になってきていると、ベテラン高校教師が語っている(長谷川恵「正統的な学習の保護を」『中央公論』二〇〇六年三月号)。そして「人間が長年にわたって学問にかけてきた努力と情熱を真っ向から否定している」ともいっている。「勉強とは、他人に寄りかからず、自分で努力を積み上げること」という当然の捉え方が、学校のなかから消滅しつつあるという。

3　X世代、大学にくる

ピーター・サックスの『恐るべきお子さま大学生たち』という本が、静かな話題を呼んでいる。もとの書名は"Generation X goes to college"というものである。出版直後からアメリカの大学人・知識人の間では話題となっていた。タイトルのなかにある「X世代」とは、要するに中・高年教師世代には、とうてい理解のできない新しい価値観・行動様式をもった大学生たちのことである。もっと端的にいうならば、今の若い大学生世代に対する中・高年教師世代の苛立ち、不信、怒り、絶望、などが入り混じった複雑な感情が「X世代」という言葉には込められている。

サックスが挙げている具体例を紹介すると、こうなる。授業中、お喋りに夢中になっている女子学生に注意したところ、教師こそ「自分たちの会話を妨害した無礼な奴」とにらまれた。教室に携帯テレビを持ち込んで眺めている学生を発見し、注意したら「どうせこの番組は前に見たし」といってスイッチを切った学生。宿題をやってこない学生に、その理由を尋ねたところ、「やってきた宿題の点を成績に加えてくれるならやってくる」と答えた学生。こうした類の実例が次々に紹介されている。

一九八〇年代にアラン・ブルームが『アメリカン・マインドの終焉』を発表した時、アメリカばかりでなく、世界の読書人、大学人、知識人が論争に参加した。出版直後からこの本をめぐっては、賛否両論が入り乱れた。しかし、その後の経過を眺めてみると、結局のところ、この本は気の毒にも「時代遅れとなった年寄り世代の愚痴」として片付けられたようである。

この本のなかでブルームは本を読まなくなった現代の大学生を嘆き、古典を軽視し、ないがしろにする若者世代を怒り、教養を欠いた若者世代を慨嘆し、彼等のことを頭ごなしに叱りつけていた。多くの論評はブルームのことを「新しい変化に対する感受性を失った頑固老教授」というピエロに仕立てて、論争に決着をつけたように見える。

ところが今度のサックスの著書に向けられた反響は、不気味なほど静かである。この本が読まれていないのではない。かなりの人々が読んでいる。ところが、それをめぐる論議がなかなか起こらない。アラン・ブルームの時は、賛成するにしろ、反対するにしろ、多くの人々が大きな声を上げて論じたが、今回はそうではない。その理由はほかでもない、サックスの本は、現在の大学教師が胸に秘めている怒り、絶望、無力感、やりきれなさを、あまりにもリアルに語っているためである。論争しようにも、誰にも出口が見えないからである。議論すればするほど、徒労感だけが残るからである。

サックスとはあくまでもペンネームで、実名ではない。ジャーナリストとして敏腕をふるい、いくつかの賞を受賞した経験のある人物である。彼が中年になって大学の教師に転身したものの、そこで何を体験したのか、それをきわめて率直に語っている。まず彼が驚いたのは、上記のような学生達のやる気のなさであり、それでいながら単位の安売り、甘い成績評価が横行する大学の姿である。とうていAに値しない成績にも、臆面もなくAがつけられている。とうてい合格点に達していなくとも、合格となる。

なぜ成績評価が甘くなるのか。その原因は学生による授業評価である。アメリカの大学で教師として生き延びるには、学生による授業評価が重要な要因となっていて、あまり学生の評価が低いと、昇進はおろか、教師のポストを確保しておくことができない。アメリカの大学教員はまずは任期つきの身分で採用され、研究業績、教師としての能力、学生からの評価を受けて、はじめて終身職にたどり着く。だから学生の評判のよくない教師は生き残ることができない。それだけではなく、あまり厳しく成績評価をすると、その大学、学部の人気が落ち、大学経営にかかわることになる。だから、もっと成績評価を厳しくするべきだと主張する教員たちと、そんなことをしたら経営業績が落ちると、教師と学生の間に挟まれて、右往左往する学部長も、この本には登場してくる。

日本でも最近あちこちの大学で授業評価が取り入れられているが、アメリカの大学ではかなり前から採用されていた。この学生による授業評価は、教師に対して無言の圧力を与える。成績評価の厳しい教師に対しては学生が仕返しに厳しい授業評価を与える。それがいやな教師はだんだん成績評価が甘くなり、Aを乱発するようになる。そこでサックスは有志教員とともにSOSなる組織を立ち上げる。SOSとは「セイブ・アウア・スタンダード・コミッティ」の略語である。つまりもっと大学の質的水準を守ろうという教師のグループのことである。

世間では授業評価ばやりで、いつのまにか、これを実施している大学は大学改革に熱心な大学、それだけ「学生のことを考えた教育熱心な大学」という世評が立てられるようになった。今では授業評価も定着したようだが、導入時には、議論が分かれた。「学生の素直な反応を教師は真摯に受け止めるべきだ」「いや、やる気のない学生に私の授業など評価できるはずがない。授業の内容で評価しているのではなく、その教師が好きか嫌いかで判断しているだけだ」「授業に自信のある教師は、授業評価など恐れない。現に私の授業では私語ひとつおこらない」「無記名のアンケートに責任をもって答える学生はいない」「これは要するに大学経営陣の教員に対する恫喝である。教員評価をするぐらいなら、学長評価、経営陣評価を実施すべきである」。それこそ果てしのない議論が続いた。

今では授業評価は定着したようだが、その利用方法はいっこうに定着した気配がない。よもやどこかの倉庫で、眠っているのでもなかろう。かつて中央教育審議会が成績評価を厳格にせよと答申した。さっそくある大学経営陣が、教員にそう申しわたしたものの、教員から「いくらでも厳しくできる、そのかわりあそこの大学は、そう簡単に進級・卒業ができない、そういう評判が立って受験生が減ってもいいのか」と反論されて、黙ったという。

世間では教員もサボりたがり、学生もサボりたがり、両者の利害が一致して、大学が堕落しているという論がまかり通っている。だがしかし、もしかしたら評価の厳格化をもっとも恐れているは、大学それ自体ではなかろうか。教師にとっては、成績評価を厳格にすることはたやすい。しかしその結果はどうなるのか。それよりも、責任は教師にある、学生にある、経営者にあると、責任のなすりあいをする前に、大学そのものが大きな網に捉えられていることを直視すべきであろう。それを克服するには、どうしたらよいのかは、最終章に譲る。

新構想学部の狙いをいかにして世間に伝えるか

新学部の構想を世間に伝えるにはどうしたらよいのか。こういうひとつの理念を持った実験学部ができたことを、いかにして世間に伝えるか。我々の努力にもかかわらず、なかなか世間には伝わらなかった。さまざまな機会に、我々の学部の「理想」を語ったが、世間の反応は冷たかった。そのことは、高校側と接触してみると、すぐ分かった。高校との接触は、大きくいって二つのルートがあった。まず第一に、我々新学部の教員は新学部発足と同時に、新学部の構想説明のために、高校訪問に出かけた。しかし、高校訪問の結果は、どれも同じだった。学部の理想・構想がいくら高邁であろうと、高校側から見れば、それは「空念仏」にすぎない。学部長、教員がいくら新学部の「理想」を説いたところで、世間は耳を傾けない。要するに「理屈はどうでもいいから、最初の卒業生がどういうところに就職できたか、それを見たうえで、生徒に勧めるかどうするかを決める」という。

これは進路指導のあり方として、きわめて当然なあり方で、これだけ「新構想」大学・学部・学科が乱立する時代には、どれが本物で、どれが偽物かを見分けるには、これしか方法がない。我々の現代社会学部が発足した一九九八年度だけをとってみても、全国で一七の大学が新設され（そのほとんどが短大の改組転換）、二五もの学部が新設され、二六の学部で新学科が新設されている。現代社会学部の新設は、そのなかの一齣に過ぎない。「新構想大学・学部・学科」といっても、これほど数多く乱立するようになると、「新構想」というレッテルだけでは、世間は見向きもしない。新構想学部の「賞味期限」は、極度に短くなる。

そこで、発足二年目からは、教員による高校訪問だけでなく、新二年生による出身高校での学習成果報告活動を始めた。つまり、教員がいくら力こぶしを振り上げて、「新構想学部」の特色を語っても、それは所詮「自己宣伝」でしかない。そこで実際に現代社会学部で学んだ学生当人に、現代社会学部ではどのような教育が行われているのか、わずか一年間ではあるが、それを学ぶと、どのようなことが身につくのか、それを出身高校に伝えてもらうことにした。夏休みから秋にかけて、高校では進路選択のガイダンスが行われる。ただ黙って座っていては、無名大学に新学部の内容を説明してくれなどという注文は入ってこない。そこで一年間実際現代社会学部の教育を受けた学生のなかから、希望者を募り、指導教員の推薦を経て、約二〇名ほどに出身高校に戻って、現代社会学部の説明をしてもらうことにした。

出身高校へは、大学側の作成した「学部案内」ばかりでなく、現代社会学部の活動で新聞記事となったものとか、学生自身が作成したホームページ、学部のさまざまな活動を二〇分ほどのビデオに納めたものを持っていってもらった。ホームページの作成方法など、やる気のある学生は、最初の一年でマスターしてしまった。またフィリピンでの植林活動をビデオに納めたものを、持参してもらった。その当時は、相当レベルの高い（それだけ高価な）パソコンを使っても、デジタル・ビデオの編集には時間がかかった。現地では、写せるだけ写すことにしたので、延べ一二時間ほどのビデオの原版ができあがった。それを二〇分間にまとめるという、かなり過酷な課題を学生に課したが、学生はそれをやってのけた。

ところが、三年目には予期しないことが起こった。今度は教師の側からではなく、学生の間から、学部紹介のビデオを自分たちで作成したいという声が起こった。ビデオ作成の学生ティームが発足し、学生自身が学生の目線で、現代社会学部のさまざまな活動を取材し、それを高校側に紹介することとなった。こういうことをやっているうちに、学生のカメラ技術、ビデオ編集技術が、年年高まってきた。なかなか凝った画面表示や画面転換を活用するようになった。最初の年に作成したビデオ・テープは、いかにも素人臭かったが、ついに四年目の夏にはビデオ・テープではなく、CDに焼き付けたものを出身校に持参するまでになった。最初からのことを知っている者からみると、わずか四年間で、よくぞここまで進歩したものだと驚かされた。もちろん、その間にビデオ編集ソフトの向上、デジタル技術の進歩があり、教員側の献身的な手助けがあったことは、否定できない。

こうした構想の延長として、卒業研究の形態にも工夫を加えた。ふつうは卒業論文というのは、原稿用紙に書くものだが、そのほかに、ホームページ作成も、ビデオ作成も卒業研究として認めることとした。すでに第一回卒業生のなかから、卒業研究としてホームページを完成させた者が出た。もともと従来型の文章で書いた卒論を、ホームページに変換し、図・写真を貼り付け、他のサイトへのリンクを張る作業が加わる。従来型の卒業論文よりも、それだけ余分な作業が必要となる。しかしそれらの学生は最後まで頑張ってホームページを完成させた。

ともかく、我々が意図したのは、現代社会学部の具体的な成果品（＝学生）を高校側に見せ、それを通じて、現代社会学部の「理想」を伝えることだった。果たして我々の意図がどの程度通じたのか、それは不明であるが、返ってくる高校側の反応はつねに一貫して同じだった。「ともかく第一回目の卒業生が、どういうところに就職するか、それを見た上で、受験を勧めるかどうかを決める」。

就職対策

問題はいよいよ卒業予定者の就職対策をどうするかにかかってきた。新設学部のつらいところは先輩がいないことである。就職活動の経験者がいない。どのように就職活動をするのか、そのノウハウを伝える人がいない。さらにまた企業側からすれば、「現代社会学部」といっても、何を教える学部なのか、そこの卒業生は使いものになるのか、まだ就職実績もないのに、何を手がかりに採用したよいか、見当がつかない。

その時登場したのが「キャリア・カウンセラー」の構想である。この構想は、長年の親友からの提案であった。長年の親交のよしみから、筆者は最初「ともかく一つでも多くの求人票を集める算段はないものだろうか」と相談を持ちかけた。これに対して即座に「今の時代、求人票などいくらでも集められる。問題は現代社会学部の学生が、面接会場に入って、どれだけ面接者の関心をひきつけられるかだ」といって、「キャリア・カウンセラー」の構想を提案してくれた。

この構想を聞いた時、思わず膝を叩いた。まさにそのとおり。専門家は見るところが違うことを痛感した。彼にいわせれば、この女子大学はきわめて恵まれた立地条件を持っており、大学の周辺にはつい先日まで企業の第一線で、新入社員の採用、研修を担当してきた経営陣経験者が多く住んでいる。そういう人材のノウハウ、経験を活用しない手はないというのである。そこで、新聞の折り込み広告を使って、募集をかけたところ、わずか七名の定員のところに一三三名の応募があった。競争倍率二〇倍である。しかも応募者はいずれも一部上場企業のトップ経験者をはじめ、赫赫たる経歴の持ち主ばかりである。夏休みをかけて、書類選考、面接を積み重ね、七名の方々を選び出したが、正直いって応募してくださった全員の力を借りたいと思ったほどである。

このようにして、集まった七名の「キャリア・カウンセラー」は、企業を定年退職して間もない、元気あふれる六〇歳代前半の男性あり、出産・育児のために、一時家庭に戻った三〇歳代、四〇歳代の女性あり、その背景はさまざまだったが、誰もが「ぜひとも今の若い世代に、自分の体験、経験を生のまま伝えたい」という気迫に満ちていた。このほど貴重な人材が大学周辺に眠っていたのかと、改めて驚かされた。

我々の期待は、こうした企業社会での先輩たちに、「企業社会が求める人材とはどういうものか」、「企業の中で、評価される人材、評価されない人材とは、どのようなものか」を、これまでの具体的な体験をもとに学生に直接伝授してもらうことであった。ただし、スタートする時に、学生諸君にはっきり断っておいたことは「このカウンセラーの方々は、決してあなたたちのために就職先の斡旋をしてくれる人ではない」という点である。だいたい他人に世話をしてもらった就職先など、三日ももたない。就職先はあくまでも自分の実力で開拓するもの。その実力に磨きをかける手助けをしてくれるのが「キャリア・カウンセラー」である。

どのカウンセラーも、それまでの職歴を生かして、さまざまな外部講師を教室に招き、ふだんの授業では聞けない体験を話してもらった。あるいは、以前の職場に学生を連れていき、職場見学をさせてくれた。場合によっては、その職場見学がそのまま入社面接の一部になったこともあった。人を採用することは、その人の労働力だけでなく、その人の持っている人脈をも買うことである。労働力よりも、この人脈・情報の方がはるかに価値が高い。

いよいよ就職戦線開始という時期には、特別企画として、模擬面接を実施してもらった。模擬面接に登場する学生は、全員の顔が引きつっていた。しかし、こうした経験を一度でもすると、企業面接でどう対応したらよいのか、自信がつくらしい。いざ本番の就職戦線にでてゆく学生たちは、その顔に自信が溢れていた。その結果、第一期生は就職率九五％という高率を記録した。おそらくキャリア・カウンセラー制度を取り入れてなければ、これだけの好記録をあげることはできなかったであろう。「第一期生がどのようなところに就職するか、それを見た上で、勧めるかどうするか、決めたい」といっていた高校側が、これをどう評価したのか、知りたいが、残念ながら情報がない。

ただこの制度には、いくつか解決すべき課題があった。第一はこれら「キャリア・カウンセラー」の処遇・待遇の問題である。私立大学は多くの非常勤講師を雇用している。しかしその待遇は、私立大学間の暗黙の了解があって、ある額に決まっている。これが非常識に低いことはかねてから問題とされていた。ところが、それを改めようとする機運が生まれない。我々の大学もまた、すべての非常勤講師の処遇をその水準で決めている。「キャリア・カウンセラー」だけを例外にするわけにはいかない。

第二の課題は、これら「キャリア・カウンセラー」の身分である。大学にはすべての大学に適用される大学設置基準があり、大学教員として位置づけるためには、研究業績、教育経験などに基づく資格審査を経なければならない。しかもその当時、現代社会学部は完成年次に達しておらず、教員構成を変える場合には、大学設置審議会に教員候補者リストを提出して、その審査を経なければならない。その当時から、教員と職員との間をつなぐ新たなポストの必要性が論議の対象にはなっていたが、まだ実現していなかった(未だに実現していない)。結局のところ、キャリア・カウンセラーの方々には、「非常勤職員」の身分で我慢してもらい、待遇もまた非常勤講師並みで我慢してもらうしかなかった。

それよりも厄介だったのが、時間外カウンセリングに対する報酬問題であった。「キャリア開発セミナー」は三年生の後期の科目であった。ところが、学生からの相談が殺到するのは、四年生になり、就職戦線にでかけ、内定をもらう段階である。「A企業と、B企業から内定をもらったが、どちらがよいか」、「あちこち応募したが、どこからも内定がもらえない。どうしたらよいか」。こうした種類の相談は、四年生になってから、つまり正規の「キャリア開発セミナー」が終了してから起こる。この時間外カウンセリングをどう扱うか、それはもう授業外のこととして、一切断るのか、それとも正規のカウンセリング活動として位置づけるか。キャリア・カウンセラーの方々の意見、実情を聞くとともに、経営陣にも実情を報告し、交渉を始めた。しかし、この問題の処理は最後まですっきりしなかった。学内には、時間外勤務ならば、我々もやっているという声があり、最後まで安定した対応ができなかった。

第四の課題は、「キャリア開発セミナー」のカリキュラム内容の整備・調整である。まったく初めての試みで、我々にもはじめから明確なカリキュラム像など作れなかった。ともかく企業経験、職場経験、職業経験を通じて、学生たちに必要なことを、自分の経験・体験をもとにして語ってくださいとしか頼みようがなかった。ただこの点で、献身的な努力を払ってくれたのが、まとめ役をお願いした方々だった。キャリア・カウンセラーのまとめ役として、いろいろな相談にのって頂き、相互の調整を行ってもらった。

それ以上に難しかったのは、このプロジェクトの継続性であった。つまりいかにして次世代のカウンセラーを発見し、一期目の経験を伝えてゆくかであった。もともとこの「キャリア・カウンセラー」の指導方法は標準化の難しい、それだけ一人ひとりの個性による部分が多かった。しかし人間は同じことを何年もしていると、マンネリになる。いずれ交代期がくる。第一世代のカウンセラーは申し分ない人々だったが、それに相当する人が得られるのか。さらにまた学生の意識は変わり、企業の採用方法も変わってくる。こうした変化にこのシステムはじゅうぶん対応してゆけるのか。頭の痛い問題ではあったが、そのときはそのときで考えるしかなかった。

世間に向けて、どうPRするか

「キャリア・カウンセラー」導入以後の課題は、現代社会学部が新機軸を打ち出したことを、いかに多くの人たちに知ってもらうかであった。我々が、全国に先駆けて新たな試みを始めたことを、どうやって世間に伝えるか。「キャリア・カウンセラー」制度の導入自体に、さまざまな経緯があったが、それ以上に苦労したのが、このメッセージをいかに社会に伝えるかであった。結果的には、A紙が大きく取り上げてくれたが、はじめからその新聞社だけを狙っていたのではない。まずは大きな網をかけ、その網を少しずつ、手繰ってゆき、最後にようやくその新聞が取り上げてくれることとなった。そこに至るまでには、いくつもの苦い体験があった。

かねてから顔見知りの新聞記者たちに、「キャリア・カウンセラー」を導入したことを語り、その構想を説明したが、反応はあまりよくなかった。だいたいこういう話は改まった席ではできない。どうしても一杯飲みながらの話になる。一時は連日連夜、胃袋との勝負と思った時期もあった。また、これが国立大学と私立大学との違いなのかとも思った。国立大学にいた頃は、新聞社のほうから取材にきた。ところが私立大学に移ってからは、こちらのほうが、新聞社に説明しなければならなくなった。

この過程のなかで、改めて体験したことは、無名大学の悲哀であった。新聞はつねに新たな大学の動きを探っている。「キャリア・カウンセラー」のアイディアは、新聞が飛びついていいはずの新機軸である。ところが、名のある大学の始めた新機軸であれば、どの新聞も取り上げてくれる。ところが無名の大学が何か新しいことを始めたといっても、誰も振り向いてくれない。めぐりめぐってようやくA紙が取り上げてくれたが、ひと頃はほとんど絶望的だった。

この過程で学んだことは、大学の名が知られてなければ話にならないという単純な事実である。いかに日常的なPRが必要か、そのための人脈がいかに必要かであった。「何か新機軸を始めた。さあ新聞に取り上げてもらおう」。これでは、遅すぎる。メディアとの普段の接触、日常的な情報交換、商売抜きの交流。こうした地道な蓄積なしには、この世界では通用しない。

大学間の競争が熾烈になるにつれて、メディアも一私立大学の宣伝記事など載せられない。メディアには公平性、公共性が求められている。そのなかを一つの大学が社会的認知を高めてゆかなければならないのだから、そう単純ではない。それは小規模大学になればなるほど、楽ではなかった。

今から振り返ってみると、長い女子大学の歴史のなかで、現代社会学部が行ったこれらの試みは、かなり異質なことだったのだろう。「キャリア開発セミナー」の立ち上げ、それに先行して導入した「キャリア・インフォメーション」などの就職科目の新設は、それまで計画されたことがなかったのであろう。しかしそれはある意味で当然のことで、「お嬢さん大学」が学生の就職に目くじらを立てることは「品のない」「はしたない」ことだったのであろう。

その女子大学の原点は、文学部であった。文学部という組織は、もともと就職とは無縁であり、あえてそれに背を向けることにアイデンティティを発揮する学部である。そこで教えている教員は、自分が学生だった頃、就職活動をしたこともなければ、教員、先輩、同輩から就職のしかたなど、学んだことがなかったことだろう。就職対策に夢中になる教師、学生、そして学部を、いぶかしい目で見ていたことであろう。「就職熱心な文学部」などという言葉は、文字どおりの形容矛盾である。

これはなんら非難すべきことではなく、日本の大学にとっては、きわめて貴重な存在である。こういう学部が日本の大学から姿を消してしまったら、日本もさびしい国になることだろう。こうした文学部から出発した女子大学に、就職指導のノウハウや、体験がないのは当然である。新たにできた現代社会学部が、新しい方式を打ち出すしかなかった。

しかしそれは同時に困ったことでもあった。現代社会学部が就職対策に力を入れれば入れるほど、それまで文学部卒業生が就職していた、わずかな就職機会を奪う結果になった。しかしこれは就職ばかりでなく、受験生集めでもそうであった。多くの大学では、どこかの学部の受験生が増えると、他の学部の受験生が減る。大学全体としてのパイをどうやって拡大させるか、それが経営上の最重要課題なのに、不思議なことに大学側の経営方針は、学部同士で競争しろというだけで、それ以上の具体策がなかった。小規模大学内部で競争すれば、相互の摩擦が増えるだけである。おそらくそれまで文学部卒業生のお得意先だった企業を、現代社会学部がかなり横取りしたことであろう。

いずれにしても、この「キャリア・カウンセラー」のプロジェクトは、人と人との繋がりのなかから生まれ、その繋がりのなかで、成り立つことができたプロジェクトであった。人々の献身的な努力と、損得を越えた「心意気」によって成り立った企画であった。誰よりも最大のプラスを得たのは、ほかならぬ筆者であり、筆者を支えてくれた人々は、大なり小なり、みな「被害者」であった。

競争的環境の実態

平成一三（二〇〇一）年一二月一一日総合規制会議は、「規制改革の推進に関する第一次答申」を発表し、そのなかで高等教育分野を「官製市場」と断定し、大幅な規制緩和・撤廃を求めた。つまり大学間の競争をもっと強化する必要があるという主張である。こうした総合規制改革会議の断定に対して、文部科学省、大学側がどう反応したのかは、関係者自身が証言すべきことであろう。ただ、弱小私学の一教員の立場からみると、「競争メカニズムの欠如」「官製市場」という把握は、あまりにも的外れとしか思えなかった。こうした感覚のずれが存在する以上、日本の大学が現にいかなる競争的環境に晒されているのか、その実態を書き記しておくことが必要なのだろう。筆者の体験をもとに、いかなる大学間競争が展開されているのか、説明しておくことにしよう。

一八歳人口の減少とともに、全大学を交えた熾烈な生き残り競争が開始されることは、すでに予想されていた。しかし、大学間競争といっても、そこには、大学ランキングに応じた目に見えないセグメントがあって、トップ大学と弱小大学とでは、競争とひと言にいってもまったく状況が違う。トップ大学の競争は、競争といっても相手の命を絶つまで至ることはまずない。もっとも競争が熾烈化するのは、大学ランキングの下位に位置づけられた四分の三、もしくは三分の二の大学間（多くが私学）である。ここでは文字どおり、食うか食われるかの生き残り競争が展開される。

一九九八（平成一〇）年、大学審議会は「競争的環境のなかで個性が輝く大学」というスローガンを掲げたが、弱小私学から見る限り、「今さら何を言うのか」という反感しか起こらなかった。一八歳人口がピークを超えたのは、すでにこの答申が発表される五年前のことで、それ以来毎年、受験生の減少は恒常化していた。受験生減におびえる弱小私学からすれば、「競争的環境」は紙の上の話ではなく、現実そのものであった。さらに「個性輝く大学」というフレーズにいたっては、受験生集めのために、やたらに「個性」「独自性」「特色」「オリジナリティ」などのキャッチフレーズを乱発する弱小私学に対する皮肉としか響かなかった。いったい、この答申の執筆者は弱小私学の置かれた立場をどの程度知っているのか、いぶかしく思えるだけであった。

もともと中央教育審議会のメンバーが、日本の大学全体を代表するのは、偏っている。委員各位の勤務大学では起きない問題が、日本の多くの大学で起きている。いまや大学は七〇〇あり、しかもピンからキリまである。キリのところをどうするのか、それが最大問題だが、そういう問題はほとんど議論にならないらしい。ちなみに、この「大学といってもピンからキリまである」という一句は、筆者の勤務校である桜美林大学では禁句になっている。この学園の創設者は、どこかで誰かが「大学といっても、ピンからキリまである」といったところ、「桜美林大学はピンですか、キリですか」と詰め寄ったという。

それでは弱小私立大学が直面している「競争的環境」とは、実際はどういうものか。筆者の経験をもとに説明しておこう。

私立大学の入学者選抜は夏休みから始まる。夏休みの入った高校生を狙って、「オープン・キャンパス」を開催する。それに、どれだけの高校生が集まるか、そこからゲームは始まる。弱小大学の悲哀は、その時から明らかになる。高校三年の夏休みの段階では、受験生の望みはまだ高い。弱小大学など選択肢のなかには入っていない。そのオープン・キャンパスに集まってくるのは、はっきりいってひやかしである。

そこで夏休みが終わるとすぐ、今度はＡＯ入試が始まる。ＡＯ入試の受験生は、大きく二種類に分かれる。一つは一般入試に自信がないので、うまくＡＯに引っかかれば儲けものという感じで、面接会場に登場する受験生である。もう一方の受験生とは、その大学・学部のことを丹念に調べ上げ、「そういう勉強がしたい」という明確な選択動機を持ってやってくる受験生である。ＡＯ入試とは、こうした「受験生と大学とのお見合いの場」だと実感できるのは、後者のような受験生に出会った時である。

どの大学・学部にも、その大学・学部としての「理想」がある。しかしこうした「理想」が世間で通用することはほとんどない。高校の進路指導担当教員に、大学・学部の「理想」を語っても、「それで結局、就職率はどうなっているの」という質問で、会話のすべては終了する。しかし、ふだんは惨めな扱いを受けている「理想」が、にわかに生き返る場面がある。それがＡＯ入試の面接会場である。受験生のなかには、入試案内、パンフ、ホームページなど、さまざまな媒体から、その大学・学部の特色、狙い、目標を詳しく調べてくる者がいる。多少なりとも「理想」を持つ者は、いつもその「理想」が理解されないという孤立感のなかを生きている。そういう孤立感を拭い去ってくれるのが、AO選抜の面接会場である。こういう受験生に出会うと、高校の成績など、どうでもよくなる。しかし残念ながら、九月段階のAO入試で、あえて弱小大学を目指してくる受験生は、ごく稀である。

AO入試も空振り、推薦入試も空振り。いよいよ二月初旬のA日程入試から、入試の本番が始まるが、弱小大学であればあるほど、A日程では受験生が集まらない。その時期はおおかたの受験生が、国公立大学、大手私学を受験している。そこで山場となるのがB日程入試で、大手私学を目指したものの、志を果たせなかった受験生が、B日程に集まってくる。だからこのB日程入試が、生き残りを賭ける私学にとっては、命の瀬戸際で、この時、受験生が集まらないと、命取りになる。そのあと、C日程、補欠募集と、最後のあがきを試みることになるが、そのことがかえって、次年度の受験生動向にマイナス効果を及ぼすことになる。

しかしこのB日程入試も、どれだけの合格者を出すかが、分かれ目となる。あまり合格ラインを下げると、そのことが受験情報産業から公表されて、次年度の受験生の水準を下げる結果を招く。そうかといって、あまり高い合格ラインを設定し合格者を絞り込むと、定員割れを起こす。この辺りは「かん」に頼るしかない。前年度の実績データなど、使えない状況が、すでに慢性化している。

合格発表後の心配は、いわずと知れた、入学手続を完了する者がどれだけになるかである。入学金納入者、入学金返還請求者などさまざまな出入りがあって、結局、入学式にならなければ、新しい年度の入学者は確定できない。いや、その時になっても入学者の確定は完了せず、入学式の会場から直接教務課に直行して、退学手続をとっていくものもいる。

要するに前年の夏休みから始まって、四月にいたるまで、緊張の日々が続く。これが弱小私学の置かれた「競争的環境」である。いったいこれ以上に、どういう競争をしろというのか。もしこれを「官製市場」というのであれば、「非官製市場」とはどのような市場をいうのか。

4　総括すると

結局、この新学部創設の試みはどのような意味を持っていたのだろうか。その特徴を挙げれば、次のようになる。

第一には、一八歳人口が下り坂にかかったなかで行われた新学部創設の一例であったこと、

第二には、短大中心だった女子高等教育機関を、いかにして四年制大学に転換してゆくかが課題であったこと、

第三に、受験生離れの著しい短大定員を大量に抱え、それを短期間に四年制大学に移し変えねばならず、一〇〇名単位の大量定員増を行わなければならなかったこと、

第四に、入学定員が膨張するなか、一方では定員を満たさねばならず、他方では水準の低下を避けなければならないというディレンマのなかで入試選抜を実施する必要性があったこと、

第五に、夥しい数の大学・学部・学科が増設されてゆくなかで、いかにして独自性を打ち出し、他との差異化を図るかを考えねばならなかったこと、

第六には、大学進学率五〇％時代を迎え、大学生の質的変化という事態を前にして、いかなるカリキュラムを提供したら、達成感・満足感を与えることができるのかという問いへの模索であったこと、

第七には、牢固とした影響力を発揮している偏差値体制のなかを、いかにして無名大学が、偏差値階段を上昇し、これまでの水準を維持できるか、あるいは滑り落ちないですませるか、その試みの一例だったことになる。

これらの目標はどこまで達成されたのであろうか。これに答えるのは、もう少しあとにしよう。

5　新学部の設置は、どういう手続きで行われるのか

以上は新学部が発足してからの話であるが、それ以前に新しい学部の設置認可を受ける仕事がある。それがどのような形で行われるのか、それを説明しておこう。

私立大学が新たな学部を作るときには、大学設置審議会（現在は学校法人・大学設置審議会と名称が変わった。以下では設置審と略称する）の審査をうけなければならない。この審議会は大学にとっては最大の関門で、この審査を通らない限り、学部としては認められない。この審議会にノーといわれ

たら、それまでの計画がいっさい無駄になってしまう。

ちなみに設置審の委員は、多くが現役の大学の学長である。つまり大学経営の第一線で活躍している方々で、大学の事情をよく心得ている。しかしこれらの方々が思い思いの立場で、審査しているのではなく、大学には大学として充たすべき最低基準がある。それを定めたのが「大学設置基準」であり、そのなかに、詳細が規定されている。たとえば学生の収容定員が何人の場合には、何平米以上の校舎が必要か、校地はどれだけ必要か、用意すべき教員数は何人か、これらが具体的に定められている。すべての設置申請はこの基準を充たさねばならない。これは大学の質を維持するための不可欠な仕組みである。

この審査は二段階になっていて、まずは学部の目的、それを設置する意義、社会的な必要性などについて審査される。事前に膨大な書類で、説明書を提出してあるが、新設学部の学部長予定者として、あらためて口頭で説明しなければならない。さらに第二段目は個々の教員についての審査が行われる。教員の個別審査は、設置審のなかに専門分野ごとに設けられた専門委員会で、一人一人の教員について、個別審査を行う。つまり教授として適格であるか否かをこの委員会が審査する。

筆者の場合は、文部省内で行われる面接説明と、設置審の委員の実地審査の際の説明と、二回の対面での口頭による審査を経験した。まず文部省内で行われる説明会には、学校法人理事長をはじめ、常任理事など主だった人とともに、新設学部の学部長予定者として列席することになる。口頭説明はもっぱら学部長予定者が担当し、新学部の目標の特色、それがどのようにカリキュラムに実現されているかどを説明する。これは大学という重要な機関の設置だから、あまり安易にするべきではないというのが筆者の立場である。

事前規制と事後審査の問題

ところが、設置審の評判はかならずしも良くない。廃止論がしばしば浮上する。つまり大学の設置、学部の設置など、各大学の自由に任せよという論である。その最たる論は、総合規制改革会議の論で、この会議は大学市場を「官製市場」と断定し、既存の大学が既得権擁護のため、新規参入を妨げていると断じた。そして事前規制よりも事後評価に任せるべきだとの提案を行った。つまり設置は自由にしておいて、設置されてから一定期間たったところで評価すべきだというのである。

こうした主張が登場する根拠は、この設置審査のしかたに一因がある。つまり設置審での審査が細かすぎて、厳しすぎるとするという意見である。とくに多くの私学経営者は苦い経験をしているらしく、設置審廃止論に傾く人が多い。もうすこし具体例を挙げると、せっかく大学側が用意したのに、その教員予定者が不合格になることがある（どういう理由で不合格になるかは後で述べる）。こういう結果が出ると、大学側は大混乱に陥る。整えるべき教員数には最低基準があって、それを満たさない限り、学部そのものが成立しなくなる。申請を提出する時には、教員予定者全員から実印を押し、印鑑証明書までつけた教員就任承諾書を提出してもらっている。学部新設の認可が下りないと、不合格となった教員予定者ばかりでなく、合格した教員予定者まで生活設計までが狂ってしまう。

こうなると、短期間の間にそれに代わる教員予定者を探し出さなければならない。教員予定者を探し出せる大学はよいが、なかにはとうとう期日まで探し出せず、設置申請を取り下げるはめに陥る大学もある。そうなると、困るのは審査に合格した教員予定者である。たいていは今まで勤務していた大学には、来年四月からはこれこれの大学に移ると申し出ている。そして後任教員のめどがついているのがふつうである。

そうなると、学部は成立せず、新規の学生は入ってこず、授業料収入もないにもかかわらず、予定していた教員を採用せざるをえない。そしてさらに時間をかけて教員予定者を探し出し、再度設置申請をすることになる。これは経済力のない大学にとっては、おおきな痛手である。私学経営者の間で設置審の評判が良くない理由は、こういう事情があるからである。

これは財務面からの不満だが、教育・研究面からも設置審に対する不満が、しばしば浮上する。その理由はこうである。一連の大学改革のなかで追求されたのは、既存の学部・学科では実現できない、新たな教育・研究面での挑戦であった。世間ではこれらの新構想学部・学科を、受験生受けを狙った「お化粧直し」と皮肉にとらえる論がある。たしかにそういうケースもあるだろう。しかし全部が全部そうではない。新構想の学部・学科を構想する時は、これまでの大学教育にはない、新たな理想追求が含まれている。

ところが、設置審とは多くの場合、あえていうならば既成学問の代表者の集まりで、新機軸を好意的に評価してくれるとは限らない。あるいは新機軸を構想する側の意図が、正確に伝わるとは限らない。たとえば教員配置について、新機軸を出そうとしても、既成の学問体系を基準とする限り、不適切な配置と判定されることになる。つまり、これは大学イノベイションを構想する側と、あくまでも既成の学問体系を基準に評価する側との立場上の相違である。

さらに二〇〇四（平成一六）年以前は、設置時点までは大学設置基準を守っておき、完成年次を過ぎたら、基準無視の大学経営をすることが不可能ではなかった（完成年次とは最初の卒業生が出るまでの四年間である）。つまり最初の四年間はおとなしく基準を守り、あとは好き勝手をやろうと思えばできた。言い換えれば、作るときの審査ばかり厳しく、いったんできてしまうと、あとはノーチェック、誰の審査も受けないで済む仕組みだった。大学の自主性、自律性に委ねることが原則とはなっているものの、大学教育の水準維持という観点からすれば、不完全な制度設計となっていた。

このように、設置審に関しては、さまざまな否定的な意見があった。総合規制改革会議が設置基準の緩和、設置認可の弾力化を求め、それに代わる完成後の事後チェックを求めた理由はそこにある。その結果、二〇〇四年度からは七年に一度、すべての大学が評価認証機関の評価を受けることが義務付けられることとなった。

教員審査の方法

以上が、申請者側、つまり学部を新設しようとする側から見たときの光景である。ところが、審査する側から見ると、別の光景が見えてくる。どういう光景なのか、それを説明しておこう。かつて、筆者は大学設置審議会の専門委員を勤めたことがあった。この専門委員というのは、各大学から提出されてくる大学、学部、学科、大学院などの新設計画を審議し、とくにそこに予定されている教員の資格を審議し、その適否を判定する委員会である。大学や大学院を新設するには、一定の資格を持った教員を、一定数以上確保しておかねばならない。各大学からは、個々の予定教員の担当科目とその概要と、これまでの研究業績の全リスト（それも二〇〇字の内容説明をつけて）、教職歴、社会的活動などを記載した書類が提出されている。それは膨大な量になる。

これらの書類をもとに、果たしてその担当科目を担当するにふさわしいか否かを判定してゆくことになる。言い換えれば、教授、助教授として認めるかどうか、生殺与奪の鍵を握ることになる。

それでは教授としての適否を判定する基準は何か。これは大学設置基準に規定されていて、博士号を持っていることが第一条件である。博士号を持っているか否かは、客観基準であるから、判定しやすい（ただし、偽学位の危険性はある。申請した大学が騙される場合がある。これからはその危険性が増加すると見なければならない）。問題は博士号を持っていない人の場合である。ただこれもふだんから学会、研究会などで研究報告を聞いているとか、著書・研究論文などを通じて、その実力を知っている場合には、判定はつけやすい。つまり同業者であれば、判定に困ることはない。教授でＯＫ、教授は無理で助教授だといった判定はできる。

別の言い方をすれば、審査委員は学部・学科の設置審査の時になって、はじめて提出されてくる教員予定者を審査するのではない。かつて自分の大学の教授候補者、あるいは助教授候補者として上げられた時に審査したことがある、科研費の審査をしたことがある、ある研究助成財団の研究助成の審査をしたことがあるなど、事前の情報がある。そういうことで同業者は判定しやすい。

問題は、同業者ではない「社会人」と海外留学からの帰国者の場合である。ちょうどその頃、大学の活性化のために、「社会人の積極的登用」が推進されていた。だから新増設の申請にも、これまでとは異なった経歴の人が、予定教員として申請されてきた。これはこれで、結構なことで、大いに推進すべきことだが、しかし審査の場合には困った。これまで大学以外の分野で活躍してきた人が博士号がないのは当然であり、教職歴、研究業績がないのは当然である。何を基準としたらよいのか。

ちょうどその当時は、全国各地で大学の増設があいつぎ、大学の教師が払底していた。私の周囲にも新しい大学作りに関わっている人が、幾人かいた。誰もが教師の確保に頭を痛めていた。「もう夜逃げをしたくなった」とこぼす学長候補者に何人にも出会った。

八〇年代の半ば頃のことだが、ある私立大学に頼まれて、新学部創設の手伝いをした。その時、長年商社に勤め、勤務の合間をぬって、イギリスの大学で修士号までとった方とご一緒した。その方も商社から大学に移る時、設置審からの「注文」で、しばらく助教授をさせられたという。これほど豊かな経験をもち、人物的にも優れた方を、これまで大学での経験がないからという理由だけで、教授に採用できないとは、なんと固い仕組みかとその時は思ったが、いざ審査ということになると、そう単純ではなかった。

問題は申請してくる大学を、どの程度まで信用したらよいのかということになる。たとえば、その大学が新しい理念のもとに、新しい教科を立て、その教科担当者として大学での教職歴もなければ、研究業績もない人を選んだとしよう。善意に解釈すれば、その大学は一つの見識をもって、その人を選考したのであろう。しかし悪意でもって解釈すると、とうとう最後まで教授にふさわしい人物を探し出すことができず、苦肉の策として、そういう人物を教授候補者として提出してきたのかもしれない。教員払底時代には、明らかにそうとしか思えない申請があった。しかしこの委員会の審査はあくまでも書類に基づく審査である。提出書類に記載されているのは、年齢、教職歴、担当分野での研究業績しかない。それ以上の情報は何もない。

大学は閉鎖的か？

日本の大学は閉鎖的だ、設置審は既得権擁護のためのギルドと化している。こうした批判は、以上のような審査事情からくるのだろう。これからは、大学以外の職業分野から大学教員に転身を図る人が増えることであろう。また海外の大学を卒業した人は、長年海外に出ていたから、国内には知り合いも少なく、なかなかチャンスに恵まれないということもあろう。そういう方は、ふだんから学会や研究会に出て、研究報告をやり、実績を作っておくことを勧めたい。以上の説明からもわかるように、審査委員がまったく知らない人、どれだけの研究実績があるのか、見当がつかない場合には、審査のしようがない。

しかしこれは日本の大学、学界が「閉鎖的」だからではない。大学の質と水準を維持するためには、何らかの審査機関が必要である。そういう機関がなくなれば、資格のない人物を教授にすえようとする大学が、かならず出てくる。個々の大学の自主性、自律性、自治、良識にまつべきだという論は、一面的である。すでに述べたように、二〇〇四（平成一六）年度からは七年に一度の認証評価制度が発足した。つまり設置時だけ厳しく、あとのチェックなしという体制はなくなった。しかしすべてを事後チェックに委ねるのは、危険である。事前審査、事後チェックの両者を併用するのが、良識というものであろう。

今だから告白するが、筆者は予定教員に不合格を出したことがある。その時、その大学からは感謝された。その教員は学内でも評価が芳しくなく、同僚は無理だと思いながらも、同僚としての手前、それがいえなかった。設置審で不合格になって、すっきりしたという。人が人を審査する以上、だれかが憎まれ役になるしかない。

それでは、この設置審の委員はどういう手続きで選出されるのか。専門委員会の委員の任期は六年であった（今はどうなっているのか不明）。任期がくると、文部省から後任の推薦依頼がくる。任期切れになる委員が複数の候補を推薦し、文部省は大学間のバランスなどに配慮しながら決定する。自薦他薦があり、裏面策動の形跡を感じた。筆者もまた同様の手続きで選ばれたのだろうが、その時のことはあまり記憶がない。

増補II その後の国際ボランティアが辿った運命

本書のII部1で述べたように、フィリピンでの植林ボランティアは、わが学部のメイン・イベントでした。これが可能となったのはひとえに日本に拠点を置くNPO-X（仮名でこうしておく）の献身的な協力があったからです。学生をフィリピンに連れてゆくことには、学内でも歓迎しない雰囲気がありました。学生が蛇にかまれたり、蚊に刺されて病気になったら、誰が責任をとるのか、そのようなことが話題となっていることは私の耳にも入ってきました。保護者の反応もそうでした。一部の保護者はフィリピンとは危険なところ、不衛生なところ、そんなところに学生を連れてゆくなど、もってのほか、という見方があったようです。

我々の行く先はフィリピンといっても南部にあるミンダナオ島の東海岸にあるダバオでした。NPO-Xはそこに宿泊施設を持っていました。宿泊施設といっても、我々日本人が思い浮かべる旅館・民宿とはまったく違います。どこが違うかというと、周囲を厚い壁で囲み、鉄条網で張り巡らし、二四時間銃を持ったガードマンがついています。我々日本人は安全性についてはあまりにも無知です。しかしいったん海外にでると、さまざまな危険が待ち受けています。とくに日本人が泊まる宿泊施設となると、まず多額な現金を持っているはずと思われます。ですから警備員のいない宿泊施設など、きわめて危険な施設となります。その代わり、これだけの施設を維持して行くにはそれなりの経費がかかります。ＮＰＯ-Ｘはこうした施設の維持費を負担しなければなりませんでした。

結論からいえば、この海外植林ボランティアは二回しか実施できませんでした。三年目に入ると、現地の情勢が思わしくない方向に傾き始めました。つまり現地の反政府勢力が次第に活動を活発化し始めました。多くの方がご存じのように、フィリピンという国は北のルソン島と南のミンダナオ島では人種も異なれば、宗教も異なり、言語も異なっています。この二つの島の間には大小さまざまな島があり、それぞれが独自の言語、宗教、文化を持っています。一応フィリピン共和国でまとまっているように見えても、首都マニラにできる政権によって、ミンダナオ島の状況は微妙に変化します。つまりマニラの政権が弱体化すると、すぐにミンダナオの分離独立を主張する政治勢力の力が強くなります。

三年目が丁度そういう時期に当たりました。もちろんこのような情報は、日本の新聞・テレビではまったく報道されません。どこから情報をとるかというと、ＮＰＯ-Ｘの現地駐在員が現地のフィリピン・スタッフから集めるしかありません。ダバオの市内は何ら問題なく、平穏そのものだが、ちょっと離れたところでは何かが動いている、こういう情報が三年目には届きました。

「ちょっと離れたところ」には、我々の訪問が予定されている学校が含まれていました。いろいろ考えましたが、こういう状況である以上、もはや断念するしかありませんでした。そういうことで結局のところ三回目は実施できませんでした。

つぎにNPO-Xがその後辿った道筋はぜひとも多くの人に知ってもらいたいことがあります。そしてぜひ皆さんにも考えてもらいたい点があります。そのためにはそもそもこのNPOがどういうきっかけで始まり、どういう経緯を辿ったのかを、一応説明しておく必要があります。

まず話は一九八〇年代まで遡ります。ご存じのとおり、第二次世界大戦末期、フィリピンは日米両軍の決戦場となりました。多くの日米兵士が命を落としました。今でも「白骨街道」と名付けられた街道があり、地面をちょっと掘ると、遺骨がいくらでも出てくるそうです。しかし遺骨は長年放置されたままで、手つかずの状態でした。それがようやく遺骨収集団が結成され、ミンダナオに向かう時期がきました。

遺骨収集団である以上、お祈りを捧げる人が必要です。それがまわりまわってYさんという僧侶のもとに届きました。それまでYさんはフィリピンとはまったくの関係がありませんでした。はじめはごく軽い気で引き受けたとYさんは語っていました。

こういう経緯でフィリピンに渡ったYさんを待っていたのは、ぜひ日本にいって働きたいというフィリピンの人々でした。どうか日本で働ける道を作ってくれとしきりにせがまれました。フィリピンは古くから勤勉なメイドさんを送る国ということで評判の高い国です。

しかし日本政府はまだ外国籍の人に労働ビザを発行する措置は取っておりませんでした。もし日本に来るとしたら、三か月の期限付きの観光ビザでくるしかありません。また来日してもあくまでも観光ビザですから、報酬につながる「労働」に従事することはできません。

そこでYさんは考えました。日本には人手が足りなくて困っている老人ホームがたくさんあります。とくに夜間勤務をしてくれる人がいない。日本側では人口の高齢化とともに、老人のケアをする人材がもっと必要になるだろう。他方、フィリピンには日本に働きにゆきたいというメイド候補者が多くいます。そこで目についたのが「研修員制度」です。こうしたフィリピン人女性を福祉研修員として受け入れ、人手が足りなくて困っている老人ホームで実地研修をしてもらう、こういうプロジェクトを立ち上げました。

しかしケアという仕事には、ある程度日本語ができなければ困ります。そこでいきなり日本に送り出すのではなく、まず現地に日本語学校を立ち上げました。学校と言っても、日本にあるようなコンクリート製ではありません。ごくふつうの民家を改造したものです。それでは日本語の先生はどうするか。NPOですから、報酬を出すほどの資力はありません。現地の宿泊施設、診療所などを経営してゆくだけでも、多くの経費がかかります。

そこで思いついたのが、日本ですでに定年を迎えた学校の先生で、まだ余力がある人に一時フィリピンに渡り、現地の人達に日本語を教えてもらうという仕組みです。報酬は支払うことはできませんので、ボランティアとして日本語を教えてもらうしかありません。しかし世間は広いもので、こういうプロジェクトをあるところで説明したところ、さっそく希望者が出てきました。こうして日本語学校は始まりました。

それと同時に起きたのは、戸籍問題でした。「日系人」であることが証明されれば、日本に働きにいける、自分の父親は日本人である、この戸籍問題を解決してくれという要請です。このフィリピンに住む「日系人の子孫」については、やや歴史的な経緯を説明しなければなりません。

ご存知のように、フィリピンは一八九九年からはアメリカの統治下に置かれました。それ以前はスペインが統治していました。だから当時の皇太子の名前フィリップをとって「フィリピン」と名付けられました。しかし一八九〇年代とは世界各地で植民地の争奪戦・植民地からの独立運動が盛んになった時代です。そのきっかけを作ったのは、日本の近代化の成功でした。アジア諸国にとって、日本はモデルとなりました。フィリピンでもスペインからの独立を求める運動が始まりました。アメリカははじめは、この独立運動を支持する側に回りましたが、一八九八年に勃発した米西戦争に勝利すると、マニラに軍隊を送り込み、たちまち独立運動を抑えて、フィリピンの領有権を宣言しました。こうしてフィリピンは独立を果たしえず、スペインの植民地からアメリカの植民地に切り変わってしまいました。

アメリカ人はどこでも領土を獲得すると、まず道路を作る伝統があるようです。まずマニラ・バギオ間に道路を作る作業に着手しました。道路工事は多くの労働者が必要です。多くの現地人が道路の建設労働者として雇われました。ところが工事が思うように進みません。そこでアメリカはその代わりに、日本人を雇用することにしました。ご存じのとおり、その頃のアメリカはすでに多くの日本人移民を受け入れ、その労働効率が高いことを知っていました。そこで多くの日本人がフィリピンに出稼ぎに来るようになりました。とくに沖縄の人が多かったようです。

こうして日本人労働力を使いだしたところ、道路はたちまちでき上がってしまいました。道路が完成してしまえば、建設労働者は不要になります。しかし当時の日本の貧しさは、改めて説明するまでもありません。道路建設が終わったからといって、日本人労働者には帰るところがありません。いったん故郷を捨てた以上、どこかで働くしかありません。その時浮上したのが、南フィリピンのダバオの麻工場でした。第二次世界大戦以前、「マニラ麻」は丈夫なロープとして世界各地で利用されていました。ミンダナオのダバオ周辺ではマニラ麻の原料となる「アバカ」を育てるプランテーションが多く作られました。これは日本人の出稼ぎ労働者にとっては、絶好の働き場となりました。そこで北のルソン島で働いていた日本人は、南のミンダナオ島に移住することになりました。

ミンダナオのアバカ農園でも日本人の勤勉さは目立ちました。彼らは次第に資産を作ってゆきました。しかし資産が溜まれば、自分の農園を持ち、それを経営したくなります。これはダバオだけのことでなく、アメリカ移民、ブラジル移民、世界各地の日本人に共通に見られました。しかし当時ダバオではフィリピンの国籍がなければ土地を買うことができません。

いったい自分の農園を持つにはどうしたらよいのか。その答えは現地のフィリピン女性と結婚し、彼女、あるいはその親兄弟の名義で土地を買うことです。そこで多くの日本人がフィリピン女性と結婚することになりました。そうすることで名目的ではありますが農場主になることができました。

振り返ってみますと、戦前の日本は多くの移民を、世界各地に送り出しました。成功した事例、失敗した事例は数々あることでしょう。しかし私にはダバオに移民した日本人がもっとも成功したのではないかと思います。ダバオには日本人街ができました。日本人学校も作られました。ダバオの歴史資料館に行きますと、最盛期の日本人街の様子を写した写真が飾られています。その中にはT型フォードを運転する日本人の姿が映っています。T型フォードが発売されたのは一九〇八年頃ですが、ダバオの日本人は急速に経済力を高め、かなり早い時期にT型フォードを購入できるようになったようです。一時期はダバオ・日本間の空路（飛行艇を使った）まで作られたようです。

このように急速に経済力をつけたダバオの日本人を襲ったのが、一九四一年に勃発した太平洋戦争でした。いち早く日本軍は南方の軍事拠点フィリピンを制圧し、アメリカ軍を駆逐したことはよく知られていることです。日本軍占領下のフィリピンでは、日本人移民には新たな仕事が生まれました。日本語ができるのですから日本軍の通訳として、大いに重宝がられました。

ところが彼らの運命は数年にして逆転します。再びアメリカ軍によってフィリピンが奪還される時期が来ると、彼らとその家族には過酷な運命が始まりました。アメリカ軍からは日本軍支配の協力者として裁かれ、周囲のフィリピン人からは虐待のかどで追求される身となりました。この時点で多くの日本人男性は日本に戻りました。

ところがもっと過酷な運命に晒されたのは、後に残されたフィリピン女性と日本人男性との間に生まれた子ども達です。彼女らとその子どもは、現地人の眼から逃れるため、山中に身をひそめました。夫、父親が日本人だったことは口が裂けてもいえません。自分達の過去に関係するすべての証拠を焼き捨てました。そしてようやく世間の人々の記憶の中から「日本人の妻」、「日本人の子」が消え去った頃、皮肉にも「日系人」であれば、日本に出稼ぎにできる時代が到来しました。しかし証明すべき書類はいっさいありません。記憶さえ捨てようとしたのですから。

フィリピンに渡ったYさんのもとには、「父が日本人だった。どうにかして日本にいって働けないか」という相談が持ちかけられました。しかし戸籍はすでに焼き捨てられ、関係書類もまたいっさいありません。他人の証言といっても、いったんは隠さざるを得なかった事実ですから、証明してくれる人はおりません。そこでYさんも戸籍問題にはタッチしないと心を決めました。もっと別な形で日比間の関係づくりを目指すことになりました。

長々とダバオという町とそこに住む日本人と「日系人」の話を続けてきましたが、NPO-Xがどのような環境、それも現在の環境もさることながら、過去の記憶と抹殺した記憶という環境のなかで活動したのか、その背景を知ってもらいたかったからです。

フィリピンには将来、日本でメイド・介護士として働きたいと思っている人が多くいます。日本語学校はたちまち人気の的となりました。こうしてある程度の日本語を学んだフィリピン女性が日本に「研修ビザ」でわたってくる段階がきました。Yさんのもくろみは着々成功するかのように見えました。

この話はたちまち各地の老人ホームの経営者に伝わりました。ぜひうちにもフィリピン介護士を送ってくれという話が次々に舞い込むようになりました。Yさんはその都度、フィリピン現地の事務所と連絡をとりながら、その要望に応えてきました。フィリピン人介護士はどこの老人ホームでも感謝されました。ともかく現在の日本では夜間勤務をしてくれる人がおりませんし、そういう人を雇うとなると、かなりの賃金を負担しなければなりません。老人ホームはどこでもそれほど余裕はありません。ですからこのNPO-Xは多くの人から感謝されました。

やがて夜間勤務者を紹介してくれた老人ホームの経営者から、こういう話が持ち上がりました。「おたくのようなNPOがあったおかげで本当に助かった。こういうNPOはもっとあったほうが良いと思う。研修生には賃金は払えないが、長年このNPOを立ち上げ維持してきたNPOをぜひ支援させてほしい」。

このNPO-Xは確たる収入源がある訳ではありません。わずかな個人が納める年会費のほかは、ほとんどYさんの個人資産の投入でようやく成り立っていました。Yさんの本職は寺院の僧侶で、墓地をもっていたために、毎年墓地を切り売りしながら支えてきたというのが実情です。しかし墓地にも限界があります。NPOを維持するのは、さまざまな資金がかかります。先にも述べた宿泊施設がその一例です。そのほかにもどうしても専従のスタッフが必要ですが、その人達にも普通の報酬を支払うことはできません。ですからボランティアとして働いてもらうしかありません。本当はもっと長期間勤めてほしいと思っても、長くは続きません。たえず人が入れ替わることになります。そうすれば事務の引継ぎが低滞します。

ですからこの老人ホームの経営者からの支援の申し出は、NPO-Xにとっては大助かりでした。

ところがここに問題が起こりました。あるメディアが「外国人に不法労働を紹介し、それで報酬を着服しているNPOがある」といった趣旨の記事を報じました。この経緯は複雑なのでもう少し詳しく説明しますと、ある記者はこのNPO-Xの立ち上げ当初から関心を持ち、その活動を長年にわたって取材してきておりました。その記者はきわめて好意的にこのNPOを見てくれていました。ところがそれとは別の記者がたまたま何かを耳にして、おそらくはじめは好意的な記事を書いたのでしょう。

ところがちょうどその頃、このNPOとは別に外国人労働者の不法斡旋を行っている団体が発覚し、それが紙面を賑わし始めました。フィリピンという国は日本人の眼からは、いろいろな眼鏡で見られています。おそらく多くの読者はフィリピン・パブなる存在をご存じのことでしょう。日本にはフィリピン・パブで働く女性を探し出し、斡旋することをビジネスにしている個人あるいは企業が多くあります。そういう人達はフィリピンに出かけては、フィリピン・パブで働く「エンターテイナー」を探し出しては、日本に仲介することをビジネスにしています。ところがこの「人材斡旋企業」がメディアでクローズ・アップされる時がきました。こうした流れのなかに、NPO-Xも巻き込まれてしまったのです。

それと同時に「研修員」の「研修」の範囲も問題になりました。具体的に言えば、介護を必要とする人が誰かの手を借りる時、研修員は手を出してはいけない、それは「労働」になる、「研修員」は「研修」にきているのだから、ぜったい手を出してはいけない、これが公的な解釈です。しかし考えてみてください。誰かが老人の重い身体を支えるのに苦労している時、そばに突っ立って黙って見ていることはできますか。誰だって手を添えるのは、当然ではないでしょうか。それも「研修」の一部ではないのでしょうか。つまり「研修」に来ている研修員に「労働」をさせている情報に変わりました。

要するにタイミングが悪かったのです。そのころから紙面の論調はすっかり変わり、NPOの美名のもとに利益を追求する組織を叩くというスタイルが主流になりました。その渦の中にNPO-Xも巻き込まれてしまったのです。いったんこういうことが起こると、世の中の論調は一斉に変わります。このNPO-Xもまたメディアから叩かれる存在になってしまったのです。

おかげでYさんは、すっかりやる気をなくしました。私財を投じ、日本・フィリピン両国の架け橋に多少なりとも役立てばと好意で行ってきたことが、ほとんど全面否定されたからです。

Yさんはもう辞めたいと言い出しました。また誰かこの活動を引き受けてくれないだろうかと言い出しました。しかしここまで発展した活動を引き受けるには、相当な出費を覚悟しなければなりません。よほどの固定資産か固定収入のある人でなければ、支え切りません。

これまでの過程を振り返ると、Yさんはよくある「南の国のサンタクロース」にされてしまったようです。何かあればYさんが助けてくれるだろうという依存心を現地の人々のなかに作ってしまったようです。かつてひと頃、多くの青年海外協力隊の体験者と接触する機会がありました。彼らは自分たちが現地人から「南の国のサンタクロース」と見なされているとよく話していました。「今度の協力隊員はどんなお土産を持ってくるのだろうか」これが現地人の反応だというのです。これはよく理解できることです。

「国際貢献」というコトバは立派に見えます。事実、立派なことを実行している人は多くいます。しかし所得格差に目をつけ、海外からヒトを日本に仲介して、そこから利益（それも生半可なものではないという話です）を吸い上げるビジネスがある以上、それらと混同されかねません。またそういう話に「作り上げられ」かねません。メディアからすれば「美談」は当たり前のことで、それを報じてもインパクトはありません。しかし「悪事」は叩き甲斐のある仕事です。まさに「天誅」を下すメディアの使命に適ったことです。

つまりメディアと一口にいっても、たとえ同じ社であっても、その内部はいくつもの層に分かれていて、第一線の記者は現場に近い情報と感覚を持っています。しかしそれが上にいけばいくほど、「時流」に沿う形で記事が変形されてゆくのでしょう。つまりメディアが「時流」を作り出し、そのメディア自身がその「時流」に沿うように流されてゆく、そういう構造になっているように思えます。

またこの本を出版してから、多くの人に尋ねられたのは、学生に対してどれだけのインパクトを与えることができたのかという質問です。そのインパクトはおそらく参加した学生一人ひとり違うのでしょう。しかしこの体験は参加者の身体の中に、何らかの形で刻み込まれたことでしょう。単なる思い出だとしても、ふとそれを思い起こした時、何らかの形で生かされたことでしょう。

ただこういうことがありました。参加した学生が途中で退学したいと言い出したのです。理由を聞くと、入学する以前から、合格したら、ぜひともこのプロジェクトに参加しようと心を決めていた、ところがこの植林ツアーが終わったら、何もする気がなくなってしまった、それで退学したいと言うのです。私はいろいろ慰め、中退するには至りませんでしたが、何事もけっして一色ではなく、さまざまな側面を持っていることを、改めて知らされました。現実とは一色ではありません。さまざまな色を持ち、ある時はそれが輝き、ある時はそれが暗黒色に塗りあげられるもののようです。

Ⅲ　大学を変えるにはどうしたらよいのか

1　大学改革を取り巻く環境

大学改革の時代

大学改革という言葉は、もう聞き飽きたという人が多い。改革はもはや珍しいことでなく、日常茶飯事になっている。改革それ自体が目的化し、なかには毎年どこかをいじくっていないと気がすまない改革中毒にかかった大学もあるという。多くの人々が、この風潮に苦い思いを抱いている。改革が不必要だというのではない。変わってはいけない部分まで、改革の嵐に巻き込まれている。

以上の章では国立大学、私立大学での改革がどのようにして行われてきたのか、筆者の体験をもとに報告してきた。自分の体験をベースとした理由は、世間ではさまざまな評論、時事解説が行き交っているが、それらは正直いって、実体験が希薄で、筆者には実感が湧かないからである。読者にできるだけリアルに認識してもらうためには、個人体験を語るのがベストと考えたからである。

しかし個人が体験できる範囲は限られている。その外側にはもっと大きな時代のうねりがあり、社会の変化があった。そこでこの章では、いったい筆者自身の体験は、どういう時代背景のなかでの体験だったのか、それをおさえておきたい。

その前に筆者が大学教員になった一九五七（昭和三二）年度と二〇〇五（平成一七）年度とで、大学の数、学生数、教員数がどう変化したのか、それを比較してみると、**表Ⅲ-1**のようになる。

つまり、大学数は三倍、学生数は五倍、教員数は四倍に拡張した。いったいこの背後には何があったのだろうか。この変化を我々はどう理解したらよいのだろうか。その結果、どういうことが起きているのだろうか。その問いに答えるのが、この章の課題である。これは同時に戦後世界とはどういうことだったのか、それを問うことにもなる。

筆者が中学校を卒業した一九五〇（昭和二五）年、高校進学率は四三％だった。筆者の同級生の多くは就職した。高校を卒業し、大学に進学したのが一九五三年。同一年齢層に対する大学進学率（浪人も含んだ）は翌一九五四年度からしか公式統計がないが、それによると七・九％。つまり、筆者の世代では大学まで進学できたのは、八％しかいなかったことになる。筆者はわずか八％の幸運を手にいれたことになる。

表Ⅲ-1

	大学数	学生数	教員数
1957年度	231	564,454	40,444
2005年度	726	2,865,067	161,713
2005/1957の倍率	3.1	5.1	4.0

その当時の日本は貧しかった。その頃、ニコヨンという言葉があった。それは一日働いてもらえる賃金が二四〇円の労働者のことであった。一ドルがその当時三六〇円で、それから換算すると、六七セントでしかない。そういう時代であった。

高校生までの筆者はどちらかというと理科系人間だった。ただ自分でいうのはおこがましいが、英語も強かった。その頃、英語に強いのは数学が弱く、数学に強いのは英語が弱いといわれたが、筆者にとっては英語も数学も同じだった。数学は一見難しい問題でも、一旦手がかりが見つかると、「さー」と答えが見えてくる。英語も同じで、一見何をいっているのか、よく分からない文章も、ある手がかりが見えてくると、「さー」と意味がつかめてくる。この快感はなんともいいようがなかった。

理科系人間の常として、もともと法則に大いに興味があった。学問とは、ふだん目に映る現象の背後に隠れている法則を発見する仕事である。つまり一見しただけでは気づかない、さまざまな現象の背後に潜む秘密を発見することである。これは数学の問題を解いたり、英語の文章を読みこなすのと同様、きわめてスリルに満ちた営みである。

大学に入ってまず知ったことは、自然界だけでなく、人間の社会、人間の歴史にも法則が働いているという理論であった。それまで自然界には法則があっても、人間社会にはないと信じていた。ところがそこにも法則が働いているという。しかも、そういう理論をベースに、身の回りの現象をみると、思い当たる部分があるではないか。一九五〇年代という貧しい時代を生きる青年には、それなりの説得力があり、現実味があった。

その上さらに、我々が現在生きている歴史段階は、仮の段階で、やがてはそれが崩壊し、新しい歴史段階が訪れるという。しかも現在我々が住んでいる社会は、人間を束縛し、人間の本質を歪める構造を持っている、人間をこの桎梏からいかに解放し、人間らしさを取り戻すか、それが現代の課題だと説いていた。この理論は、人生経験の乏しい一八歳の青年には天啓のように鳴り響いた。当時はまだ高度経済成長などが起こる前の時代で、我々の前途にどのような展望が開けているのか、よく見えなかった。むしろ人間性をゆがめる現象、人間同士が搾取しあう構造のほうが、はるかによく見えた。

筆者の卒業した高校では上位の成績で卒業した者は、東京大学文科一類（法学部か経済学部へ進学するコース）に進学することが、当然のこととされていた。筆者は納得できないものを抱えながら、そのルートをとった。しかし以上のような理論を知ってから、公務員人生も会社員人生も、素直に受け入れられなくなった。法学部、経済学部以外のところといえば、文科二類から進学する文学部か教育学部。その当時の教育学部は人気がなく定員があいていた。この筆者の転身に両親、兄弟、親戚、友人が賛成するわけがなかった。易者までが凶と告げた。最後には進学先の学部名を提出にいった事務局の人までが反対した。

しかし、一つのひそかな期待があった。教育という窓口から人間を見、社会を見、歴史を見たら、何かが見えてくるのではないか。教育という名のもとに人間が行う営みのなかに、自分が知りたいと思う何かの秘密が隠されているのではないか。教育学部に進学し、そこで教育社会学という学問分野に出会った。この分野での研究を進めてゆくうちに、日本ばかりでなく、他の国でも筆者と同世代の者は、同じような関心で教育社会学を専門に選んだことを知った。

教育社会学という学問分野が誕生したのは、一九五〇年代中頃である。ちょうどその頃、欧米日で教育社会学者と名乗る研究者が出現し、その研究成果を世に問い始めた。彼等・彼女等が行った研究とは、ともに共通した研究関心に支えられていた。その研究関心とは、その国の教育制度が社会的平等を約束する仕組みなのか、それとも社会的不平等を再強化する仕組みなのかという問いであった。この問いに対して欧米、日本の教育社会学者は実証的なデータをもって解答を提示しようとした。

一九五六年、イギリスではフラウドとハージーの共著になる『社会階層と教育機会』が出版された。フランスでは、アラン・ジラールが『学齢児童の進路と選択』という調査報告を一九五四年に発表した。ドイツ(当時はまだ西ドイツ)ではK・V・ミュラーによる『産業社会における能力と社会階層』が一九五六年に刊行された。これらはみな筆者が教育社会学を学び始めた年代に当たる。また日本においても、教育社会学の第一世代ともいうべき人々が、日本社会を対象とした「社会階層と教育機会」についての調査報告を発表するようになった。これらはいずれも、自国の中等教育、高等教育がどれだけ公平に門戸を開いているのか、実証的なデータをもって解明しようとしていた。

問題を本来の筋に戻すことにする。いったい第二次世界大戦後から現在まで、どのような変化が起こったのだろうか。なによりもまず、どこの国でも中等教育が拡大し、高等教育が拡大した。**表Ⅲ-2**は、一九六〇年と二〇〇〇年とで、同一年齢層のうちのどれほどが大学に進学したのか、その推移を見たものである。

この表のうち、一九六〇年の数字は、筆者にとっては忘れることのできない数字である。その当時、他国の大学就学率を知りたくとも、信頼できるデータがなくて苦労した。ところが一九六一年にOECDは、このデータを『能力と教育の機会』という報告書に発表したが、とうとうこのようなデータが提供される時代がきたかと驚いた。このデータは小生の古いノートに残されていたもので、懐かしくなり、ここに利用することにした。

その当時まだ日本はOECDに加盟しておらず、もとの表には載っていなかった。そこで、筆者自身が一九六〇年度の国勢調査の結果から取り出し追加したものである。

この表はいったい何を物語っているのか。アメリカ、カナダを例外として、ヨーロッパ諸国の大

表Ⅲ-2　同一年齢層に占める高等教育機関進学者の割合（1960年と2000年）

	1960年	2000年
オーストリア	3.2%	34%以上
ベルギー	5.5	68
デンマーク	3.0	53
フランス	7.2	59
西ドイツ	3.7	46
オランダ	3.3	56
スウェーデン	6.4	75
イギリス	4.2	74
カナダ	14.1	不明
アメリカ	35.0	55
日　本	11.0	51

資料：1960 年のは A.H.Halsey。
2000 年のは OECD：*Education at a Glance*（図表でみる教育）。

学就学率は、せいぜい五％程度だったということである。その当時日本に紹介された文学作品を読むと、フランスにはリセというエリート中等学校があり、ドイツではギムナジウムというエリート中等学校があり、イギリスにはパブリックスクールというエリート中等学校がある。そこに入学するのは、激甚な入学試験を突破しなければならない。そういう話は、アンドレ・ジード、ロマン・ローラン、トーマス・マンなどの文豪の作品や伝記にはよく登場した。だからこういうエリート中等機関に入ること自身が、すでに選ばれた少数者であることの証明であった。

そしてこのごく少数の者に開かれた中等教育を卒業すると、あとは自由で、どこの大学を選ぶのも自由、どの学部を選ぶのも自由。各自自分の好きな学問を選び、好きな大学・学部を選ぶことができる。場合によっては、自由に大学を移動し、学部も変えることができる。そういう仕組みを聞くと、入学試験に脅かされる日本人の学生には、夢のような話に聞こえた。ましてや、教養学部時代の平均成績で進学先学科が決定される仕組みが、醜悪の極致に見えた。

要するに、一九六〇年当時のヨーロッパの大学は、ごく限られた青年だけに開かれた、一種の自由解放区であった。どの大学で学ぶのも自由、どのような教授のもとで学ぶのも自由。どの学部で学ぶのも自由。大学、学部も自由に変えられる。教授も他の大学から招聘されれば、自由に大学を移動する。そして、新たな知的な刺激に富んだ環境のなかで、自分の学問に磨きをかける。こうした自由な世界がヨーロッパの学問・芸術を支えている。それは我々から見ると、理想郷であった。優れた学問が生まれるのも、大学に対する尊敬が生まれるのも、そうした大学制度、それを支える中等教育があるからだ。これが若い筆者が描いたヨーロッパの大学像、学問像であった。

ところが、それから四〇年の歳月が流れ、二一世紀を迎えた。二〇〇〇年の数字は何を物語っているのか。もう一度、表を見ていただきたい。ほとんどのOECD加盟国で、大学就学率は五割を超えている。五〇％以下の国はオーストリア、ドイツだけである。一九六〇年当時大学就学率が例外的に高かったアメリカ、カナダは、いまやヨーロッパ並みになっている。

こうした中等教育、高等教育の拡張の背後にあったのは、何だったのだろうか。何がこうした大変化をもたらしたのであろうか。

中等教育の改革

一九六〇年代のヨーロッパでは、小学校四年あるいは六年終わった時点で、将来大学まで進むコースと、そうでないコースに分けてしまうという、我々日本人には想像を絶する制度をとっていた。当然のことながら、子ども本人の能力に基づく選抜ではなく、親の社会的地位が決め手になる。このことは特段データをあげるまでもなく、容易に想像できた。いったい、イギリスも、フランスも、ドイツも、いつまでこのような、前世紀の階級制度の遺物のようなことを続けるのか、我々の理解を超えていた。

ところが、その当時から、こうした階級的で差別的な中等教育制度を改革する動きが始まっていた。その改革の学問的な基盤を支えたのが、どこの国でも教育社会学の研究者であった。これらの教育社会学者は具体的なデータをもって、既存の学校制度が、いかに既存の階級的分断、社会的分断を固定しているのかを示し、改革の向けての道筋を提言していた。

詳細は割愛するが、同じ階級的な縦割り型中等教育を改革する手法は、イギリスとドイツ、フランスとでは違った道筋をたどった。イギリスは従来、小学校五年を終了すると、子どもを学業成績にしたがって、三つのタイプの中等学校に振り分けていた。大学まで行けるコース（グラマースクール）、そうでないコース（モダンスクール、テクニカルスクール）と、はっきり区別する制度を持っていた。これはイギリスだけでなく、フランスもドイツも、同様であった。これが一九六〇年時点での姿であった。

ところがそれから五〇年間に、ヨーロッパは大変身を遂げた。イギリスは階級的分断、社会的分断の源である縦割り中等教育を解消し、総合制中等学校を作りあげた。そして一六歳までは、すべての子どもが同じ学校で教育を受けられるように、制度を改革した。

これに対して、ドイツ、フランスではやや違った方法がとられた。ドイツでもイギリス型の総合制中等学校が実験されたが、ここでは総合制中等学校は社会的な支持が集まらなかった。だから見かけ上は、いまでも依然として縦割り制度をとっている。フランスもまた見かけ上は、縦割り制度が採られている。

ところが、その中身はすっかり変わった。どのようなタイプの中等学校に進んでも、大学まで進学できるよう、袋小路がなくなった。また学校間の障壁が撤廃され、移動の可能性が広がった。そうであれば、たとえ見かけ上は縦割り中等学校であっても、不満は生じない。後から、いくらでも人生コースを変えることができる。現につい先ごろまでドイツの首相を勤めていたシュレーダー首相は、こういう教育コースをたどって、大学まで進学し、法学博士の学位を取得し、政界に進出した。

このように過去五〇年間のヨーロッパは、かつての階級的分断の原因だった教育制度を改革し、社会的統合を実現させるための一大実験場となった。しかもこの実験が成功し、今では大部分の青年が高校に進学するように、中等学校は開放された。試みに統計をあげるならば、義務教育終了後、中等教育へ進学する者の割合は、日本九七％、アメリカ八九％、イギリス八六％、フランス九七％、ドイツ九八％となっている。

ところで、問題はこうした教育改革を支えていたのは、何だったのだろうか。第一の要因は、戦後先進諸国をリードした基本理念であった。戦後社会の最大の課題は「社会的公平の実現」であった。かつてのヨーロッパ社会を支配する階級的な分断を克服し、より平等で公平な社会を建設する、これが政治目標となった。左右の党派を超えて、教育の民主化、教育における社会的公平が政治上の目標となった。すべての子ども、青年を平等なスタートラインに立てるよう、教育制度を変え、さまざまな財政支援制度を組み立てた。親の経済力や社会的な地位で、その後の人生コースが左右される状態を克服しようとした。

この目標はいまだに追求されている。だからイギリスではいまだに毎年、すべての大学から経済的に恵まれない家庭出身者が、どれだけ入学したか報告を求めている。フランスもドイツも、どのような家庭背景から大学生が入学してきているのかを継続的にモニタリングし、その結果を政府の公式資料として公表している。つまり人生のスタートラインを、できるだけ公平にする。これが戦後政治の最大目標であった。

しかし、たとえそのような社会的合意が成立しても、それを達成するための資金、資源がなければ実現できない。幸運なことにも、過去五〇年間、先進諸国はまれにみる経済的繁栄に恵まれた。政府のもとには、多くの租税収入が集まった。多くの資金が中等教育、高等教育の拡大に投入された。現在でも、OECD加盟国はGDPの一％を高等教育に投じている。

こうした国際的な文脈のなかで眺めると、日本はあきらかに例外であった。日本の高等教育拡大を資金的に支えたのは、政府ではなく、「けなげな親たち」であった。いま一九六〇年と二〇〇〇年の四〇年間をとってみると、イギリスの高等教育は一六倍、フランスは七倍、アメリカ、ドイツ、日本は四倍に拡大した。ところが、イギリス、フランス、ドイツには私立大学がない。オックスフォード、ケンブリッジを私立大学と思っている人が多いが、今ではほとんど国庫からの資金で経営されており、財政的には国立大学である。授業料が高いと思っている人がいるが、オックスフォード、ケンブリッジとも、今ではほかの大学と同様、二二万円程度でしかない（二〇〇六年当時）。つまり、イギリスの高等教育は一六倍に拡張したが、それはもっぱら税金の投入でまかなわれた。

それではフランス、ドイツはどうだったのか。ここでも私立大学はほとんどない。フランスでの七倍の拡張、ドイツでの四倍の拡張は、すべて国立大学の拡張、つまりは税金の投入によって達成された。しかもその上、ドイツもフランスも七〇年代以降、高等教育の無償化、低額化政策を採用した。つまり大学にきたい人は、無試験です、ただです、自由に入って結構です。そういう政策が採用された。

　ところが、これらヨーロッパ諸国とは異なって、日本とアメリカは公立大学（州立と国立）と私立大学の両方を持っている点が共通している。また両国とも過去四〇年間に四倍に拡大したことも共通している。ところが公立と私立との拡大比率が、まったく対照的である。つまりアメリカでは、高等教育の拡張部分の八割が公立大学の拡大でまかなわれた。これに対して、日本ではまったく逆に、拡大部分の八割が私立大学の拡大によって果たされた。つまりアメリカは高等教育の拡張に、多く

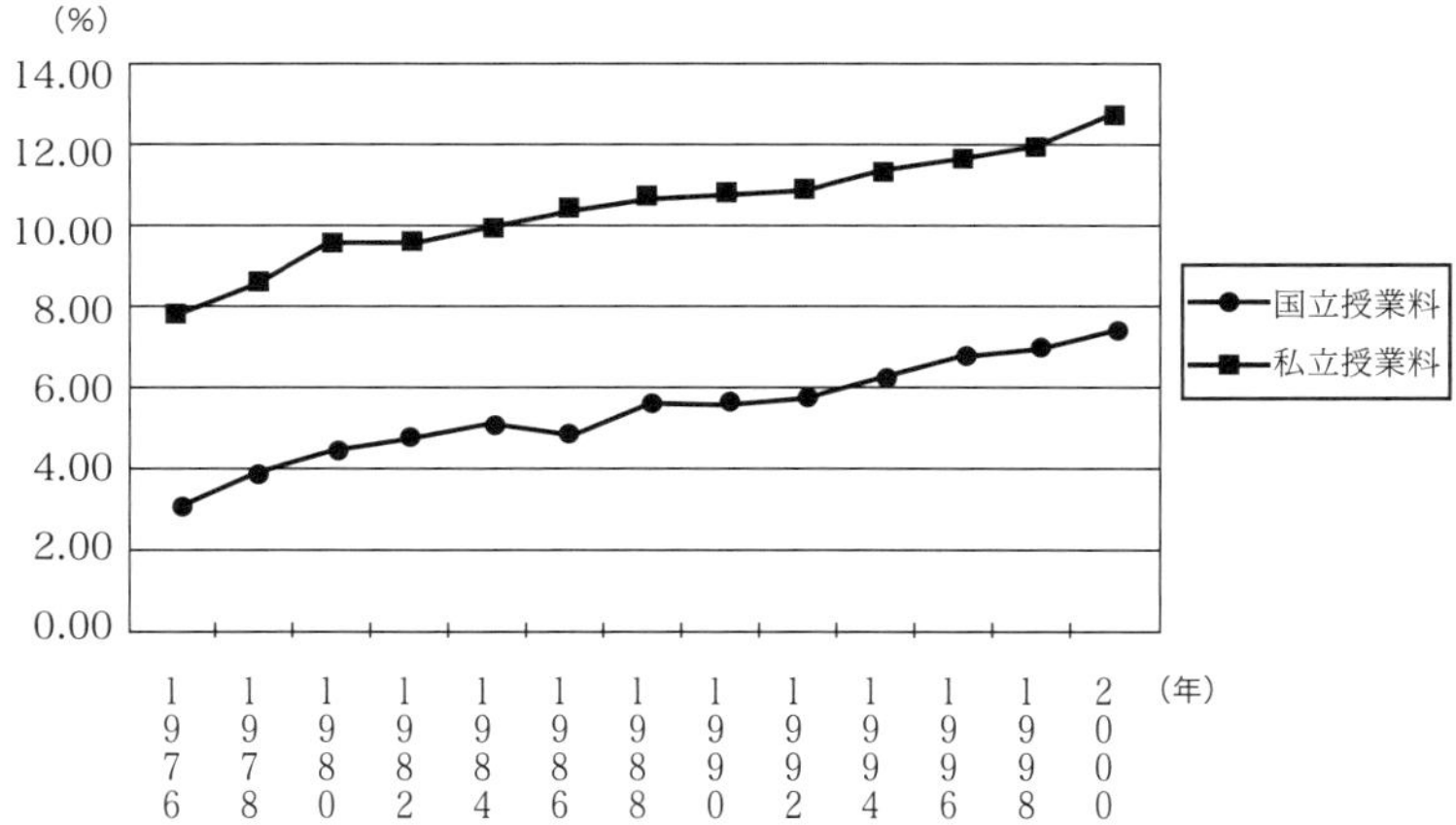

図III-1　勤労者（40 ～ 59歳）の平均年収に対する授業料の割合

出典：広島大学高等教育研究開発センターのデータベースからの収録。

の税金が投入されたが、日本では親たちの納める授業料によって高等教育の拡大が達成された。日本の親がいかにけなげだったかは、先進諸国の動向と比較すると鮮明に浮かび上がってくる。**図Ⅲ-1**は国立大学と私立大学の授業料が、四〇歳から五九歳の勤労者の平均年収のどのくらいの割合になるかを追跡したものである。私立大学の授業料は、一九七六年当時は、まだ年収の七％程度だった。ところが二〇〇〇年には一二％に達している。つまり日本の親は年収の上昇率以上に高騰する授業料を払い続けてきたことになる。しかもその頃、ヨーロッパでは無償制、実質的な無償制が導入されてきた時期である。これを見ると、いかに日本の親はけなげだったかが理解できよう。

このようにしてアメリカ、ヨーロッパでは、税金の投入によって高等教育の拡張が達成されたが、日本ではけなげな親たちの血の滲むような努力によって、高等教育の拡大が達成された。日本の高等教育を支えてきたのは、こうしたけなげな親たちだった。しかしその親がいまや変わりはじめようとしている。最近の親がけっして「けなげ」ではなくなった。日本の高等教育が恐れなければならないのは、一八歳人口の減少ではない。この「けなげな親の消滅」こそ、恐れなければならない。

けなげな親の消滅

それではどうして親たちがけなげではなくなったのか。最近、大学を中途退学する学生が増えてきた。直接会って事情を聞いてみると、親がリストラに会ったから、失業したから学費が続かないという。雇用状況の悪化が家計を圧迫し、学業の継続を困難にしていることは事実である。だがしかし、筆者の見る限り、理由はそれだけではなさそうである。その背景にはもう一つ別な変化が潜んでいるように思える。

その変化とは親と子の間の関係の変化である。かつての親はたとえ収入が減っても、さまざまな工夫を講じて、子どもの学費を工面した。なにしろ子どもは「家の宝」だったから。ところが最近では、子どもは「家の宝」ではなくなった。親から見ると、子どもとはお金ばかりかかり、その割合には見返りの少ない「お荷物」になり始めた。たとえお金をかけても、ニート、フリーターになるかもしれず、信頼できない。いつまでも親のすねをかじられてはたまらない。高校まで出してやったのだから、あとは自分でやりなさい。現在、じわじわと家族内での子どもの地位が変わり始めたらしい。「家の宝」から「家のお荷物」への転落である。

柏木恵子によると、一九八四年に世界銀行が二四カ国を対象に実施した調査によると、「あなたにとって子どもはどのような満足をもたらしていますか」という質問に対する回答で、「子どもの労働が親に役立つ、稼いだお金を家計に入れる」といった経済的・実用的価値をあげる割合は、ペルー、コスタリカ、コロンビア、メキシコ、タイでは七〇％を超えている。これらはいずれも国民所得水準の低い国である（柏木恵子『子どもという価値』中公新書、二〇〇一年）。

これに対して、日本、ベルギー、アメリカ、オーストラリアのような先進諸国では、「子どもの労働が親に役立つ、稼いだお金を家計に入れる」と答えた者は一〇％以下でしかない。これは当然である。日本では、だれも子どもを稼ぎ手としては認識していない。しかしだからといって、「お荷物」とも見てはいない。それどころかひと頃までは「家の宝」、「親の希望」であった。ところが、最近こうした親の子を見る見方が変わり始めた。

日本女子教育会の調査によると、日本、韓国、タイでは「子どもはお金のかかる存在だ」と答える者は三〇％前後しかいない。ところがアメリカ、イギリス、スウェーデンでは九割近くのものがそう答えている。柏木はいう。「日本を除くアメリカ、イギリス、スウェーデンなど欧米工業国では、子どもは〝お金のかかる存在〟とさえみなされています。つまり、子どもは経済的にはマイナスだというのです。ここでは、子どもは、実用的価値や経済的価値を持つ生産財ではない、それどころか消費財、しかもお金のかかる消費財とみなされているのです」。

上記の日本女子教育会の調査結果が物語るように、ひと頃までの日本では、子どもを「金のかかる消費財」ととらえる傾向が少なかった。ところが、この日本も急速に欧米型に近づき、今や「家の宝」から「家のお荷物」に転落しつつあるように見える。それでは、こうした子どもの地位の変化を引き起こしたものは何なのだろうか。その背景をよく探ってゆくと、単に親がそれだけ不人情になったとか、家族の連帯性が希薄になったとか、親子間の一体性が弛緩したとか、そういった心理的変化だけが原因ではなさそうである。その背後には「親子関係の市場経済化」とでもいうべき現象が進行しているように見える。「親子関係の市場経済化」とは耳慣れない言葉であるが、要するに親子関係が損得勘定で測られるようになったということである。

ひと頃までの親は、金銭勘定抜きで、子どものことを考えた。親子関係とは金銭勘定を超越したところに成り立っていた。ところが最近では親が金銭勘定を基準にして子どもとの関係を考えるようになったらしい。それではどうして親子関係に金銭勘定が入り込むことになったのか。どうして「親子関係の市場経済化」が進行したのであろうか。その原因はどうやら、「介護ケアの市場経済化」にあるらしいというのが、筆者の仮説である。

たとえば、大学生の親に当たる五〇歳代の世代をとってみよう。この世代は、老後子どもの世話になろうとは考えていない。国民選好度調査によると、「老後を主として子どもに面倒を見てもらう」と答えた者が、一九七八年には一七％いたが、一九九六年には六％にまで減少した。それなら公的な社会保障制度ならば信用できるのかというと、これがあまり信用できない。

どうやら介護ケアまでが市場化され、各自手持ちの資産に応じて、身分相応な介護ケアを購入せよということらしい。そうだとすれば、ふだんから心掛けて、そのための資金を準備するしかない。その証拠に、国民選好度調査によると、五〇歳代に貯蓄の目的を尋ねた結果によると、一九六四年には五割は「子どもの教育・結婚のため」で、「老後の生活資金」と答える割合は四三％だった。ところが一九八六年には両者が逆転して、さらに一九九七年になると「子どもの教育・結婚のため」とするものは四四％に減少し、「老後の生活資金」と答えた者は六七％に増えている。今の親は、子どもの将来を考えて貯金するのではなく、自分たちの老後の備えのために貯金するようになっている。

もともと、子どもに投資しても、親の手元に帰ってくる利益が少ないことは、昔から分かっていた。それでも親はこうした損得計算を超えて子どもへの支出を惜しまなかった。親子関係とは、こうした損得勘定を越えたところに成り立っていた。ところが最近ではそれがそうではなくなり始めた。子どものために投資するか、それとも自分の老後のために貯金するか、損得勘定で計算するようになった。つまり介護ケアの市場経済化は、親子関係の市場経済化を引き起こした。今や市場一元主義は、ビジネスの世界を越え、家族の領域にまで浸透し始めた。

このように、これまで日本の高等教育を支えてきたのは、自分の老後よりも、子どもの将来を考える「けなげな親」であった。ところが今やその基盤が崩れようとしている。今の親は、自分たちの老後を犠牲にしてまで、子どもを大学に通わせようとは考えていない。家計が苦しくなれば、躊躇することなく子どもの大学を辞めさせる。今や大学にとって競争相手は、ライバル大学だけではない。「役に立たない大学のために金は出さない」と思い始めた親こそが、強力なライバルである。

以上が家族というミクロな世界での変化であるが、これをマクロ社会のなかで位置付けてみるとどういう光景が見えてくるか。一つの家族内では、限られた資産を子どもの教育のために使うか、それとも親の老後の生活のために使うか、という選択問題となる。ところが、これを国家財政のレベルでとらえてみると、限られた公財政収入のうち、どれほどを高等教育費に投じ、どれほどを老人福祉費に回すかという問題となる。高等教育費も老人福祉費も、今では多くの国で公財政支出のなかで大きな割合を占めている。一方を増やせば、一方を削らねばならない。両者は、事実上のトレイド・オフの関係にある。

しかも日本だけに限らず、先進諸国はどこでも高齢化問題を抱えており、老人福祉費の増加は必至である。その上、ヨーロッパ大陸諸国は、七〇年代以降、高等教育の無償化政策を導入した。その結果、今では公財政中に占める高等教育費比率は高水準のまま、硬直状態に陥っている。

なぜ西欧諸国が高等教育を無償にしたのか。その理由は、親世代が子どもをお金のかかる荷物としか見ていないことに、早くから人々が気づいたからである。放置しておけば、親は高等教育費を負担しない。そうすれば、進学率は下がる。その結果、人材育成が追いつかず、国際競争の遅れをとる。それを防ぐには、親に代わって国家が高等教育費を負担するしかなかった。

こうした無償制高等教育政策も、税収の伸びが期待される高度経済成長期には、支障がなかった。ところが低経済成長期を迎え、税収の伸びが止まるとともに、高額の高等教育費と老人福祉費のどちらを優先させるかが、政治的争点となり始めた。要するに、家計レベルでの争点が、そのまま国家財政のレベルでも論じられることになった。

このように、今や日本の親は変わった。「役に立たない大学」には金を出さなくなった。大学は、こうした消費者の厳しい目にさらされることとなった。

高度経済成長と若年失業

以上のように、一九六〇、七〇年代をかけて、先進諸国は教育制度の柔軟化に取り組み、教育機会の拡大に多くの資金を投じてきた。そしてそれは一定の成果を収めた。ところが八〇年代に入るとともに、新たなインパクトにさらされることとなった。それが、生産拠点の海外流出、脱工業化の進展であった。つまりグローバル経済の登場、大量輸送手段の登場、より安価な労働力の供給源の登場により、工場などの生産拠点の海外流失が進行した。

これをきっかけに欧米諸国では一九八〇年代に大量失業が発生し、なかでも若年者の大量失業が発生した。その当時の日本は輸出ブームに沸き立ち、日本経済は好況期を迎え、若年失業などまったくの問題外のことだった。ところが、その時欧米諸国は安価で性能のよい日本商品の集中的な進出に見舞われ、多くの工場閉鎖が相次ぎ、企業倒産が発生した。「日本は自動車だけでなく、失業をも輸出している」といった言葉が聞かれたのも、この頃であった。

図Ⅲ-2は一九七三年から二〇〇四年にかけての主要国の若年失業率（一五歳から二四歳まで。在学中の者は除く）の推移を見たものである。

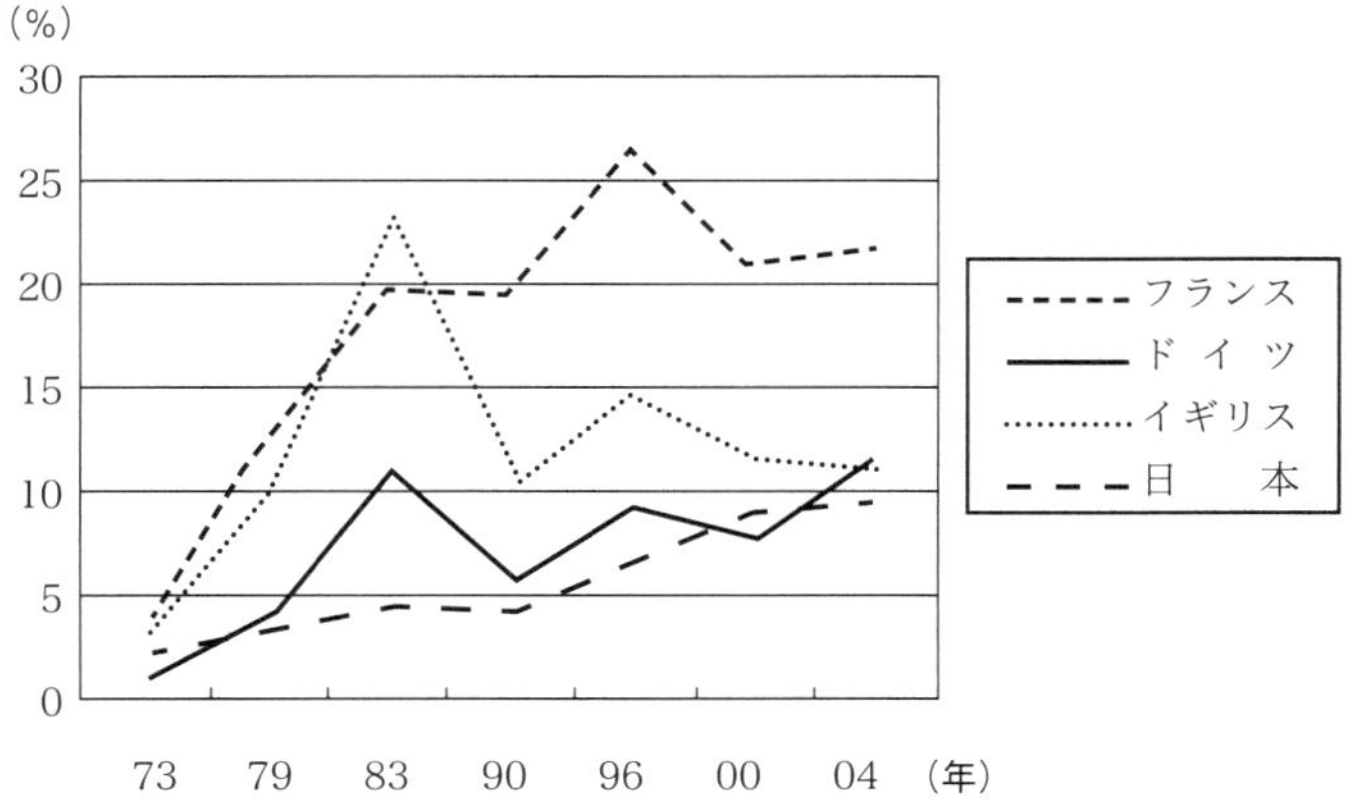

図Ⅲ-2　若年失業率（15～24歳）

出典：OECD: *Employment Outlook*, 各年度版。

まず一九七〇年代初頭を見てみよう。どこの国も若年失業は五％未満の低水準だった。ところがそれが八〇年代に入ると、イギリスとフランスで急激な上昇が発生した。一九八〇年代初頭にはイギリスでは若年失業率は二四％に達し、フランスでは二〇％に達した。つまり五人に一人、四人に一人の青年が失業という状況に追い込まれた。これこそグローバル経済の登場、脱工業化の進行、それにともなう雇用機会の喪失に原因があった。

こうした深刻な事態を背景として、イギリスではサッチャー首相が登場して、大鉈をふるって一〇％台に押さえ込むことに成功した。それに対してフランスは、有効策をうつことができず、その後も上昇を続け、一九九六年にはついに二七％に達し、その後も現在にいたるまで高率の若年失業が続いている。二〇〇六年三月、フランスでは若者向け雇用制度（雇用主は雇用してから二年以内の若者を、理由なく解雇できるという原案）をめぐって、デモ、ストライキが続発した。全国八四大学の半分以上が閉鎖・休講が続き、高校でも全体の七％にあたる三〇〇校以上で授業に影響が出ているという（『朝日新聞』二〇〇六年三月二二日夕刊より）。

こうしたイギリス・フランスと比較するならば、ドイツと日本はきわめて恵まれた地位にあった。この両国は若年失業率の低さでは優等生であった。とくに一九八三年の統計で見れば、イギリスの二四％、フランスの二〇％、ドイツの一〇％に比して、日本の若年失業率はわずか五％に過ぎなかった。

このように一九八〇年代から二〇〇〇年頃までは、若年失業とはあくまでも欧米の問題で、日本では話題にもならなかった。ところが、二一世紀に入るとともに、日本も若年失業の問題に直面することとなった。二〇〇三年三月に大学を卒業した者のうち、就職も進学もしなかった者が、一二万人に達した。卒業者に対する比率は、二三%になる。言い換えれば、大卒者の四人に一人は、就職先が決まらないまま大学を卒業している。ただ、これは大卒者に限られたことではなく、すでに高卒者の雇用機会が著しく減少している。同じく二〇〇三年三月の高卒者のうち、就職も進学もしなかった者が、約一三万人おり、卒業者全体に占める割合は一〇%に達している。

今や日本もまた、ヨーロッパ諸国が二〇年前に体験したことを、体験しようとしている。一五歳から二四歳までの若年失業率を見ると、日本はすでにドイツ、イギリスの一〇%と同水準に達している。我々が若年失業を恐れなければならない理由は、その影響が長年にわたって続く点である。若い時期に失業を体験した世代は、生涯にわたって、心のなかにトラウマを抱き込む。これは確実に人々の心の荒廃を招き、人材の劣化をもたらす。

先進国の宿命

問題は、どうしてこれほどの若年失業が発生したのか、その原因にある。先進諸国共通の高失業率は、単なる短期的な景気後退が原因ではない。そこには構造的な原因がある。その構造的原因とは、こういうことである。先進国では生産技術の高度化の結果、それほど多くの労働力を必要としなくなった。わずかな人間が働けば、それで多くの人間がそこそこの生活ができるようになった。ここに少数者労働・多数者扶養の時代が到来した。つまり人類は長年の夢である「労働という苦役からの解放」を達成し、人類史上初めて長い自由時間を獲得することに成功した。

一軒の家に喩えれば、かつての貧しい時代は、義務教育を終えたら、子どもたちも全員働いて一家をささえねばならなかった。ところが豊かになるとともに、父親一人が働けば、子どもたちは二〇歳代半ば、場合によっては三〇歳代に入ってまで、働かなくても済むようになった。

問題はその自由時間が、どう配分されたかである。まずこの自由時間が集中的に割り当てられたのが青年層であった。青年層に自由時間が配分されることによって、ここに労働から開放（もしくは隔離）された青年期が登場した。かつて一九六〇年代、フランスの心理学者『青年期』の著者モーリス・ドベスはこういった。現代社会には二種類の青年期がある。一つはありあまる自由時間を持った青年期であり、もう一方は青年である暇のない青年期である。ありあまる自由時間を享受できたのは、ごく少数の恵まれた家庭に生まれ、リセ・大学で学ぶことができた青年だった。これに対し、義務教育修了とともに実社会に入る青年には、青年である暇がなかった。

ところが、先進諸国で起きた目覚しい経済成長は、すべての青年を労働から解放（もしくは隔離）した。かつては一部の青年だけに認められた特権であった中等教育・高等教育が、すべての青年に向けて開放された。かつてのヨーロッパ社会を支配していた社会的分断、階級的分断は消滅し、すべての青年がまずは一八歳までの中等教育を享受できるようになった。また中等教育だけでなく、高等教育もまた希望すれば、誰でもが進学できることとなった。ドイツの大学は無償であるし、フランスの大学はごく名目的な登録料をとるだけ。イギリスではひと頃までは授業料は地方自治体が負担してくれた。

かくして、すべての青年に、公平なスタートラインが用意されることになった。あとは当人の意欲次第、選択次第となる。大学へ行きたいものは行けばよい。行きたくないものは、実社会に出ればよい。さらに途中で気が変わったら、学校に戻ればよい。大学で学んでいても、実社会に出たくなったら、出てゆくがよい。学業(learning)と労働(earning)の境界線は低められ、出入り自由となった。

こうして青年期の延長化が始まり、学校と労働を行ったり来たりする「リカレント生活」「パラサイト生活」、「フリーター生活」が可能となり、青年と成人との間を行ったり来たりする「ヨーヨー的移行」が可能となった。試みにOECDの教育白書二〇〇三年版によれば、ヨーロッパの大学新入生の二〇%は二八歳以上の成人である。大学はリカレント学習の場となり、多くの学生が高校から直接進学するのではなく、さまざまな職業経験を経た後に来るところとなった。

このようにして、ヨーロッパ諸国は過去五〇年をかけて、教育システムの弾力化、柔軟化に成功した。個人はそれぞれの好みに応じて教育機会を利用できるようになった。いうなれば個人対応性、個性対応性を高めることに成功した。青年はそれぞれ自分の好みに応じた人生設計を立てることができるようになった。これをドイツの教育社会学者たちは「do-it-yourself biography」と呼んだ。各自思い思いの価値観に従い、思い思いのキャリアを選択すればよい。かつては個性を教育制度の枠に押し込めなければならなかったが、いまや教育制度は個性に柔軟に対応できる仕組みへと変化した。ところがここに、高度経済成長の暗黒の闇が、忍び寄ることとなった。その闇とは何か。

それが、ほかならぬ若年失業問題であった。青年は労働から解放されたが、それは同時に、労働から隔離され、労働から分離されることとなった。高校を卒業しても勤めるべき職場がない、大学を卒業しても勤めるべき職場がない、そのためフリーター、パートタイマー、パラサイト生活をしながら、両親に依存する者が、かなりの数に達している。つまり経済成長の結果、人間は労働という名の苦役から解放され、人類長年の夢である学習の機会を獲得した。同時にまた青年は労働機会を奪われ、ここに労働から隔離された青年期、労働から分離された青年期が登場するにいたった。ここに青年期の周辺化（marginalisation）が発生した。

サルコジ内相と暴徒の対立

二〇〇五年一一月中旬、きわめて象徴的な事件がフランスを舞台に展開された。大都市郊外に住む若年失業者（多くが移民家庭出身者、そして高校中退者）の暴動がそれである。暴動そのものよりも、怒れる若者とサルコジ内務大臣（当時）との対立のほうが、はるかに事件性に富み、時代を象徴していた。サルコジ内相は暴徒に向かって「社会のくず」と呼び、「ならずもの」とも呼んだ。このことがさらに火に油を注ぐ結果となった。

サルコジ内相はその名前から推測されるように、怒れる若者と同様、移民家庭の出身者である（ハンガリー出身）。高校を卒業し、大学に進学し、政治学の修士号（D.E.A）を取得して、弁護士資格を獲得し、弁護士を経て政治家となった人物である（フランス内務省のホームページでの記述。二〇〇五年一二月一五日現在)。「同じ移民出身であっても、きちんとやれば、いくらでも安定した地位を築けるではないか。それをやりもしないで、腹いせに、自動車に火をつけるお前たちは、社会のくずだ」。おそらくサルコジ内相の内面にあったのは、こういう心理だったのだろう。

おそらくこれらの「怒れる青年」は高校へ行っても、高校の勉強は面白くなかったのだろう。それでは彼らには就職の道があったのだろうか。今のフランスでは雇用機会が極度に少なくなっている。これは彼らが一晩に二、〇〇〇台の車に火をつけた理由であろう。

一九六〇、七〇年代には、恵まれない家庭の出身者は、義務教育修了とともに、直ちに就職していった。またそれだけの雇用機会があった。彼等はドベスのいう「青年でいる暇のない青年」だった。高校・大学へいけなかったのは、「親の理解がなかったから」「家が貧しかったから」で、本人の責任ではなかった。ところが今や、誰しもが希望さえすれば高校まで進学できる。大学もまたフランスでは無試験入学だから、高校卒の資格さえ持っていれば、誰でも進学できる。残る問題は、当人がやる気があるかどうかである。それこそ、文字通り逃げも隠れもできない生徒本人の裸の姿が曝け出されることになる。

このフランスの事件は、教育システムが完成度を高め、個人の自由選択を大幅に受け入れ、個性対応性を高めれば高めるほど、生徒当人のやる気・能力・意欲が容赦なく曝け出される「やりきれなさ」「不快感」「反感」を表現しているように思える。これは、けっしてフランスだけの問題ではない。ポストモダン社会が共通に抱える課題である。

ボックス⑫：白川一郎『日本のニート、世界のフリーター』（中公新書ラクレ）

日本では雇用問題というと、中高年層の失業問題のことで、長い間、若年層の失業問題は問題にされてこなかった。その理由は簡単で、若年失業が欧米ほど厳しくなかったからである。ところが最近になって日本でも、ようやくニート、フリーター問題が政策課題として浮上する段階に達した。しかしヨーロッパではすでに一九八〇年代から、若年失業問題、ニート、フリーターの問題が、深刻な社会問題となり、さまざまな対策が講じられてきた。著者はかつて経済企画庁にいて、こうした若年失業問題を中心に、雇用問題を専門に研究してきたエキスパートである。「欧米の経験を学ぶ」という副題が示すように、英国、フランス、ドイツ、オランダ、イタリア、アメリカの事例が豊富に語られている。まさに「失業先進国の苦節二〇年に学べ」とされているように、過去二〇年以上、欧米諸国がいかなる施策を試み、どれが成功し、どれが効果を持たなかったのか、その経緯が詳細に報告されている。

あたかもこの文章を書いている最中、フランスの大都市郊外で、若者による暴動が相次いでいる。彼等の多くが失業中の移民家庭の出身者で、その多くは高校中退者だという。フランスに限らず、先進国はこれまで巨額の公費を投じて、高校、大学を拡大させ、「教育機会の拡大」に努めてきた。しかも日本とは異なって、高校も大学もほとんど授業料なしで通える。大部分の若者が、今では高校までは進学するようになった。ところが、高校、大学へいっても、その勉強が楽しいわけではない。それならば就職するかといっても、その就職口がない。脱工業化の著しい先進諸国では、すでに工場は海外に流出してしまい、若者が働きたくても、働く場所がない。しかしそうかといって、体力、気力溢れる若者が、家にゴロゴロしているわけにはいかない。そんな姿を親も社会も見たくないし、何よりも当の本人が耐えられない。かなりの人々が、この暴動は期せずして起こった結果と見たことであろう。

この暴動の正面に立ったのが内務大臣である。サルコジ内相は彼等のことを「社会のクズ」と呼び、それがさらに火に油を注ぐ格好になった。サルコジという名前からも察せられるように、彼自身が移民家庭の生まれだが、高校を卒業し、大学に進学し、政治学の修士号をとり、弁護士資格をとり、政界に進出した。たとえ移民の子どもであっても、努力さえすれば、いくらでも道は開ける。この暴徒達とサルコジ内相との対照は、現代のフランスを象徴している。「さあ、皆さん。学校へゆけば、勉強ができますよ。きちんと勉強さえすれば、大学へも進学できますよ。大学へ行けば、資格が取れて、よい就職先が見つかりますよ。いくらでも機会は開かれているのに、それを使う努力をしない者が「負け組」に転落するのは当然の結果。誰に向かって不平をいえるというのか。責任はすべて当人が負うのは当然ではないか」。教育機会の平等化は、若者に希望を与えるよりも、むしろ当人責任をより鮮明に刻印づける仕掛けとなった。

幸いにも、日本には若年失業者による叛乱・暴動は、今のところ起きていない。その代わり、高校、大学の教室からは、退屈をかこつ若者の悲鳴が聞こえてくる。さらには彼等の面倒をみる教師達の絶望のため息が聞こえてくる。働く場所がなくなった代わりに、高校、大学を拡大させる路線は、果たしてこのまま続けていってよいものだろうか。

『カレッジマネジメント』二〇〇六年一・二月号

教育という名の良きもの？

ここで我々はどうしても「教育とは本当に良いものなのか」という本質的な議論をしなければならない。戦後社会は長年「教育は良いもの」という前提のもとで、青年層への教育の普及に努めてきた。これまでの人類の歴史は、余裕ができればそれを教育の普及に優先的に投じる歴史であった。その結果、今では二〇歳代半ばまで、ほとんどの青年が学校、大学に通える体制が作り出された。

だがしかし、教育とはすべての者にとって、無前提で「良いもの」なのであろうか。学校は何かを与えるかもしれない。しかし、すべての若者にとってそうだとは限らない。学校・大学に進学したものの、退屈をかこっている青年は多い。しかし、それは個人の責任ではない。勉強が楽しいと思う者がいる一方、職場で働くほうがはるかに楽しいと思う者がいるのは、当然のことではないか。勉強をとるか、それとも労働をとるかは、一人ひとりの価値観の問題である。

ところが一九八〇年代以降、先進諸国を襲った脱工業化、グローバル経済の展開は、青年から労働の機会を奪った。工場、事務所の閉鎖が続き、働きたくとも働くところがなくなってしまった。これが若年失業者の増加の原因である。

高校を卒業しても働くべき職場が見つからなければ、どうしたらよいのか。体力・エネルギー溢れる青年が、通うべき職場もなく、家庭のなかで無為の生活を送る姿を、親も見たくなかろうし、周囲も見たくなかろう。それ以上に、当の本人が耐えられない。居所としての職場がなければ、しかたなく大学に進学することになる。こうして大学には学習目標、学習意欲とも定かでない青年層が集まってくる。その彼等を、大学はどう扱ったらよいのであろうか。よもや滑り台、ブランコ、お砂場を用意して待っていればよいわけではあるまい。

現在、全国各地の教室のなかで繰り返されているのは、何を教えたら学生の関心に応えられるのか、何を教えたら学生のやる気を引き出せるのか、何を教えたら多少なりとも将来の人生に役立つことが伝えられるのか、という教師たちの苦闘である。こうした教師にとっては、既成の学問は役に立たず、先輩同僚も助けにはならず、経営陣も支えにならず、多くの教師が孤立のなかを苦闘している。

一九九一年大学設置基準の改定が実施され、大学にはかなり自主的にカリキュラムを組めるようになった。多くの大学がカリキュラム委員会を発足させ、カリキュラムの改革に乗り出したが、その多くが限界に突き当たった。その原因はどこにあったのか。それは要するにカリキュラムの改革を、既存の学部、学科の教員に委ねたためである。すでに勤め先を確保している教員にとって、最大の関心事が、自分たちのポストが確保できるか否かに集まることは、しごく当然のことである。現在の学生が、親が、そして卒業生を受け入れる企業、一般社会が何を求めているか、そこを出発点として、新たなカリキュラムを練り直す発想は出てこない。へたをすれば、教師の存在そのものをあやうくする危険性をともなっている。しかしそうした作業をやらない限り、カリキュラムの改革はありえないし、大学の再生はありえない。教師には時には「死の跳躍」が必要である。その覚悟がない限り、学問の再生も、大学の再生もありえない。それでは教師はどう跳躍をしたらよいのであろうか。

2　改革の抵抗勢力

学内対立の構図

現在、理事長、学長の大部分が、今いる教員の三分の一は解雇したいと思っている。いや三分の二だという理事長、学長もいる。つまり、受験生の減った学部・学科は閉鎖し、それに代わる新学部・学科を作るには、そういう選択肢しかないという。だがしかし、現に働いている者の解雇を自由にできる職場は存在するのであろうか。だれしも生活があり、支えるべき家族がある。簡単に解雇ができないのは教員だけではない。どのような職業でも、自分のポストを奪われるとなれば、必死の抵抗をするのは、ごく当然のことであろう。

よくそれは教員のエゴイズムである、わがままである、自己中心主義である、と批判する声がある。そして欧米では不要になった教員は、どんどん解雇しているという話がでる。しかしそういう人の話をよく聞くと、それは助教授の場合で、終身職（テニュア）についた教授を解雇することは、たとえ雇用者側の立場の強いアメリカでも、よほどのことがない限りできない。

もともとアメリカの助教授というポストは、二〇歳代後半の大学院を出たばかりの、まだ実力がよくわからない者を、仮採用するポストである。就職する時から、五年とか七年とか年限がついている。こういう人は解雇されるのではなく、任期がきて、別の大学に移動してゆくだけのことである。だから、アメリカの助教授ポストは不安定で、助教授時代に優れた実績を示さなければ、教授にはなれない。だからアメリカでは助教授は、研究室のドアを開けたまま勉強をする。

どこの国でも、安定した教授ポストへの道は遠く、不安定である。ヨーロッパの大学でも、博士課程を修了し、教授ポストを目指して、さらに研究を続ける若者が多く働いている。たとえその職場が国立大学であっても、そのポストは公務員でもなければ、終身職でもない。多くの場合、教授が所長を勤める研究所の研究員であったり、プロジェクトごとに雇用された期限付きの臨時研究員である。ただアメリカと違う点は、ヨーロッパでは被雇用者側の立場を保護する機構がいろいろできている。雇用主である教授が解雇権を乱用すると、だいたい裁判事件となる。

このようにどこの国でも大学の教員になるためには、長くて不安定なキャリア・パスをたどらねばならない。こうしたキャリア・パスをたどってきた教員が、自分自身で自分のポストが危うくなるような改革を考えたがらないのは、ごく当然のことである。（いくつかの国の大学教員の養成方式については、拙著『職業としての大学教授』中央公論新社、二〇〇九年、を参照のこと）

しかし大学という組織は、教員の利益のためだけに存在する機関ではない。それは一定の社会的使命を達成することを求められている社会的な公器である。そこで教員を抜きにして、第三者（つまり保護者と学生と企業関係者と同窓生の四者）だけで、カリキュラム委員会を作らなければ、カリキュラム改革は絶対できないという議論がある。

高額な授業料を負担する保護者は、大学が何を教えてくれるのか、どのように指導してくれるのか強い関心を持っている。よもや卒業とともに、わが子が失業者にはならないか、強い関心を持っている。そこで我々教員も、保護者の声にできるだけ耳を傾けようとする。しかし最後になると、「うちの子どもがこの大学を出て、職がないのは困るけども、細かいことは、私たちにはわからないので、先生方が考えてください」ということになる。次に学生の場合はどうなるか。最近の学生もまた、いろいろな注文を出す。いろいろ意見はいうが、最後になるとやっぱりよくわからない、「それを考えるのは、先生たちの商売でしょう」ということになる。

さらに企業経営者の場合はどうか。彼等は毎年大学卒業者を採用しているので、大学教育のあり方には強い関心と不満を持っている。これだけ企業環境が厳しくなると、無駄な人材を採用している暇はない。そこで、企業側からはかなり痛烈な大学批判がでてくる。しかしそれでは企業は、具体的にどういう人材を求めているのか、ぜひ聞かせて欲しいと、突っ込んだ議論を始めると、最後には「それは大学が考えることだろう」ということで、必ずしもポジティブな形でカリキュラム改革の構想が出てくるわけではない。

このように、世の中では、大学はもっと大学外のステイクホルダーの意見に耳を傾けるべきだとはいわれるが、現状では最後は大学教員が考えるしかない。ところがその肝心な教員が改革に対する最大の抵抗勢力となっている現在、どこを改革の拠点としたらよいのだろうか。何故教員が改革に対する抵抗勢力と化するのか、その背景を考えなければならない。

大学教員の養成のされかた

まず検討する必要があるのは、これらの大学教員がどのように養成され供給されてくるか、という点である。平成一七年度時点で大学教員は、全国で一七万人いる。大学教員の世代交代率を、仮に三％とすると、毎年年間五、〇〇〇人の新たな大学教員が必要になる。問題はこの五、〇〇〇人の教員が、どこから供給されてくるのかという点である。二〇〇一年時点での私立大学の教員の出身大学を調べたデータがある。それによると、東京大学の卒業生が全体の九％、それから最近は外国の大学を出た者が随分増え、これが同じ九％くらいいる。それから京都大学、早稲田大学、慶応義塾大学と続いている。この十一大学で私立大学の教員の五割が供給されている（**表Ⅲ‐3**）。

つまり大学の教員は、特定の大学で独占的に養成されていることになる。問題のポイントは、これらの教員がどのような雰囲気のなかで養成され、いかなる価値観、大学観、教師像を抱きながら、送り出されてくるのか、そこを吟味しなければならない。

表Ⅲ-3　教員の出身大学

東京大学	9.2％
外国の大学	8.8
京都大学	5.2
早稲田大学	5.0
慶応義塾大学	3.9
筑波大学	3.2
日本大学	3.0
大阪大学	2.8
東北大学	2.6
九州大学	2.5
名古屋大学	2.3

出典：藤村正司「流動化する大学教員市場」広島大学高等教育研究開発センターCOE研究シリーズ15「日本の大学教員市場再考」第8章、82頁(2005)。

大学間の系列

先に私立大学の教員の出身大学を列挙したが、どこの私立大学も、それらの大学から、まんべんなく均等に教員を採用しているのではない。明らかに日本の場合には、大学ごとに系列が存在する。別の表現を使えば、それぞれの大学院がそれぞれの植民地を持っている。

筆者自身もまた博士課程担当教員だったので、自分の育てた弟子をどうやって売り込むか、随分苦労した。そのときの経験をもとに、日本のアカデミズムの仕組みを再構成してみると、こうなる。博士課程を持つ大学が絶えず機会を窺っているのは、植民地作りであり、その拡大である。つまり自分の大学院卒業生を送り込むポストの拡大である。この植民地作りには、長期的、遠大な計画が必要であり、きめ細かな戦略が必要である。具体的にいえば、やりたくもない非常勤講師を一生懸命引き受けておく。今、恩を売っておけば、いつかは自分のところの大学院卒業生を採用してくれるかもしれない。そういう下心がなければ、割りの合わない非常勤講師など引き受けはしない。

要するに、大学教員市場はそれほど規模が大きいわけではない。しかも日本の大学には、はっきりいってランキングがある。まず博士課程新卒者が送り込まれる先は、失礼ながら、それほど高いランキングの大学ではない。そういう大学に送り込まれると、必ず半年もたつと、必ずフラストレーションを起こす。

これは当然のことで、博士課程まで来る人間の出身高校とは、日本の高校のなかでもかなり限定された高校である。それから学生時代を過ごした大学も、非常に特殊な大学である。大学院になると、もっと特殊である。ところが、人間はだれしも、高校、大学はどこも、自分が体験した高校、大学と同じだと思い込んでいる。かなり特殊な高校、大学、大学院の経験しか持たない人間が、いきなりそれまで体験したこともないような教室に放り込まれる。当然のことながらフラストレーションを起こす。何に驚くかというと、授業が始まった途端に、学生がハンドバッグから鏡を出して化粧を始めた。そんなことは序の口である。

こういう経験が積み重なると、新任教師は一日も早くその大学から脱出したくなる。もっと偏差値の高い大学のほうが、まだましだろうと考える。最後は母校の教授になることを夢見る。これがアカデミズムの世界では出世コースで、博士課程卒業者は誰しもそれを目指す。要するに、就職先大学に腰をすえ、この大学をよくするにはどうしたらよいのか、それを考えようとはしない。

さらにその上、博士課程のある大学院では、そこの卒業生を中心とする同窓会ができる。同窓会という名前でなくとも、目に見えない同窓会ができる。この同窓会が独特な役割を果たす。母校の主任教授を頂点として、以下卒業年次順に序列ができ上がる。大学教師にとっては、その同窓会でどのように評価されるかが、分かれ目となる。

そこで評価されるのは、その専門分野での研究業績である。いくら勤務校で一生懸命学生指導をやっても、それは評価されることはない。あいつは、いい先生らしい、学生の評判がいい。そのぐらいのことは伝わる。しかし、それだけでは同窓会内部での評価は高まらない。そこで、できるだけ早いうちにいい論文を書いて、いい研究成果を上げ、いい大学に移ることを目指す。

さらにその上に、それぞれの大学院には「植民地開拓伝説」がある。「あそこの大学のあのポストは、誰々先生が血のにじむ思いをして、つくり上げたポストである」、「あそこの大学はうちの卒業生は絶対とらなかったけど、あの先生のときに大いに努力してようやく一人入れたのだ」。こういう話はあちこちの大学にある。これが筆者のいう「植民地開拓伝説」である。

さらにまた、そのポストに座っていた人間がやめたら、必ず次に座るべき人間が待っている。また博士課程というところは、そういう後任用の人材を絶えず用意しておかなければならない。これが途切れると、たちまち植民地が奪われてしまう。これはしばしば起きることだが、「いい玉」を送り込めなかった場合の責任問題が発生する。弱い玉を送り込むと、あとでさまざまなことが起きる。あいつがぼやぼやしていたために、ポストを隣りの学科に取られたとか、あるいは大学の本部に巻き上げられたという話に発展する。

こうなると、その責任は母校の指導教授にも及ぶ。母校の指導教授がきちんとしたトレーニングをせずに、弱い人間を送り込んだために、あの大学のポストを失くした、これは同窓会全体の損失である、あいつは母校の指導教授としてふさわしくない、そういう評価が立てられる。これは博士課程担当教授には、たいへんな圧力になる。そこで博士課程担当教員は院生に、できるだけいい論文を早く書け、できるだけ多くの人に評価されるものを作れ、いったん獲得したポストは石にしがみついても守れと、叱咤激励することになる。こういう形で植民地開拓を図り、植民地経営を企画してゆく。

カリキュラム改革ができない背景は、ここにある。ひとつひとつポストは、こうした苦労と努力の結果、ようやく作り出されたポストである。こういう血の滲む思いをして作った植民地を他人に奪われるなどということは、とんでもないこと、絶対にあってはならないこと。文字通りの「一所懸命」で、死守すべき領土となる。

自家養成の時代

それではいったい、カリキュラム改革はどうしたらよいのか。学部・学科改革はどうしたらよいのか。教員の入れ替えはできない、しかし現状の学部・学科のままでは受験生がどんどん減ってしまう。そのうちに大学が倒産に追い込まれてしまう。答えはないのか。最終回答は第Ⅳ章に書くので、ここではまずいくつかのポイントを指摘しておきたい。

まず第一に、大学の教員をある特定大学から、ありがたくいただく時代は、もう終わったことを認識すべきである。どこの大学も中核教員が必要な時代が到来した。中核教員とは、その大学を腰掛けにするのではなく、そこに一生涯と全エネルギーをかける教員である。そういう教員の自前養成を考えるべきである。よその大学院からありがたく頂くような時代ではない。

たしかにインブリーディング(一つの大学が、その教員を自分の大学内で養成すること。自己繁殖)には、マイナス点がある。一生涯一つの大学しか知らないのは、あまりいいことではない。しかしインブリーディングのマイナス点を軽減する方法は、いくらでもある。

第二に、大学院博士課程のあり方に対して、もっと声を上げるべきである。もっと大学院教育のあり方に対して注文をつけるべきである。今のような教員養成では、とうてい学部教育は任せられない、当人がもたないことを、はっきり伝えるべきである。この点については、アメリカでの歴史が参考になる。アメリカでも、今から一世紀ぐらい前に、同じような問題が浮上した。やや日本の現実の問題から離れるが、重要な事実だから書いておこう。

アメリカでの大学院

周知のようにアメリカの大学院制度は、今から一〇〇年ほど前に出来上がった。その当時の状況を説明すると、こうなる。アメリカの伝統的なカレッジは、リベラル・アーツ・カレッジが中心で、その目的は円満なる幅広い教養人の育成、健全なる市民の育成である。つまり大学院が目標とする、一つの専門分野に閉じこもり、一つの研究テーマを集中的に研究するような人間の育成ではなかった。幅広い教養人を作るのが、リベラル・アーツ・カレッジの目的だった。

ただことわっておくが、筆者にはアメリカのカレッジが本当に円満なる教養人を養成できたのか、よくはわからない。円満なる教養人というのは、どうやったら養成できるのか、いまだによくわからない。ただカレッジが公式に掲げる目標は、そうだった。ところが、そこに大学院が出来上がり、一つの専門領域を集中的に研究する専門研究者を養成し始めた。

これはアメリカのカレッジ教員の養成史上に起きた一大変化だった。一九世紀の末頃まで、アメリカのカレッジの教師は、専門的に養成されたわけではない。たまたまの引っ掛かりでカレッジの教師になる例がほとんどだった。今でこそハーバード大学というと、世界に冠たる大学になっているが、この大学の教員の変化を、一〇〇年間ほどにわたって追跡した研究成果が刊行されている。その研究では、どういう背景の人間がハーバード・カレッジの教師になったのか、時代ごとに分析されている。まず一九世紀のはじめ頃は、ほとんどの教師の前身は牧師である。ただ牧師ではあったが、説教が下手で教区民から排斥されて、仕方なくてハーバード・カレッジの教師になった、あるいは、実業界にいたが、失敗して再起不能になり、しかたなくカレッジの教師になった、そういう例が実に多い。

そういう形で始まったハーバード・カレッジの教員が、その後どう変化していったのか。この研究はそれを追跡している。それはあたかも、アメリカ社会の縮図を見るようである。もともとアメリカのカレッジの教師には、それほど専門的な知識が必要だったわけではない。ありていにいえば、一六、一七歳のいたずら盛りの若者を、いかにして取り締まるかが教師の仕事だった。つまり言い換えれば、刑務所の看守みたいなものだった。

あの時代の記録を見ていると、カレッジは実に細かな規定を作り、学生の生活を四六時中監視している。学生が悪いことをしでかすと、分厚い規則集を持ち出して学生に罰をくだす。そうすると学生はそれに反発して、さらに悪質な規則違反を犯す。そうすると、カレッジはその学生を罰し、それに対して学生が……、という負の無限循環が繰り返されていた。それがカレッジ教育の実態だった。要するに大学といっても、それはけっして知的な雰囲気が支配する場ではなかった。教師にも、それほど知的な能力が求められたわけではない。これが一九世紀中頃までのアメリカのカレッジの実態であった。

ところが、こうしたカレッジ生活に飽き足らない人たちが登場し、彼等が期せずしてドイツの大学へ留学することとなった。一九世紀の中頃の話である。ドイツの大学へ行くと、そこでまったく異なった学生生活が展開されていた。その当時のドイツの大学は、しきりに学生に研究を課していた。「学生自身に研究をさせることが、最良の教育方法である」。これがドイツの大学のモットーであった。アメリカから留学した学生は、ドイツで初めて、研究をし、新事実を発見することが、これほど面白いことだったのかと驚く。

やがて、彼等はアメリカへ戻り、アメリカのカレッジの改革に着手する。その改革のなかから、大学院というアメリカ独特の仕組みが登場する。そしてこの大学院で、学生に研究をやらせながら、同時に教育するという仕組みを作り上げる。ちなみに大学院という制度は、あくまでもアメリカ独自の制度であり、アメリカが作り上げた、独特な制度である（詳細は拙著『アメリカの大学』講談社学術文庫、一九九三年、に譲る）。

つまり、ドイツの大学で行っていた方式を、アメリカは大学院という、まったく独自な新しい組織を作り、そこで行うようになる。言い換えれば、ドイツ型の「研究を通じての教育」という教育スタイルが、大学院を通じてアメリカにも伝えられたことになる。そして、この大学院がアメリカの学問の基盤を作ってゆくこととなった。

現在ではアメリカの大学院は、世界最高の教育機関として高く評価されている。それは一九世紀末期におきた、「ドイツ・モデルの摂取」の結果である。ただ、その優秀性が認められたのは、二〇世紀に入ってからのことで、大学院制度がアメリカ社会のなかで定着するまでには、さまざまな摩擦があった。

話をもう一度、一九世紀末に戻す。大学院が登場すると、そこで教育を受けた若者が、カレッジの教師となって赴任するケースが増えた。それまでのカレッジの教師とは、たまたまのきっかけでなるのが普通だったが、ここに組織化された、専門化された教員養成が登場した。その結果、何が生じたかというと、カレッジ内部での大きな対立であった。片や大学とは研究をするところ、その成果を学生に伝えるところ、そういう大学観を持った大学院卒業者。それに対して、カレッジの教育とは、そのような狭い専門を教えるのではなく、幅広い知識を与え、市民としての教養を伝えること。二種類のまったく違った目的、価値観、大学観を持った人間が、カレッジで出会うことになった。当然のことながら、さまざまなコンフリクトが生じた。

その詳細は省くが、アメリカ哲学の創始者として著名なウィリアム・ジェームズは「蛸のような妖怪博士号」という論文を一九〇三年に発表し、専門研究に凝り固まる大学院教育を批判した。研究成果を基準に教師を採用するなどということは、カレッジの教育を破壊するものだという論評、一つの研究テーマに凝り固まることは、精神をゆがめるだけだという論評などさまざまな意見が飛び交った。

こうして、カレッジの教員を養成し、供給する大学院側と、そこから教師を供給してもらうカレッジとの間に抗争対立が発生した。この抗争史は、現在の我々にさまざまなことを教えてくれる。二〇世紀に入ると、アメリカのリベラル・アーツ・カレッジは、カレッジの地位を高め、カレッジの立場を擁護する目的で、連合体を結成する。この連合体が、かなり本格的な大学院批判を展開している。大学院教育に対して、さまざまな申し入れを行っている。最近、大学院で養成された教師が、カレッジの教員に採用される例が増えたが、大学院出身者は細かなテーマを、細々と学生に教えて、学生を退屈がらせている。大学院教育を改革し、カレッジ教員の養成制度を改革すべきである。こういう主張を行っている。

一九二五年には、全米カレッジ協会は次のような主張を展開している。「我々は約五〇〇のカレッジを代表し、アメリカの大学院卒業者の最大の雇用者の立場から、大学院教育にもっとものを申すべきである」。その主張の要点を纏めるならば、こうなる。

(1)博士課程の教育内容をもっと幅広いものにすること、

(2)もっと教員養成の側面を強化すること、

(3)「教養あるジェントルマン」として、「対人的な、社会的な訓練」を与えること、

などである。

しかし、博士課程をもつ大学の連合体であるアメリカ大学協会(American Association of Universities)は、こうした主張を「あまりにも教育主義的すぎる」として、否定してしまった。全米カレッジ協会はさらに、一九二九年に「幅広い知的関心」を育成すること、「必要以上に研究を強制しないこと」を求めたが、ほとんど効果はなかったとされている。

そこで現在の日本の問題に戻るが、この日本には、大きくいって二種類の大学がある。一方の大学は、博士課程を持ち、将来大学教員になる者を養成している。もう一方の大学は、自前での養成が困難なので、他大学の大学院卒業生を教員に採用している。しかしこれまで、採用者側の大学が、

教員養成を行っている大学院に対して注文をつけることが、あったのだろうか。アメリカのカレッジの連合体は、「我々は大学院卒業者の最大の雇用主である。最大の雇用主として、今の大学院教育に対して注文をつけたい」といっている。日本でそういうことがあったのだろうか。

現在、どこの大学もカリキュラム改革が進まない状況が続いている。しかし、日本の大学院が変わらない限り、多くの大学が困る状況はずっと続くことだろう。雇用主は雇用主として、はっきりものをいう時代がきているのではないだろうか。大学教員を養成している博士課程が変わらない限り、日本の大学は変わらない。これはかなり根幹に関わる改革となる。そのためには、どうしたらよいのかは、最終第Ⅳ部に譲る。

大学教授の一〇〇年

一九〇一年はノーベル賞が制定された年である。それ以来、数多くの学者がノーベル賞を受賞したが、その多くは大学の教師であった。ノーベル賞の社会的評価が高まるにつれて、ノーベル賞受賞者を生み出す大学という組織に対する社会的関心が集まり、大学教師という存在の社会的評価もまた高まった。

長い人類の歴史のなかで、学問研究に高い社会的評価が与えられるようになったのは、それほど古いことではない。そもそも学問研究が一つの職業となり、研究をすることで生計が維持できるようになったのは、たかだか最近百数十年のことでしかない。よく人々は、大学という制度は古い制度だというが、大学の役割、大学教師の役割は、あくまでも若者に学問を教えることであり、悪戯盛りの若者を監督することであった。学問研究が大学教師の職務となったのは、長い人類史上、また大学史上、ごく最近のことでしかない。

若者相手にものを教えるということは、多くの場合、同じことの繰り返しで終わる。ましてはあらゆる規則をかいくぐり、あらゆる種類の悪戯を繰り返す若者を監督することは、際限のない徒労で終わる。だから歴代の大学教師は、自分の職業をのろった。これに対して、学問研究とは未知の世界への挑戦であり、既存の理論の転覆を図るきわめてスリリングな営みである。いかなる人間も単調な繰り返しには耐えられないが、一夜にして人類未踏の理論に到達する可能性を秘めた研究には没頭を惜しまない。ましてや、新たな理論を発見することが、高い社会的賞賛をもたらし、金銭的な報酬となって返ってくることを発見した時、多くの大学教師(とその予備軍)が「知の狩人」となった。

それとともに、大学もまた大きく変貌することとなった。大学はこうした「知の狩人」たちに、仕事場を提供し、学問研究に没頭できる時間を提供する制度として、その装いを改めた。かくしてここに教育機関としての大学ではなく、研究を職務とする大学、「研究大学」という独特な制度が登場した。今から一二〇年ほど前のことである。それとともに、同じことを繰り返し教える教師、学生の悪戯を見張る教師とは異なった、新たな知的発見を目指す「研究者教師」という職業が登場した。

しかし、こうした過程のなかから登場した「研究大学」には、それが成立した時から、矛盾対立の種が蒔かれていた。時間とエネルギーを教育に割くべきか、それとも研究に割くべきか。学生を教えることのなかに生甲斐を見つけるべきか、それとも学問研究のなかに生甲斐を求めるべきか、この対立を抱えながら、大学教師は生きることとなった。

もう一度繰り返すが、同じことを毎年毎年繰り返し教えることが楽しいはずがない。それと比較すれば、まだ誰も知らない理論を発見することの方が、はるかにスリルに満ちている。教師の目をかいくぐり、できるだけサボろうとする学生に、いくら情熱を込めて教えたところで、その成果が学園というローカルな範囲を超えて評価されることはない。しかし、新たな理論の発見、新たな知見を盛り込んだ業績の発表は、学園というローカルな範囲を超え、全国的な舞台の上で、さらには国境を越えた評価を勝ち取ることができる。「研究大学」が抱えた矛盾とは、アイデンティティーを学園というローカル・コミュニティーに求めるべきか、それを超えた場に求めるかの対立だったといってもよい。

だから過去一〇〇年間の「研究大学」の歴史は、学生の存在を忘れる歴史、学生の教育を無視する歴史だった。すでに一八八九年、アメリカの哲学者チャールズ・S・パースは「センチュリー・ディクショナリー」の「大学」の項目を執筆した時、「大学は授業と関係がない」と書き込んだ。アメリカ最初の大学院大学として名高いジョンズ・ホプキンス大学のローランド教授は、彼のクラスの学生数さえ知らなかった。驚いたインタービュアーが「あなたはふだん学生とどう接しているのですか」と尋ねたところ、彼は実験器具をのぞき込みながら、「学生のことは無視している」と答えたという。第一回ノーベル化学賞受賞者のファント・ホフは「二〇年も毎年毎年、過マンガン酸カリウムは酸化物である、などと繰り返していると、頭がおかしくなります。私は学生に講義をしたり、試験をしたりしないでよい場所を探しているのです」といって、ベルリン大学からの招聘を断った。

「研究と教育の統一」を説いたのは、一九世紀初頭のドイツの学者兼政治家兼行政官であったウィルヘルム・フォン・フンボルトである。ベルリン大学は一八一〇年、彼の強い思想的影響のもとに創立された。ベルリン大学は教師に研究を求めたが、学生にも研究を求めた。大学の使命は、すでに決まった知識を教えることではない。未知の知識を切り開くことが大学の目標であり、そのための手法を教えることが、大学の目標とされた。学生も教師もともに、一つの実験室に閉じこもり、新たな科学上の発見を目指した。学生も教師もともに万巻の史料・文献に囲まれたゼミナール室で、新たな歴史上の発見を目指し、研究に没頭した。

ベルリン大学（一八一〇年創設）は、近代大学の原点だとされているが、その特徴は「学生に研究させることが最大の教育になる」という原理にあった。つまり「研究を通じての教育」という原理のもとで、大学を改革しようとした点に、ベルリン大学の革新性があった。知識はすでに確定しているのではない、人間が自らの理性で発見するものである。大学に求められたのは、学生を知識追求の過程に取り込むことであった。権威ある、すでに確定した知識が存在し、それを伝えるのが、それまでの大学であり、そこでの教育観、学習観、知識観であった。しかし知識は変化し、進歩する。変化し進歩する以上、いかにして知識を進歩させるか、その手法を教えなければならない。そこには知識観だけでなく、大学観、教育観、学習観のパラダイム転換があった。これが近代大学の出発点となった。

ところが、それから一〇〇年たった一九一〇年、ベルリン大学創立一〇〇周年記念の席上、時のドイツ皇帝ヴィルヘルム二世は「いまや我々に必要なのは、大学という枠を越え、教えるという義務に妨げられることなく、もっぱら研究だけを目的とする機関を作り出すことである」と演説した。「研究と教育の統一」というスローガンを掲げたフンボルトを賞賛し、顕彰すべき栄光の日に、皇帝自らの口から、それとはまったく逆の「研究と教育の分離」が提案された。この事実が雄弁に物語るように、「研究大学」には始まったその瞬間から、自己解体のモーメントが組み込まれていた。

「研究大学」に埋め込まれていた自己解体のモーメントとはなにか。第一に、大学とは人生のなかでもっとも体力、エネルギーの高まった若者の集合場だということである。自由放縦、勝手きまま、乱暴狼藉、暴飲暴食、「何か面白いこと」をやってみたいと企む若者を、実験室、図書館のなかに閉じ込めておくことは、もともと無理だった。彼等は酒場でとぐろ巻き、鯨飲馬食に走り、人里は離れた野原で決闘を試み、政治的動揺の季節がくれば、政治活動に走った。エネルギー溢れる若者が一箇所にあつまる社会的制度が二つある。一つは兵舎であり、もう一つは大学である。兵士が騒げばクーデターとなり、学生が騒げば革命になる。

第二の解体のモーメントは、教師の側にあった。教師からすれば、学生とはサボりたがる人種であり、勉強したがらない人種であり、反抗したがる人種であった。そのような人種を相手にしたところで、際限のない徒労で終わる。後に残るのは空虚感だけである。それに引き換え、ひとたび新発見をすれば、広い社会的賞賛を集めることができる。かくして「学生のいない大学」に対する願望が生まれる。

かくしてカイザー・ヴィルヘルム二世の構想に従って、カイザー・ヴィルヘルム協会が創設され、その傘下に多くの研究所が立ち上げられた。研究者たちは、学生を教えたり、試験をしたりする煩わしさから解放された。したいだけの研究をする、思い思いのアイディアを自由にはばたかせることができる。アインシュタインはこの研究所で研究生活を送った。

もともと、「研究大学」が育成した「知の狩人」とは、「自分で皮の目隠しをかけ、自分の魂が救われるかどうかは、ある写本のある個所を正しく判読できるかどうかにかかっている、と思い込んでいる」タイプの人間である（マックス・ウェーバー）。彼等がかろうじて価値観を共有できたのは、教室の最前列に席を取り、教師の口から出てくる言葉を期待に心膨らませながら待ち構えているタイプの学生でしかなかった。「野球帽を反対にかぶり、教室の後ろにかまえ、さあ何か面白いことをいってみな」とふんぞり返っている学生ではなかった（ピーター・サックス）。しかし、いつの時代をとっても、いかなる社会をとっても、「風呂敷包みを解き、深夜までかかって書き上げられた原稿を読み上げる教師」の姿に心振るわせたのは（青木生子『目白の丘　生田の森』講談社、一九九三年）、ほんのひと握りの学生でしかなかった。「研究大学」で無視され、「不真面目な学生」と決めつけられた学生は、運動に身を置くか（文字通りの身体運動か、あるいは社会運動、政治運動）、マージャン、パチンコ、ロックバンド、映画などに青春の証をかけるほかなかった。

しかし、そういつまでも教師は「研究」に夢中になり（あるいはそういうふりをし）、学生はレジャーランドを満喫し、卒業生を採用する企業側が「大学で余計なことを教わってこない方がいい。訓練はこちらがやるから」と、いっていられるわけではない。不況時代の到来とともに、両親、学生は投資に見合う「付加価値」を求め、納税者は「大学教育のアカウンタビリティ」を求め始めた。両親、学生は学費投資者として、大学の市場価値を見定めて行動するようになった。納税者は大学教育への投資効果を公開することを求め、評価に基づく予算配分、ペナルティを求めるようになった。

今や大学にとっての最大のキーワードは「経営」であり、いかにして受験生をひきつけ、いかにして卒業生を売り込むか、いかにして経費を削減し、人員を削減するかが、重要なテーマとなり始めた。それとともに、「意識改革」が叫ばれ、大学教師は「意識改革」がもっとも必要な人種として、社会的非難の的とされることとなった。

しかし、「研究大学」が過去一五〇年間に培ってきた大学教師像とは、学生に背を向け（研究に熱中する教師の後姿が最大の教育になる）、「大学経営といった俗事」（学問がだめになった人間が、学内運営、学内政治に熱中する）に軽蔑のまなざしを向けるよう訓練されてきた人種であった。サラリーマンはサラリーマンになったその日から、将来の社長を目指して学習を始めるが、大学教師になった時から、将来の学長を夢見て勉強を始めたという人間は、いまだかって聞いたことがない。しかしそれでも大学には一人は学長がいなければならない。そこでしかたなく、誰かを「人身御供」のようにして選び出すことになる。選挙で一票を投じる時、同僚として心のなかで痛みを感じなかった者はおるまい。そのようにして選ばれた人物に「大学経営」を考えよと注文する方が無理というものである。

このように大学教師のキャリアとは、きわめて特異なもので、ある年齢に達すると、それまでは腹の底で嫌っていた仕事を、「選挙の結果」という暴力装置によって、強制的に押し付けられる。それまで、身につけようと思ったこともなければ、自ら訓練・学習しようと思ったこともない思考様式・能力を、突如として発揮しなければならなくなる。これほどキャリア形成上、能力開発上、連続性を欠いたキャリアは他にあるのだろうか。

さらにまた、近年におけるデジタル革命の進展は、知識の蓄積者、知識の伝達者、知識の選択者、知識のゲイトキーパーとしての大学教師の必要性に、本質的な疑問、疑惑を突きつけることとなった。ピーター・サックスはいう。「学生が情報を、CD-ROMドライブのボタン一発で、す早く、効率的に得られるようになれば、情報の伝達者としての伝統的な教授の役割は、ほとんどゼロに等しくなる」「ポストモダニティによる権威の脱正統化が進むにつれて、知識の価値が『それで何が分かるか』ではなく、『それで何ができるか』で測られるようになる。その時、教授の時代の死を告げる鐘が鳴らされたのである。確立した知識を伝達するには、教授はメモリーバンク、ネットワークより有能ではないし、値段が高すぎる」。

大学はもはや「研究者」の生きる場ではなくなったが、知識の伝達者としての存在意義もまた、デジタル革命のなかで失われようとしている。ピーター・サックスは、ポストモダンの大学に必要なのは、⑴情報収集の道具の使用方法についてのガイド役と、⑵機械やデータベースでは得られない、学問の微妙な複雑さを、学生が理解できるよう刺激する解説者だといっている。しかし、ポストモダンの学生にとって「学問の微妙な複雑さ」など、どれほどの需要があるのだろうか。

「研究大学」は学生に後姿をみせることが最大の教育となるという前提で成り立っていた。しかし、ポストモダンの大学教師は、真正面から学生と対面しなければならない。かつて、学生と真正面から対面する「教育大学」に求められたのは、学生の規律、日常生活に監視の目を光らせる看守型教員だった。しかし、このポストモダンの時代にそれが通用するわけがない。Edutainment という最近の新造語が象徴するように、今の時代には「面白く」なければ通用しなくなった。

それではポストモダンの学生にとっては、何が「面白い」のだろうか。「野球帽を反対にかぶり、教室の最後部にかまえ、さあ何か面白いことをいってみな」とかまえている学生にとっては、何が「面白い」のであろうか。教室にドリンク缶と漫画本をもって登場し、数分をしないうちに「やっぱり面白くないや」と教室を去ってゆく学生たちに、何を語りかけたら、教室に引き戻すことができるのだろうか。

ボックス⑬：フンボルト大学閉鎖？

ドイツの首都、ベルリンの目抜き通りにあるフンボルト大学は、今年秋からの新入生受け入れを、一切停止すると発表した。ことの起こりは政府の大学予算削減にある。大学入学試験のある日本とは違って、高等学校の卒業資格を持った者は、どこの大学でも、どこの学部でも、原則自由に進学することができる。このことは、ドイツの憲法に明記されている。だから、新入生受け入れを停止すれば、大学側が憲法違反に問われないとも限らない。

今回の予算削減策によって、まず削減されるのが、教授ポストである。しかしフンボルト大学は、これまでもかなりの教授ポストを削減されてきた。一九九五年当時、三七三あった教授ポストは、二〇〇三年には三〇五名まで削減され、その結果、教授一人当たりの学生数は、一九九五年の七一名から今や一一〇名と、想像を絶する状態に立ち至っている（ちなみに日本では一八人）。また、この大学の教室の収容力は二万人程度しかないのに、実際はその二倍近い三万八千名もの学生が押し込められている。ただでさえ悪化している教育条件、学習条件を、これ以上悪化させることはできない。大学側が新入生受け入れ停止措置をとった背景には、こうした事情が働いている。しかしこれはフンボルト大学だけのことではない。ドイツの多くの大学が同様な問題を抱えている。

フンボルト大学は、その正門の両脇にフンボルト兄弟の銅像が立っていることで有名である。

そんな予算カットは聞こえない

やたらな、この教育への介入

一九九六年に予算カットが始まると、抗議の意味を込めて、この二人の銅像の両眼が、黒帯で覆われた。

もともと、このフンボルト大学は一八一〇年ベルリン大学という名称で誕生した。この大学の設立構想に大きな影響力を発揮したのが、政治家、哲学者ウィルヘルム・フォン・フンボルトと自然科学者アレキサンダー・フォン・フンボルトである。この大学の正門にこの兄弟の銅像が立っているのは、このためである。彼等がこの新大学の構想を練る頃、世界では科学上の新発見が相次ぐとともに、アメリカの独立、フランス革命と、人類史を揺るがすような大変動がおこっていた。彼等はこうした時代の激動を前にして、人間の最後の拠り所は、人間自身の知性だけだと悟った。だからベルリン大学の基本理念は「知性の使い方を訓練する」ことだった。「啓蒙」、これがその時代の合言葉だったが、この言葉のもともとの意味は「目を開く」という意味である。そう主張した彼等の銅像が、二〇〇年を経て、黒帯で両眼を覆い隠されることとなった。

彼等達の構想は、当時沈滞の極致にあったドイツの大学を甦らせた。その影響はベルリンを越え、ドイツを越え、ヨーロッパを越えて世界に広まっていった。この新構想大学は一九世紀末には、世界の大学のモデルとなった。最盛期にはヨーロッパ屈指の大学として名声を高め、世界中からは多くの留学生を引き寄せた。遙か極東の日本からも、森鴎外、北里柴三郎をはじめ、多くの学者が留学した。一九〇一年にノーベル賞が設定されてから、ナチズムが政権を握るまでの約三〇年間、ノーベル賞の三分の一はドイツ人学者の手に落ち、このベルリン大学だけで、二九名のノーベル賞受賞者が生まれたという。こうした赫々たる栄光に満ちた大学が、今や新入生に対して門戸を閉ざそうとしている。

ことの起こりは、大学予算の大幅削減にあったが、政府も理由なしに大学予算を削ろうとしたのではない。今や先進諸国を襲う景気後退の波のなかで、他国と同様、ドイツの政府歳入も大幅に減少した。ところが今や、人口の高齢化を迎え、年金・医療・介護支出ともに急増している。こうしたなかで、政府もまた予算の抜本的な見直しを行わざるを得なくなった。(ちなみに、ドイツの大学はそのほとんどが、州予算でまかなわれる国立大学である)。長年、授業料無料という、うらやむべき制度をドイツはとってきたが、それとてももはや維持できない段階に達している。これまでも、何回も授業料徴収の動きがあったが、これもまた憲法上、教育は無償と規定されているため、実現しないまま今日に至っている。

振り返ってみれば、国立大学という機構は、近代国家の登場とともに登場し、近代国家の発展とともに発展してきた。国家は国立大学の教育研究の成果に期待をかけ、国立大学も国家の投入する資金に期待をかけてきた。ところが近代国家という仕組みが揺らぎ始めるとともに、資金源をもっぱら国家に依存する国立大学も揺らぎ始めた。現在日本で議論されている国立大学の法人化問題も、もともとは国家公務員の削減問題が発端であり、その原因はほかでもない国家財政の悪化にある。つまり、今やいずれの国でも国立大学は、国家とは別の資金源を探し出さねばならなくなった。最近の議論では、それは市場だというのが、有力な意見であるが、そう結論づける前に、我々は市場という機構、国家という機構の利害得失を、丹念に吟味しなければならない。それは各国に共通する課題である。

（『朝日新聞』二〇〇二年七月七日）

教室内の実態

いったい現在、大学の教室内でどういう光景が繰り返されているのか、その実態を知るのは教師だけである。その実態は、教師が社会に向かって報告しなければ、報告する者がいない。ただあまりにも生々しく語るには、躊躇するものがある。そこで手がかりとして、『朝日新聞』二〇〇五年一一月二一日の「天声人語」を使わせてもらうことにする。

「天声人語」は最近の大学の授業風景を、こう伝えている。「毎回授業の概要をプリントして配るのは常識だという」。すでにオンライン・シラバスのところで述べたように（一四五頁参照）、最近の学生はノートもとらない。その代わりに教師が、印刷屋をしている。一つのクラスに二〇〇人、三〇〇人の学生がいるので、毎回二〇〇部、三〇〇部のプリントを作らなければいけない。それは戦場そのものである。ひと頃までは、こういう作業を手伝ってくれる人員がいたらしい。ところが「経営の合理化」「人件費の削減」のなかで、姿を消した。

さらに天声人語を引用するなら、「授業内容も様変わりだ。政治学を例に取ると、かつてはルソーの『社会契約論』などの古典を読んだり、欧州議会史などを細々と講義したりしていたが、今は郵政民営化などの現在の問題を使ったり、現職の日本の政治家を研究する授業もある」。

筆者の学生時代には社会思想史という科目があり、プラトン、アリストテレス、ルソーなど、いろいろな思想家への手ほどきをしてくれた。おそらくあのような授業を聞いて、もっとさまざまな思想家の思想に触れてみたいと思った学生は多かっただろう。そしてそのなかの幾人かは、社会思想史の教師となった。社会思想史の教師になるには、英語はもちろん、フランス語、ドイツ語をマスターし、それぞれの原典に当たり、読み下す実力を身につけなければならない。それは試行錯誤に充ちた、長い忍耐の道のりだったことだろう（最近では、これを評して「翻訳学問」だとけなす論がある。原典を読みこなすことが「翻訳」かどうかは、実際にやったことのない人間にはわからない）。

そうした人たちが、今教室のなかでどういう体験をしているか。多くの教師が立ち往生している。ルソーの契約論を講義しても、学生は聞こうとしない。それならテーマを変えて、学生でも興味を持つであろう現代的なテーマを取り上げたらどうなるか。現代の問題を取り上げると、今度は「その話は、この前テレビがいっていたのと、同じじゃないか。大学もテレビも変わらないじゃないか」という。この「テレビがいっていた」という表現は、きわめて現代的である。現代では、教師が「つけっぱなしのテレビ」となり、テレビが人格を持つこととなった。

「天声人語」はさらに「現代は情報があふれていて、どれを読み、何を信じるべきか迷う時代。授業が現代の素材を扱うと、その延長のような気がしてしまう。むしろ古典を読みたい」、そういう学生の希望をあげている。それでは郵政民営化はやめて、ルソーへ戻るか。これはこれで、また逆の反応が出てくるのだろう。ルソーのような今から何百年前の人の話を聞かされても、明日からの生活には役に立たない。むしろ今すぐ役に立つ話をしてくれと、そういう話になる。

しかしルソーがいい、郵政民営化がいいという声がある間は、まだましである。「ルソーも民営化も興味ない。先生は教えなければ給与がもらえないのだろうから、勝手にしゃべればよい。こちらは単位をとらなければ卒業できないから、しかたなく出席しているだけ。こちらはこちらで勝手にやらせてもらう」と、隣り同士でおしゃべりを始める。まわりが迷惑するじゃないかと注意すると、おしゃべりはやめて、これ見よがしに眠り始めるか、携帯でメール送りを始める。最近の携帯はテレビも映るらしいから、テレビを見ているのもいるのだろう。

「そういう学生こそ落第させろ、単位をやるな」という声が起こるだろう。それは正論である。しかし一度でも教師を経験した人だったら、ぜったいそうはいわない。事実、試験をやれば、とうてい単位が出せない答案が、ぞろぞろでてくる。落第点をつけたいのは山々だが、落第点をつけると、その後が恐ろしい。単位を落とした学生はまた来学期、落とした単位をとるために教室に現れる。ただでさえ雑然としている教室が、ますます騒然としてくる。混雑すれば、またおしゃべりが始まって、それを注意すると、……と、無限循環が繰り返される。

要は、一つの教室に二〇〇名、三〇〇名、あるいはそれ以上の学生を、押し込めることが間違いである。今の大学生を統制することは、並大抵なことではない。ところが、現在の大学は大教室ばかりで、小規模クラスを想定して作られていないという。

この点については、筆者自身にも責任の一端がある。かつての大学設置基準には、一つのクラスの上限を定めた規定があった。ところは一九九一年に大学設置基準の大綱化のなかで、その条項が削除されてしまった。その当時、筆者は大学基準協会という国公私の大学の代表者からなる協会の基準委員をしていた。大学設置基準を改正するような場合には、さまざまな大学団体の意見が求められる。その時も、大学基準協会の意見が求められた。そこではこの一クラスの受講生の上限についての条項が議論となった。

ところが、その当時の流れは、できるだけ規制を少なくし、各大学の自主的判断を尊重するというのが基本路線であった。とくに数値基準は、大学を画一的に拘束するものとして、できるだけ減らすのが基本方針であった。たしかに、不要な規制は緩和・撤廃すべきであったが、一クラスの受講生の上限を定めた規定まで撤廃すべきではなかった。もちろん筆者は反対したが、その論は通らなかった。いまだに残念でしかたがない。

そもそも、一クラスの上限を定めた改正前の条項からして、いかにも及び腰の表現だった。おそらく全国のすべての大学に一律に、一クラスの受講生数は〇〇名を超えてはならないという規定を適用したら、経営が成り立たない大学がでる可能性があったのであろう。だから改正前の規定も、ごく曖昧な表現だった。

しかし、この条項が消滅すると、教師の側が大学経営側に対して、受講生の数を制限するよう求める根拠がなくなってしまう。だから、現在では多くの大学で、大教室に三〇〇名、四〇〇名を超える受講生を集め、騒然たる私語のなかで授業が行われているのだろう。

そこで教員の側もさまざまな対抗策をとる。「この講義では出席をとらない。聞きたい人だけ聞きにきなさい」。しかしこれは長続きしない。講義に出席している学生から文句がでる。「まじめに授業に出てくる人も、そうでない人も、同じ扱いでは不公平である。ぜひ出席をとってくれ」。そこで出席を取り出すと、出席点だけ稼ぐために、顔を出し、これ見よがしに私語にふける。それを注意すると、……同じ無限循環が始まる。

私の同僚にこういう人がいる。あまり私語がひどいので我慢できなくなり、チョークを投げつけたところ、投げたチョークはカーブを描くことを、はじめて発見したという。その人はふだんはきわめて温厚な人である。その人がチョークを投げつけるなど、想像がつかなかった。まさにこれが「教育困難大学」の現状である。

しかし不思議なことに、同業教師たちはそれをあまり話題にしたがらない。なぜ、これほどの重要問題を議論しないのか。その理由はいくつかある。まず誰しも我が家の恥は、表に出したがらない。出したところで、解決策があるわけではない。誰かが助けてくれるわけではない。事態がよくなるわけではない。

またそういう話をすると、きまって超著名大学の教師あたりが「うちの大学では、絶対にそういうことはない。講義していても気持ちいいですよ。うちみたいなところで教えてみたいでしょう」などと自慢の鼻をうごめかし、居合わせた人々を「ダー」とさせる。これは嘘みたいな話だが、現にあった話。筆者以外にも証人がいる。

要するに、こういう形で実質的な評価抜きで単位が出され、卒業証書が発行される。そういうからくりの上に、大学経営者、教職員の生活が成り立っている。これこそ文字通りの「学位販売所」ではないのだろうか。

ただ誤解のないようにいっておくと、七〇〇ある大学のすべてがそうだというのではない。優れた教育が立派に成立し、高度な研究が進められている大学は多くある。「教育困難大学」はごく一部なのか、三分の一程度なのか、三分の二程度なのか、正確なデータがあるわけではない。量が問題なのではなく、現在の大学の仕組みでは、そういう大学が出てくることを防げない点にある。そして「悪貨が良貨を駆逐する」可能性が高い。現に最近の高校生は受験勉強をしなくなったというではないか。苦労せずに卒業できる大学があれば、そちらに流れるのは、当然のことであろう。

おそらく日本の大学で、〇〇学を専攻したといっても、その学問の内容を理解している者は、どれだけいるのだろうか。このようなことを、いつまでも続けていてよいのだろうか。筆者は、教師は実質のなくなった単位認定権を放棄して、第三者機関による統一資格試験を導入することを提案したい。物理学、化学、日本史、法律学、経済学などの科目(実際はもっと細分化することになるだろう)ごとに資格認定機関を作り、その科目ごとに修得すべき知識の範囲を定義し、それに基づいた共通の教科書を作り、それを基準とした資格認定試験を実施し、その成績に応じて資格を与えるという仕組みである。

しばしば大学教員は単位認定権という絶対的な権限を持っていると思っている人がいる。しかし以上のような説明からわかるように、そのようなものは実態がない。「先生の単位さえ取れれば、卒業できるのです。それが取れないと、決まった就職先もご破算になってしまうのです」といわれ、それでもなおかつ、単位を認めなかった教員はいるのだろうか。いるだろう。しかし、果たしてどれだけいるのか。第三者評価が必要なことは、これでも明らかであろう。

その代わり、教員はこの第三者機関の設定する資格試験のコーチ役に徹すべきである。ゆめゆめ「教育の自由」などということを考えるべきでない。また自分の教えた学生の合格率が測定され、それを基準とした教員評価が行われるようになるだろう。しかし現行の人気投票まがいの授業評価よりも、はるかに客観性の高い教員評価が可能になる。

こうなれば、教えるべき内容も標準化され、統一化される。自分の講義は自分しかできない、画一化できるものではないという教員は、自分の授業は資格認定機関の基準外だということを、シラバスに明記しておけばよい。そのような個性的な講義を求める学生は、依然としている。現在では大学を超えた科目等履修制度もあるのだから、他大学からの受講生をあるだろう。大学に必要なのは、文化的な多様性、価値的な多様性である。それを窒息させたら、大学は自滅し、学問も自滅する。

この資格認定制度ができれば、学生は一人ひとりの教員から単位をとることに、あくせくする必要性はなくなる。出席点かせぎに、教室に出てくる必要はなくなる。カンニングの技術開発に頭を痛める必要もない。教師のことを統一資格試験のためのコーチ役とみなせばよい。資格試験は目に見えない第三者がするのだから、甘えは通用しない。わからないところは、徹底的に教師に教えてもらうしかない。

この資格試験は偏差値が高い大学の学生にも、そうでない大学の学生にも、公平に門戸を開いている。偏差値の高い大学合格者が、それだけで勲章をもらった、これ以上勉強する必要はないと思うのであれば、受ける必要はない。偏差値的にそれほどでない大学に入った者は、その次のゴールがあるのだから、それを目指せばよい。新たな目標が生まれる。敗者復活のチャンスが増える。

大学では長年「教育の自由」が通ってきた。何をどのように教えるのか、それを決定できるのは、教師だという考え方である。しかしいまや学部教育は一八歳人口の五割近くが進学する「基礎教育」となった。基礎教育には、基礎教育としての共通性が必要である。いつまでも教師が勝手に教える内容を決めて、勝手に教え、勝手に単位を出す時代ではない。同じ専門分野ごとに、どの大学でも、どの教師でも最低限これだけはマスターさせるという基準を設定するべきである。これは社会に対する大学の責任である。

ただすべての科目について、全国一斉にこのような第三者機関ができるとは考えにくい。まずはいくつかの大学をまたぐ小規模なものを作り、それを発展させてゆくべきである。おそらく時間がかかるだろうが、不可能なことではない。出版社を巻き込み、標準教科書のテスト版を作り、教えた教師の反応、受講した学生の反応、試験の合格状況などを集めながら、改定を重ねる必要がある。

大学評価の外形評価

二〇〇四年度からは、大学の認証評価という、一般の人々にはなじみのない制度が導入された。これは、「大学の理念・目的」から始まって、教育研究組織、学士課程の教育内容・方法、学生の受け入れ、教員組織など、約一五項目にわたって、個々の大学を評価しようという制度である。その項目がさらに細かく分かれていて、さまざまな点検・評価項目が並んでいる。これからは、すべての大学が、七年に一度はこの認証評価を受けなければならない。その結果、個々の大学にその大学が大学としての基準を充たしているかどうか判定され、合格した大学には丸適マークが付けられるようになった。

これは不可欠な制度であるが、筆者として気になることがある。それはこの大学評価はあくまでも、大学の「外形」の評価だという点である。端的にいえば、どれだけ大学の施設が整い、一流教授をそろえても、肝心の学生が授業中居眠りをしたり、携帯で遊んでいたら、意味がない。肝心な点は学生当人が、何をどの程度何を学んだかである。ところが、この認証評価制度では、こうした観点での評価・証明が抜けている。いま必要なのは、学生が何を学んだのか、それを公平に評価する仕組みである。きちんと学んだ学生には、そのことをきちんと証明してやる必要がある。現在でも、しっかり学んでいる学生はいる。ところが、現在の大学は、そうでない学生との区別をしてやっていない。まじめに勉強する学生には、実に気の毒な状態になっている。

すでにⅠ部の国際開発研究科の創設のところで述べたように、大学の認証評価の必要性は年々高まってきている。この大学の認証評価制度がなければ、困るのは卒業生である。いずれは卒業生が卒業証書を就職先に提出した時、その大学が正式の大学かどうか、確認しなければならない時代がくる。とくに海外の企業に勤めるような場合には、その必要性は高まる。卒業証書を持っていても、それを発行した大学が正式の大学と証明できなければ、困るのは当の卒業生である。

だからこの七年に一度の認証評価は、今いる経営者や教員や今の在学生のためでなく、その大学からの卒業生の利益を保護するために必要である。ところが筆者の見る限り、この認証評価制度は肝心なところを避けている。今求められているのは、学生が修得した結果を公平に評価する機構である。大学改革のポイントはどこにあるのか。それは「Ⅳ　具体的な改革項目」のところで、まとめて述べる。

3　パッチワーク型改革の限界

大学改革

表III-4は、過去六年間に行われた大学、学部、学科の新増設数を示したものである。これによると、毎年平均して一九の大学が新設され、三一の新学部が設置され、二〇の大学で新学科の設立が行われている。これまで日本の高等教育史上、大学の新増設が活発に行われた時代はあった。しかし、これほど多くの大学、学部、学科が新増設された時期は例がない。

それとともに、学部の種類は急速に増加し、一九五六年当時、わずか九種類だった学部名称は、二〇〇〇年度には二二八種類と、二五倍に増加した。学科名称に至っては、数え上げる気力が失せるほど多種多様となった。それを根気よく数え上げた『カレッジ・マネジメント』誌によると、その数は約一、四〇〇種類だという。なかには、「果たしてどれだけの真面目さがあったのか」と疑う声もあるが、どこもさまざまな知恵を絞って考え出した結果であろう。これほど多種多様な学部・学科が創設され、相互に受験生市場で争

表III-4　大学・学部・学科等の新設状況

	平成10年度開設予定（1998）	11年度（1999）	12年度（2000）	13年度（2001）	14年度（2002）	15年度（2003）	16年度（2004）
大学新設	17	18	28	20	17	15	19
短大新設	3	4	1		3		2
大学学部新設	25	21	38	31	42	31	22
短大学科新設	10	9	24	23	69	51	7
学部学科新設	26	31	19	15	12	16	4
通信教育部	1	1		3	5	4	

う状況が生じている。

問題はこの改革の中身である。まず改組といっても、日本社会の慣行として、現に勤務している教員をすべて解雇し、更地の上に、新しく教員を集めて、新しい学部なり学科を作るという手法はとることができない。理事長・学長の会議に出席すると、まずは今いる教員の四割は解雇したい、六割は解雇したいという。その気分が分からないわけではない。しかしすでに述べたように、簡単に解雇できないのは、日本だけではない。どこの国でも簡単に解雇できない。

そこで、すでに勤務している教員の配置転換を図りながらの改革を考えるしかない。そこで当然のことながら、さまざまな無理が生まれる。端的にいって、既存の教員では担当できない教科目を組み入れた学科や専攻を新設することができない。つまり改革といっても、抜本的な改革を行うには限界があり、一定の枠内で工夫するしかない。

それではいったい、こうしたパッチワーク型の学部改革、学科改組が、どれほど受験生にアピールするのであろうか。そのことを端的に示すのが、改組転換後の受験生の集まり具合である。これら新設学部、新設学科がどれだけの受験生を集められたのか、ひとつのデータを見てみよう。

図Ⅲ-3は一九九八年度から二〇〇二年度までの五年間に新設された学科の、初年度の受験実質倍率を見たものである。ここでいう実質倍率とは、受験者数を合格者数で割ったものである（受験生数／合格者数）。改めて断るまでもなく、合格者が全員がその大学に入学手続を取るわけではない。そこで大学側は「歩留まり率」を読みながら、定員以上の合格者を発表する。そのため、一般的には実質倍率二倍が境目で、実質倍率が二倍を切ると、定員確保が危うくなるとされている。

　このグラフを眺めて、まず気づくことは、年度を追うごとに、全体の実質倍率が低下しているという事実である。一九九八年度に発足した新設学科のうち、三五％は四倍以上の実質倍率という、恵まれた出発を飾ることができた。ところがこうした幸運なスタートを切る学科は年々減少し、二〇〇二年度には一七％まで減少している。その一方では、発足初年度からじゅうぶんな受験生を集められなかった学科の数は、年を追うごとに増加している。実質倍率二倍未満の学科は、一九九八年度の二九％から、二〇〇二年度には三九％にまで急増している。

　さらに注目すべき点は、受験生数「非公表・不明」の学科が増えていることである。一九九八年度では、受験生数を公開しなかった学科は、ごく少数でしかなかった。ところが、二〇〇二年度発足の新設

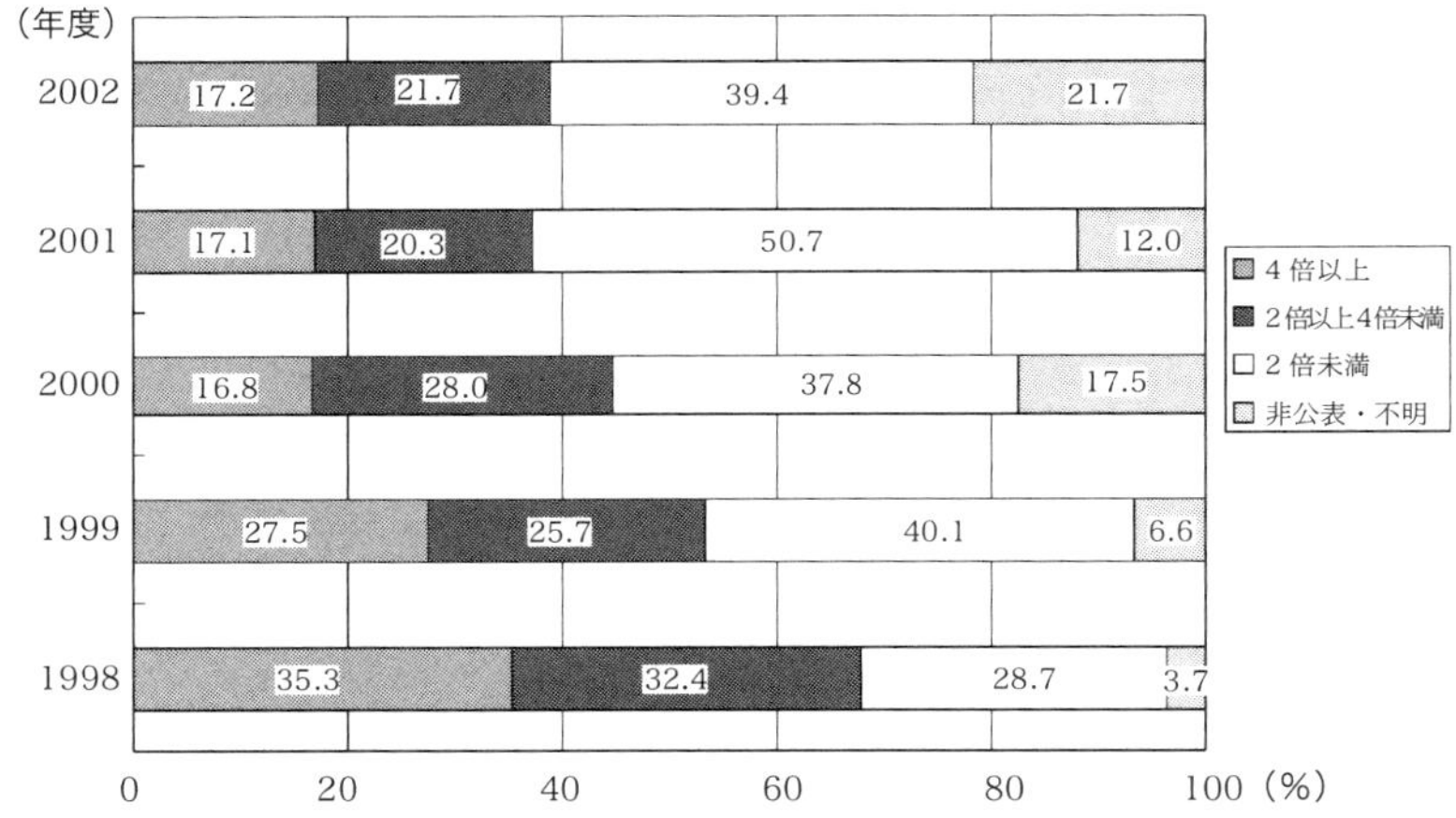

図III-3　新設学科の初年度の実質倍率

学科のうち、実に二二%が受験生数を公表していない。この受験生数「非公表」が何を物語っているのか、あえて説明を要しまい。

このように多くの大学で、新学部、新学科が作られているが、後になればなるほど、事情は悪くなってきている。せっかく新構想学部なり、新構想学科を用意しても、受験生を引き付けられない事例が増えている。

さらにその上、これら新構想学科の行く末が、初年度どれだけ受験生を集められるかで、ほぼ見通せる傾向が濃厚になっている。つまり発足した時点で、すでにその学科の将来が占える状況が生まれつつある。**図Ⅲ-4**のグラフは、一九九八年度に新たに発足した学科（私立大学のみに限定）が、完成年度である二〇〇二年度には、どれほどの受験生を集められたかを見たものである。一般に、新設学科は初年度は「ご祝儀相場」として、比較的多くの受験生が集

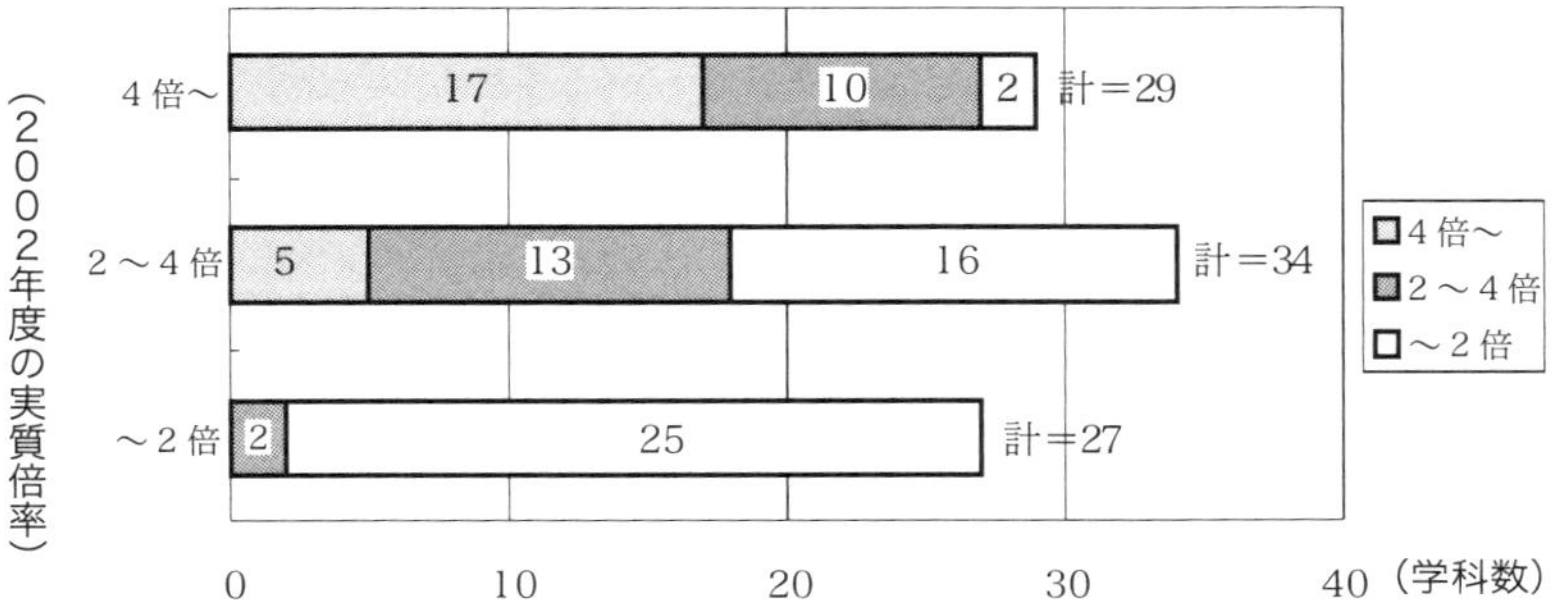

図Ⅲ-4　発足時と完成年次の実質倍率
（98年度発足の学科。私立大学のみ）

まる。ところが二年目、三年目、四年目と、年度を追うごとに「新構想学科」としての「賞味期限」が切れ、受験生数は減っていく。現在のように、毎年大量の新学部、新学科が作られている状況のなかでは、「新鮮度」は一年も持たない。数年経てば、他の「新構想学部・学科」の洪水のなかに埋没してしまう。

一九九八年度の場合を見ると、全国で九〇の新しい学科が私立大学に新設された（データの無い学科は除外してある）。そのうち、発足初年度の実質倍率が四倍以上という、まずまずのスタートを切った学科が二九学科（三二％）、これに対して、危険水準とされている二倍未満の実質倍率でスタートした学科が二七学科（三〇％）であった。それでは、いったいこれらの学科は、完成年次を迎えた二〇〇二年度には、どれだけの受験生を集められたのだろうか。

まず四倍以上という幸運なスタートを切った二九学科のうち、一七学科（六割）は依然として四倍以上の実質倍率を誇っている。これに対して、発足時二倍未満という低い倍率で出発した二七学科の場合、四年後の完成年次にいたっても、依然として二五学科（九割強）までが、同じく二倍未満という危険水域を漂っている。発足時の実質倍率が低くても、完成年次までに頑張って、二倍以上の実質倍率にまで引き上げることに成功した学科は、わずか二学科でしかない。

つまり、高倍率でスタートを切った学科は、その多くが完成年度においても、依然として多くの受験生を集めることに成功している。それに対して、低倍率でスタートを切った学科は、依然として受験生が集まらず、危険水域を漂っている。新設学科の将来は、あらかた創設初年度にどれだけの受験生を集められるかによって、決まっているかのように見える。この図を眺めていると、人間がいくら知恵を働かしたところで、運命はどこか人知の及ばないところで決まっているかのように見える。

しかし、「神の意思」を持ち出す前に、この新設学科の明暗を分ける背景を、具体的に検証してみる必要がある。いったい、安定的に受験生を集められる学科とは、どのような学科であろうか。**図Ⅲ-4**でいえば、発足時も完成年次も、ともに四倍以上の実質倍率を上げている一七学科である。その具体的な名称を上げれば、看護、福祉、臨床心理などの学科である。

ただ筆者は、これらの学科が見込みがあるから、それを作れといった類のことをいいたいのではない。これらの学科とても、卒業生が出る頃には、供給過剰にならないとも限らない。我々の課題は、こうした傾向の背後に何があるのか、それを読み解くことである。

カリキュラム改革の必要性

現在行われている学部改組・学科改組・カリキュラム改革は、既存の教員を活用しながらのパッチワーク改革にならざるを得ない。抜本的な改革はきわめて困難である。ここに青年層が求め、社会が求めるカリキュラムと、大学側が用意するカリキュラムとの食い違いが生まれる。果たして大学経営陣、教職員を含めて、既得権益を超えた改革が行えるか否かが鍵となる。

第二には、大学の学部・学科改組、カリキュラム改組を外側から枠付けているのは、教員の需給状況である。ある専攻の学部・学科を作りたいといっても、教員が集まらない限り、改組計画は成立しない。そこで経営陣からすれば、集めやすい教員（内部からであれ、外部からであれ）を集めて学部なり学科を作ることになる。しかし、いくら教員が集めやすいからといって、受験生の期待に添わない限り、いずれは受験生から見放される。おそらく大学教員市場で得やすい教員だけをターゲットにしている限り、社会の需要に応じ、受験生の期待に応じる学部・学科を組み立てることは困難であろう。

むしろ、社会的ニーズに合った学部・学科を設けるとしたら、通常の大学教員市場に登場してこない人材の活用を図る必要がある。もしこうした人材を活用するとすれば、フルタイム教員ではなく、パートタイム教員である。今後のカリキュラム改革に必要なのは、専任教員とパートタイム教員とを、いかに組み合わせるかという課題である。

さらに今後検討すべき問題は、カリキュラム内容ばかりでなく、そのカリキュラムをどのような形態で教えるかという学習のモードが問題となる。具体的にいえば、これまで大学といえば、四年間フルタイムの学習を前提にしてきたが、それに代わる、さまざまな学習スタイルが現に登場し始めている。労働と学習が互い違いにくるサンドウィッチ方式、学職連携方式、週末・夜間専攻コース、eラーニングなど遠隔教育との組み合わせ方式、さまざまな学習モードの開発がこれからの鍵である。

最近の大学進学者は、かつての大学進学者とは、大学入学までのキャリアが著しく異なってきている。OECDの統計によると、ヨーロッパ諸国では大学新入生のうち、二〇%までが二八歳以上の成人で占められているという。つまり大学に入ってくるまでに、さまざまな職業体験、社会体験を経験してきている。

こうした有職者もしくは社会人を対象とした大学は、ロケーションも都心型となる必要があるだろうし、なによりも、限られた時間内で、限られた経費内で、何か纏まった学習をするとなると、授業料は今以上に安価にする必要があろう。専任教員とパートタイム教員の組み合わせ、カリキュラム・デザイン、ローケーションの選択、単価の切り下げなどなど、これらをデザインする人材が新たに求められている。おそらく旧来型の大学経営者とは異なった人材が必要であろう。それは経営者というよりも、デザイナーと呼ぶべき人々であろう。

4　国境を越える教育サービス

外国籍大学の進出

今後の大学をめぐる環境変化のなかで、見逃すことができないことは、外国籍大学の進出である。この最近の動きについて、説明しておこう。現在、アジア地域では、米英豪などの英語圏の大学が、急速に進出してきている。つまり米英豪の大学がアジア地域に海外キャンパスを設置し、英語を教授用語として、本国で使用しているカリキュラムに従い、本国で使用しているのと同様の教科書を使い、本国から本校教員をアジア地域に派遣し、本国で行っているのと同水準の卒業試験を行い、本国が授与するのと同じ学位を授与する方式をとりつつある。つまりアジア地域の大学生からすれば、海外に留学することなく、自国にいながら、より安い経費で、英米豪の大学の提供する教育を受けることができ、それと同時に英米豪の学位を取得することができる。

大学は従来、国内に住む自国民の青年層を対象としてきた。大学生の圧倒的な部分は自国民であり、それに若干の留学生が加わる程度であった。しかしながら、近年、高等教育機関の市場は、WTO・GATSによる教育サービスの自由貿易の促進とともに、国境を越え、周辺国、場合によっては世界各地の学生にまで拡大し始めた。

たとえば、かねてから英語教育を輸出産品と目してきたオーストラリアの場合、オーストラリア国内の大学で学ぶ留学生数は、一三万人とすでに日本の留学生受け入れ数を超えている。しかし、それ以上に注目されるのは、約四万四千人（二〇〇四年度の統計）もの外国人学生が、オーストラリアの海外に設けられた「海外キャンパス」で学び、オーストラリアの大学教育（学位取得）を受けている事実である。こうした「海外キャンパス」は、あくまでもオーストラリアの大学教育（学位）である以上、オーストラリアの大学に求められる質保証基準を充たすとともに、進出先国での大学制度とも合致するように作られている。

以下では大森不二雄の研究（「国境を越える高等教育に見るグローバル化と国家」日本高等教育学会編『高等教育研究』第八集、二〇〇五年）と、苑復傑の研究（「中国における国際水準大学形成政策の構造と機能に関する研究」(科研費報告書、二〇〇五年)をもとに、最近の動向を紹介しておこう。

イギリス、オーストラリアの大学の海外進出を促している動機を、大森は要約して、⑴公的助成の抑制に起因する大学財政上の必要性というプッシュ要因、⑵進出先のアジア諸国での高等教育需要の拡大というプル要因の増加をあげている。

また大森はこうした傾向の背景として、⑴教育言語が英語であること、⑵先進国の大学としてのブランド・イメージ、⑶学位授与機関もしくは大学法人としての自律性が高いこと、をあげている。

現在、アメリカ、イギリス、オーストラリア三国が世界各地からひきつけている留学生数は、世界全体でかなりの数に上っている。

これらアメリカ留学、イギリス留学、オーストラリア留学のメリットは、⑴世界語となった英語による教育が受けられること、⑵英語で書かれた優れた教科書による世界標準の教育が受けられること、⑶受け入れ先国の人材、各国留学生間の人的ネットワークを形成する上で有利であること、などで、次第にその数は増加傾向にある。

これまで多くの若者が英米豪へ留学していたが、この英語圏留学には、生活費コストがかかる(ホスト国での生活費、授業料、渡航費など)。とくにホスト圏との間に大きな生活費水準格差がある場合には、それだけコスト高になった。ところが自宅から通うのならば、はるかに安い費用で済む。しかも手にいれることができるのは、英語の能力であり、英語圏の大学からの学位である。

マレーシアで導入されたトゥイニング・プログラム（Twining Programme）では、マレーシア国内の大学が、欧米豪などの英語圏の大学と連携を結び、その英語圏の大学が提供している教育内容の大部分を、自国にいながら修得できる仕組みを作り出した。つまり、マレーシアの学生は基礎課程を自国内で履修し、最後の一〜二年間の専門課程のみ、連携相手の大学に滞在することによって、相手大学の学位を取得できる仕組みとなっている。

この方式をとれば、欧米国での滞在期間を短縮することによって、より低い生活費コストで、留学した場合と同等の教育内容が修得でき、学位が取得できる。その意味で「部分留学制度」と呼ぶこともできる。「全期間留学制度」と比較して、約三〜四割のコストを節約することができるとされている。

また、最近のトゥイニング・プログラムの特徴は、その市場をさらに拡大させ、単にマレーシア人学生だけでなく、周辺のアジア諸国の大学生をも取り込み始めているという点にある。つまりこれらトゥイニング・プログラムは、近年中国大陸からの留学生を引きつけ、多くの中国人留学生が、マレーシアの大学の学位ではなく、マレーシア国内で行われているトゥイニング・プログラムによる欧米の大学の学位を目指して、マレーシアに留学してきている。この構造は、「教育サービスの提供者」は欧米豪の大学、「クライアント」はマレーシアと、周辺諸国を含んだ国の大学生、マレーシアは欧米豪の大学教育の提供場所の提供、つまり「テナント」、という関係になっている。

イギリスの大学のマレーシア進出――ノッティンガム大学マレーシア分校の事例

イギリスのノッティンガム大学がマレーシアに開設したマレーシア分校について、大森は次のように報告している。

このマレーシア分校は、二〇〇〇年九月から学生受け入れ開始した。二〇〇二年現在、学生数約四五〇名。マレーシア人が過半数。なかでも華人が多い。向こう五年間で二、〇〇〇名規模まで拡大させる予定とされている。

学科構成は、ビジネススクール、コンピュータ科学・情報技術学科、工学科である。これらの学科はノッティンガム大学の一部と位置づけられ、その学位は本校の学位と同等である。したがってこのマレーシア分校での教育内容も、イギリスの大学すべてを対象とする質保証機関であるＱＡＡ(Quality Assurance Agency of Higher Education)による教育評価の対象となる。各学科のカリキュラム・教材は、英国本校の当該学科と同様のものを使用し、必要に応じて補助教材を使用している。また学生の試験は、試験日が異なるため、同一問題とはいかないが、本校と同様の外部試験委員を委嘱している。

マレーシア分校の教員は、各学科長を含む指導的な教員は、英国本校からの派遣教員である。このほかに現地採用教員がいるが、その選考は、マレーシア校常駐の副学長と同校の学科長からなる選考委員会で人選している。英国本校の学科長は、必要時にはこの人事に介入できることとなっている。現地採用教員はマレーシア分校限りの採用である。マレーシアの法制では、学士課程を教える教員は最低修士号、修士課程を教える教員は博士号を持っていることが要件となっている。
授業料（年額）工学学士課程約一〇〇万円、経営学士課程約八〇万円、経営管理修士課程一四〇万円である。

ノッティンガム大学マレーシア分校の設置形態

一九九六年のマレーシア私立高等教育機関法の規定によって、外国大学のマレーシア分校は私立高等教育機関として認められている。会社法による会社として設置され、マレー系・華人系の営利企業二社（いずれも建設会社）との合弁企業として設立されている。ノッティンガム大学は二五％を出資（合弁会社の資本の過半数はマレーシア資本である必要がある）、残りを二営利企業が出資したという。

つまり、教学面ではノッティンガム大学の教学組織の一部であり、経営面は会社の取締役会の指揮監督を受けるという「二重国籍」的な設置形態となっている。質保証も、英国の質保証機関の認定評価を受けるとともに、マレーシアの質保証機関の評価を受けるというように、二重国籍的となっている。

QAAの質評価の対象となる理由として、大森は「イギリス本土と同等の質とスタンダードの維持することが、イギリスの高等教育の名声と競争力を保持する上で重要、海外プログラムであってもイギリスの学位を出す以上、その学位の質に責任を負うのはイギリスの大学である」、という基本的立場があるためとしている。

中国への外国籍大学の進出の事例

巨大な潜在市場を抱える中国は、二〇〇一年のWTO加盟を契機として、外国の大学に向けて高等教育市場を開放した。二〇〇三年には「中国と外国の合作による学校運営条例」が交付され、それとともに海外の大学の中国進出が開始された。苑の研究によると、四川大学では中国留学サービスセンターと英国スコットランド学歴管理委員会の委託を受けて、二〇〇三年から、海外に行かずに、比較的安い学費で、質の高い外国の高等教育機会を受講できる「英国高等教育学歴プロジェクト」を運営している。中国内で三年間の勉学によって、修了試験合格者は英国スコットランド学歴管理委員会から、大学在学二年の英国高等教育学歴証書が発行される（英国の大学は履修期間三年間）。そして、既定の条件を満たした者が英国本土で学士学位（第四年）、または修士学位（第五学年）の修学を選択することができる。

教育の質を保証するために、スコットランド学歴管理委員会は学期ごとに専門家を派遣して、学校の審査を行うことになっている。この英国高等教育学歴プロジェクトは、中国で商業、計算機、観光とホテル管理、物流、工程の五種類、三〇専攻を開設していると報告されている。

このほか、北京理工大学はアメリカのユタ州立大学と、情報技術と国際経済専攻の学士課程、カナダのアルバータ理科大学と情報技術と商業管理専攻の編入学学士課程を開設し、二〇〇四年に第

一期の入学生を迎えた。これらのプログラムの利点は、

(1)世界レベルの教育資源を利用できること、

(2)外国の大学の学位に相当する学位を取得できること、

(3)英語教材を使用し、バイリンガル教育を行うことによって、完全な英語による授業ができること、

(4)国内の費用で国際学位と証書を取得でき、留学費用を節約できる、

などがメリットとされている。

こうした外国籍大学の進出を、中国の大学関係者がどう見ているのか、これまで何回か尋ねる機会があった。複数の人からの回答は一致していた。中国の大学進学率はまだ一〇％台。大学に進学したい者はいくらでもいる。我々は外国籍大学の進出を大歓迎している。これが共通した回答であった。いずれこの波は日本にも及ぶ。いったい、日本はこうした動向に、どう対応するのであろうか。一八歳人口の減少を恐れる前に、こうした国境を越えた教育サービスの自由貿易の動きを恐れるべきであろう。これは日本にとっては「黒船の再来」ともいうべきであろう。

Ⅳ　具体的な改革項目——提言19

これまで国立大学はどう変わったのか、私立大学はどう変わったのか、筆者の体験をもとに書いてきた。そこで最後に、大学を再生させるための具体的な提言をしたい。

1　若くて優秀な血を大学に誘致する。そのためには、現在勤めている教員で人材誘致資金を拠出する。

現在大学・短大の教員は一七万人いる。年間の交代率が三％だとすると、毎年、五、〇〇〇名の新規の大学教員は必要となる。一生懸命やろうが、やるまいが、誰しも報酬は一律同額である限り、やる気のある優れた新人教員は確保できない。そこで現在勤務している教員は、全員一律に年俸の六％分を拠出する。この原資は、若くて意欲のある教員を大学に誘致するために使う。

大学に活気を取り戻すことは、大学教員全体の連帯責任である。現状のまま放置していたら、優秀な人材はますますこなくなる。大学教員全員が、そのことに危機意識をもつ必要がある。

そのための対応策は、自分たちの身銭を切って作り出す必要がある。報酬の多寡が問題なのではない。大学教師が求めるのは、社会的な認知であり、報酬は「貴方をこれだけ評価しますよ。だから頑張ってください」という意思を伝えるメッセージにすぎない。日本がＯＥＣＤ加盟国のなかでは、高等教育費の対ＧＤＰ比が最低であることは事実である。だからといって、政府が人材誘致資金を出すべきだなどと、他人任せのことを考えている限り、事態はよくならない。

たとえば、教員一、〇〇〇人の大学を仮定しよう。全員が報酬の六％を拠出すると、六〇名分の報酬が拠出される。また教員一、〇〇〇名の大学の新規採用数は毎年三〇名である。まず試みにこの新人教員を現在の一・五倍の報酬を条件に公募してみる。それでも求める人材が集まらない大学は、二倍の報酬で公募してみる。それでも人材が集まらない大学は、閉鎖を準備したほうがよい。

2　各科目ごとに、第三者機関である資格認定機関を立ち上げ、そこで共通教科書を作成し、発行し、共通問題を使った資格認定試験を実施する。

大学教育の目標は人材育成であり、能力開発である。学生が何を修得したのか、現在の単位制度では確認できない。個々の教員の単位認定権は廃止し、それに代わって学生はこの資格認定試験を受ける。たとえば、物理学、化学、日本史、法律学、経済学などの科目（実際にはもっと細い区分が必要であろう）ごとに資格認定機関を作り、共通の教科書を作成し、学生が修得すべき範囲と水準を定める。学生には合格・不合格ではなく、一〇〇点満点での得点を通知する。ただし全国一斉導入を期待するのは無理である。できる大学同士で協定して、工夫を積み重ねる必要がある。

何点以上を単位認定の基準とするかは、大学経営者が決める。なぜならばこれは純然たる大学経営上の問題だからである。うちの大学は単位認定が厳しいという特色を売るならば、八〇点以上でなければ単位を出さないと宣言すればよい。この場合には、多くの単位未修者がでるだろう。次学期には履修者が増え、追加教員と教室が必要となる。これは経営上の問題である。また厳しさを求めてくる受験生が増えるのか減るのかは、神のみぞ知る。神の声を聞くのは、大学経営者の責任である。

逆に二〇点でも単位を認める大学があってもいい。これを目当てに受験生が増えるか減るかも神のみぞ知る。神の声を聞くのは大学経営者の責任である。

3 教員はこの資格認定試験のコーチ役に撤すべきである。

教員の職務は、学生がこの資格試験で、よい点数がとれるよう、コーチすることである。そうなれば授業中におしゃべりする学生も、携帯でテレビをみている学生もいなくなる。いちいち出席をとる必要もなくなる。

また学生の獲得した得点が、その教員の評価になる。現行の人気投票まがいの授業評価よりも、このほうがはるかに客観性の高い教員評価が可能になる。

こうなれば、教えるべき内容も標準化され、統一化される。自分の講義は自分しかできない、画一化できるものではないという教員は、自分の授業は資格認定機関の基準外だということを、シラバスに明記しておけばよい。そのような個性的な講義を求める学生は、依然としている。科目等履修制度もあるのだから、他大学からの履修生も集まることだろう。大学には、文化的な多様性、価値的な多様性が必要である。それを窒息させたら、大学は自滅し、学問も自滅する。

4 学生は大学の授業を、この資格認定試験の準備学級だと思えばよい。

共通教科書ができ、共通の資格認定試験ができれば、学生には目指すべき目標がはっきり与えられる。偏差値的に不利な大学に入った学生にも、敗者復活のチャンスが出てくる。大学に入ることだけが目標ではなく、新たなゴールが与えられることになる。それを目指して勉強をすればよい。出席点を稼ぐために、出席を取り終えたら、さっと身を隠すような姑息な手段をとらなくてもいい。また企業もまた大学の入学偏差値だけでなく、こういう資格認定試験の結果を、大いに参考にすべきである。企業が抱いている大学不信感も、こういう第三者の資格認定制度が充実すれば、解消されることであろう。それだけ敗者復活のチャンスが増える。

5 大学評価に時間とエネルギーをかけるのなら、この資格認定試験の整備に割くべきである。

現行の大学の認証評価制度は、大学がどれだけ校地・校舎を持っているか、教員一人当たりの学生数はいくらか、そこの教員の研究水準がどの程度高いか、こういった外形評価であって、肝心の学生が何をどれだけ修得したかを証明していない。どれだけ建物が立派、教えている教員は一流と評価され、カリキュラムも整っていても、肝心な学生が遊んでいたのでは意味がない。学生が何を学び、どこまで到達できたか、それを証明してやる仕組みがない限り、学生も張り合いがない。

しかし二〇〇四年度から導入された認証評価制度はぜったいに必要である。これがなければ、卒業生が困る。卒業生が卒業証書を就職先に提出した時、その大学が正式の大学かどうか、確認しなければならない時代がくる。卒業証書を持っていても、それを発行した大学が正式の大学と証明できなければ、困るのは当の卒業生である。だからこの七年に一度の認証評価は、今いる経営者や教員や学生のためでなく、その大学からの卒業生の利益を保護するために必要である。

6 大学の教員は、あってもなきがごとき、「教える自由」などに幻想をもつべきでない。しかし型にはまった、外から押し付けられた、画一的な教育を好まない教師がいてもかまわない。結構これが売りになるだろう。

大学では長年「教育の自由」が通ってきた。何をどのように教えるのか、それを決定できるのは、教師の自由だという考え方である。しかしいまや学部教育は一八歳人口の六割近くが進学する「基礎教育」となった。個々の教師が勝手に教える内容を決めるのでは、社会に対する責任が果たせない。

共同して、同じ専門分野ごとに、最低限これだけは学生にマスターさせるという基準を設定し、それを一般社会に対して明示すべきである。これは社会に対する大学の責任である。

大学で経済学を学んだというのであれば、これだけの知識はあると、外部の人間にも分かる証明書を出す必要がある。同じ経済学でも近経とマル経があるというのであれば、近経用の資格認定試験、マル経用の資格認定試験に区分すればよい。マル経九〇点といった得点を稼いだ者を、採用してみようと思う企業経営者はいるだろう。少なくとも、どの程度の偏差値の大学に入学したものなのかといった、過去の実績よりも、大学で実際にどれだけ学んだかを証明するほうが、はるかに合理的である。

7 大学教員は自分の意思で勤務先大学を変えられる、数少ない特権を持っている。その特権を大いに利用して、大学を移動すべきである。

これからは学部改組、学科改組などごたごたしたことが起こる。場合によっては、自分の居所がなくなる教員も出てくる。その時、教師はこの特権を大いに活用し、勤務先大学を変えるべきである。ただ、そのためには日頃から実績をあげ、よそから来てくれといわれるようにしておかねばならない。自分がいなくなると後が困るといった心配はいっさいいらない。教師の代わりはいくらでもいると思っている大学経営者は多い。こうした心配は無用である。

変わりたいのはやまやまだが、拾ってくれる大学がないという教師は、大学を変わるのではなく、自分自身を変えるしかない。二〇歳代に習ったことで、一生涯職が確保される時代は去った。新たな学部改組、学科改組のなかで、自分にできることは何か、それを考えるべきである。それでも何もないというのなら、救ってくれる人はいない。改組反対をしているうちに、乗っている船が沈んでしまう。そのエネルギーは、再学習、自己改造、自己啓発に注いだほうが早い。

8 学生は「わかりやすい授業」を求めるべきではない。そのようなものは存在しないものと覚悟すべきである。

現在ではわかりやすいということは、「勉強しなくてもわかる授業」の意味になっている。そのようなものは存在しないことを認識する必要がある。共通教科書ができ、共通の資格認定試験ができれば、学生にとっては、ゴールがはっきりする。その教科書の中身がよくわかるようになるまで、教師にコーチしてもらうのがよい。

自分が大学に求めているのは、そのような画一的な知識ではない、もっと個性のある人間味のある授業を受けたい学生は、そういう教員を探せばよい。どこの大学でもそのような教員はいるはずである。また科目等聴講制度があるのだから、大いにその制度を利用して、他大学に聴講にでかければよい。さらにいまではさまざまな大学、機関が公開シンポジウム、公開研究会を開催している。自分の教養を深め、広める機会はいくらでもある。

9

学習する目標がよくわからないまま、大学へ進学してくる学生を受け入れている大学は、大学教員を養成している博士課程に対して、いまのような教員養成では役に立たないことをはっきり告げるべきである。中核教員の自前養成を目指すべきである。

一点没頭型の幅の狭い教師は、博士課程を持った母校の教師としては通用するかもしれないが、そのポストは限られている。多くの博士課程卒業者は、これまで経験したこともない若者を相手にしなければならない。現在のような博士課程で教育されてきた人間では、とうてい今の学生はこなしきれない。そのことを実際に体験するためには、院生時代に他大学でのインターンを経験する必要がある。大学とはいっても、さまざまな大学があることを、体験する必要がある。教育のスタイルは、自分の教師をモデルにすることが多い。しかしそれが万能ではないことを体験し、ほかの教育スタイルにも触れる必要がある。

博士課程を持つ大学院に対する発言力を強めるためには、博士課程を持たない大学同士で結束し、共通の声を上げるべきである。その声が伝わらないのであれば、そういう博士課程から卒業生を分けてもらう旧来の習慣をやめて、自前で中核教員を養成すべきである。

10

大学教員を養成している博士課程の担当教員は、院生に一生涯その専門分野だけで食っていける時代は去ったことを教えるべきである。

博士課程卒業生の職業的柔軟性を高める一番手っ取り早い方法は、その学問分野で次々に登場する理論的、技術的イノベイションに院生を晒すことである。そのためには教師自身がまずもって、そのイノベイションについていかなければならない。早々と諦めるのは、もっともよくない。もっともよい方法は、博士課程院生を、自分の手元に囲っておくのではなく、国の内外を問わず、巡礼させることである。学問とは知的好奇心に燃えた若者の巡礼から始まったことを思い出すべきである。博士課程の役割は、幅広い専門家を養成という、両立しにくい教育を行うことである。一番重要なことは、同じ専門分野で次々に起こる新しい展開に敏感に反応する人間を育成することである。

11

文科系の領域では、もっとITのスキルを日常的な教育場面、研究場面に活用する余地がある。その際鍵となるのは、博士課程を持ち、将来の大学教員を養成している大学の教員である。これらの教員がどれだけIT活用に積極的であるかによって、次世代の研究者達の構えが違ってくる。

ＩＴの潜在的な可能性は、文科系の学問領域ではまだ開拓し切れていない。デジタル技術を活用することによって、今までできなかった研究成果の公表が可能となり、それとともに研究結果の相互チェックが可能となった。文科系の研究で欠けている点は、専門家集団による研究結果の質的管理である。それぞれの分野で、時々刻々発表される研究成果が、どれだけ専門的吟味に耐えられるものかを検証することは、研究者集団に課せられた社会的責任である。それなしには、専門研究者に対する社会的信頼を勝ち取ることはできない。この点で重要な責任を負っているのは、将来の大学教員を養成している博士課程担当教員である。彼等が院生に対してモデルを示さない限り、デジタル情報の有効活用は進まない。博士課程担当教員は積極的にデジタル革命の成果を受け入れ、院生に教えなければならない。それができない教員は博士課程担当教員としては不適格である。

12　動く必要のない大学は動かない。危ない大学は、果敢に学部・学科の見直し、カリキュラム改定を行うこと。

ハーバード大学のロソフスキー文理学院長がいった言葉を思いおこせば、それ以外の言葉はいらない。「大学は、収支決算だけで動いてはならない。営利企業のように、市場の変化だけに対応してはいけない。それは大学にとってよくないだけでなく、大学が役に立ちたいと願っている社会にとって、もっともよくない」。ちなみにハーバードは二兆円の資産を持ち、それからの収益が年間学生一人当たり五〇〇万円に達する。そして授業料は三〇〇万円である。こういう大学は動く必要はない。

13　大学経営者は、大学とは金食い虫であることを自覚する必要がある。

もうこれ以上予算はいらないと教員が言い出した時は、大学の閉鎖が近いと覚悟すべきである。新しい予算が必要、新たな科目が必要、新しい教員が必要と、際限のない要求が出てくるのは、その大学がまだアカデミック・ヴァイタリティーを持っている証拠である。資産二兆円を持つ世界一金持ちのハーバード大学の元学長デレク・ボックでさえ、大学をいくら金をつぎ込んでも満足しない麻薬患者に喩え、見分不相応な贅沢品を欲しがる亡命先の王侯貴族に喩えたことを思い出すべきである。

14 大学経営者は資金調達に専念し、集金係であることに徹すべきである。

集金能力は、大学のなかに座っているだけでは高まらない。経営者は大学の外に積極的に出ていって、さまざまな機会を使い、その大学の存在をアピールし、その特色、成果を説明し、資金調達、寄付の可能性を探る必要がある。同時に、大学教育の内容充実につながる他の機関との連携の可能性を探り、教員に向かって提案すべきである。教員からの提案を受身で待っているような経営者に限って、教員からの提案に聞く耳を持たない。そのような経営者は不必要である。集金能力がないのであれば、なるべく早く経営者を辞めたほうがよい。

15 大学経営者は、学長候補者に対して、任期期間内に何を達成するのか、具体的な目標を提示し、成功報酬とペナルティーを契約によって結ぶべきである。

学長候補者となった者は、大学に向って具体的に定員充足率をどこまで引き上げるのか、現在いる教職員の何人を解雇したいのか、人件費比率をどこまで下げるのか、現在ある借金をどこまで返済するのか、現在の利払い額をどこまで削減するのか、入学者の偏差値をどこまで引き上げるのか、就職率をどこまで引き上げるのかなど、具体的な目標を明示することを求めるべきである。そして目標を達成した時の成功報酬、失敗して時のペナルティーを明確にし、契約を結ぶべきである。よもや「私のようなものにお声をかけてくださり、光栄至極です。私のようなものでもお役に立つなら、及ばずながら老骨に鞭打って、お引き受けさせていただきます」などといった無責任な引き受け方をすべきではない。学長になって金庫の中を見たら、借用証書しかなかったといったことは、避けるべきである。

16　研究費を必要とする教員は、学生の収めた授業料から取り立てるのではなく、外部から資金を調達すべきである。

もともと国立大学には講座研究費が自動的に割り当てられてきた。これは私立大学も同じことで、教員には一律平等に一定額の研究費が配分されている。活発に研究活動を行っていても、そうでなくても、一律同額が配分される。しかし、大学の教員同士、誰が活発な研究活動をしているか、そうでないか、お互いに知っている。それが悪平等の最たるものであることを多くの人が知りながら、根本的な改革を避けてきた。

そこで最近では、こうした均等配分部分（基盤的教育研究経費）は少なくなり、そのかわり科研費のような競争的資金の予算額が拡大した。これは実に結構なことである。これを獲得するためには、研究計画を練り、申請書を書き、同僚審査委員の評価をパスしなければならない。

科研費の審査がおかしいという人がいる。だがそういうのは、多くの場合、申請が認められなかった人が多い。これはどう考えても身勝手な言い分である。専門分野での評価は、その同じ専門分野以外の人に頼むことはできない。それなりの経験を持った人が審査委員に出ている。制度そのものの批判をするのではなく、次の機会を目指して頑張るべきである。

17 大学職員は自分の職務にプライドを持つべきである。

大学職員はそれぞれ教務、入試、経理、施設、管財、就職など専門を持っている。自分の職務に自信とプライドを持つべきである。欧米では大学職員といえども博士号を持っている。これからの時代には、大学職員も博士号ぐらい必要だという論がある。たしかに持っていれば、それに越したことはない。しかし誤解のないように断っておくならば、アメリカの大学アドミニストレイターは、もともとは教員だった人で、だから博士号を持っている。ヨーロッパの大学アドミニストレイターは国家公務員で、事務局長クラスには法学博士号が求められる。要するに、彼等はもともとそういうキャリア・パスをたどってきているから、学位を持っている。肩書きだけ持っていればよいといった時代ではない。

18　経営者も教員も、国際的な大学間競争に晒されていることを自覚する必要がある。

もうすでに、ドアの前まで外国籍大学が進出してきている。やがて米英豪などの英語圏の大学が日本に進出し、本国から教員を派遣し、本国で使っている教科書を使い、英語で授業を行い、米英豪の学位を出すような時代が来ようとしている。これは一八歳人口減などよりも、はるかに大きなインパクトである。その時大学経営者は、教職員は解雇し、校地・校舎を外国籍大学に貸し、その席料だけで生き残る戦略を選ぶ公算は大きい。こうした国境を越えた競争が、教育サービスにまで及ぶことに対して、教職員はどう対応するのだろうか。むしろ旗を立てるのでは、消費者の反感を買い、信用を失うだけだろう。そういう時代を生き残る算段を今から考えておくべきである

19　大学は学問の継承を目指すべきか、それとも職業教育に徹すべきか、といった問題の立て方は無意味。

「大学」といった抽象的なものがあるのではなく、存在するのは個別の大学である。それぞれの大学には、その大学なりのポジショニングがある。そのポジショニングに応じた目標設定が必要である。学生に何を伝えたらよいのか、何を教えたら意味があるのか、それは具体的な学生を前にして明らかになる。

増補III

第三者機関による学力検定

ここ数年来、「認証評価制度」に対する不満を繰り返し聞かされてきました。これを受けるために、「途方もない時間と人員をとられた」。こういう苦情を何回も繰り返し聞かされてきました。あれだけのデータを集め、多数の項目を埋めるとなると、かなりの人員とエネルギーがかかることは容易に想像がつきます。多くの関係者は、「いったいこんなものを作らせて、どういう意味があるのだろうか」とこぼしておりました。

七年に一度の認証評価制度が導入されてから、大学は多忙となったといわれます。しかし認証評価とはあくまでも、その大学が最低基準を満たしているか否かを外形基準から評価しただけのものでしかありません。つまり、学生数に見合った教員が規定通り配当されているかどうか、校舎の面積は学生数に見合った広さを持っているかどうか、意志決定のプロセスが明記されているかどうかといった、いうなれば大学の外形を評価しているだけです。

そこで私は本書の二七〇頁（項目2）では、評価すべきは、大学の外形ではなく、直接個々の学生の学習到達度を測定すべきだと提案しました。そしてそのためには第三者機関による学生の学習成果の評価が必要だと指摘しました。最近では「アウトカム・アセスメント」という言葉が頻繁に利用されるようになり、「ジェネリック・スキル」といったカタカナ用語が頻出するようになりました。アウトカム・アセスメントもジェネリック・スキルのその具体像はまだ見えていませんが、要するに大学がどれだけ外形基準を満たしているかではなく、最終的に学生が何を学習したか、その成果を見ようという試みという点では共通しているのでしょう。

大学にとって肝心なのは、外形を整えることではなく、学生がどれだけ学習したかであることは、ことさらいうまでもありません。たとえば教員一人当たりの学生数がじゅうぶんに基準を満たしていても、もしかして学生は授業中携帯電話で遊んでいるかもしれません。居眠りをしているかもしれません。これは現行の認証評価制度という外形評価では及べない領域です。

さらに最近では、教師の教える時間を正確に確保する方向を向いているようです。一学期の授業回数は何回にすべきか、一回の授業時間は何分なのか、そのなかに試験時間を含めるか含めないか、要するに物理的な時間を規制する方向に向いているようです。

しかし肝心なことは、教師の教える物理時間ではなく、学生自身による学習成果です。たとえすべての学生にストップ・ウォッチを持たせて、学習時間を記録させても、学生の学習の実態は把握できるとは思えません。学生全員にアイカメラをかぶらせ、どれだけ教科書に視線を当てているかを測定しようとも無意味でしょう。そういう種類の努力は、まさに初期の自動車工場が従業員がきちんと働いているのかを監視するために導入したグロテスクな動作監視システムになりかねかません。人間の知的活動は物理時間ではなく、しばしば予期せざる認識の飛躍から引き起こされるということはよく知られたことです。

そこで本書では第三者機関による、学生の学習達成度テストを提案しました。そしてその前提として、標準カリキュラムの作成、標準教科書の作成を提案しました。この提案に対しては、刊行後、さまざまな批判が寄せられました。第一に大学は高校までの学校とは異なり、それぞれの教師が自分の学識と経験に基づく個性的な教育を行う場である、だから、標準カリキュラム、標準教科書などとは無縁の世界である、そのような策は個性的な教育を大学から駆逐する破壊的な提案である、これらが批判の例でした。さらにそれは大学を「学校化」し、「職業資格機関」に貶める構想だという批判もありました。

まずはこの批判に答えておく必要があるでしょう。第一に我々が前提にしなければならないのは、今や同一年齢層の五〇％以上が大学に進学する時代になったという現実です。こういう時代の学部段階の教育は、それぞれの専門領域の基礎・基本を教える段階と考える必要があるでしょう。現状では〇〇学を履修したといっても、具体的にどのような内容をどこまで学習したかは、確認しようがありません。多くの場合、教師が思い思いに基礎・基本を定義し、それを教え、自分の作った基準で単位をやるかどうかを決定しているからです。標準カリキュラム、標準教科書がない以上、判定すべき基準がありません。

大学人はよく、企業が採用試験の時、大学時代の成績をまったく考慮しないと不平を漏らします。

しかし企業の人事担当者から見れば、大学の成績ほど信頼できないものはないといいます。大学にもよりますが、ほとんどの場合AかBが並んでいます。つまり現在の大学には成績インフレーションが起きています。

しかもこの傾向は日本だけのことではないようです。川嶋太津夫氏の報告によるとによると、アメリカの七二二大学の約三八万名の一年生と四年生を調査したところ、約二割の学生は、課題として提出された文献をまったく読まず授業に出ても、成績がAであったと報告しています（元資料は二〇〇八年の「全米学生の授業参加についての調査（National survey student engagement）」）。

これと同様な報告が、二〇一二年七月二三日、大学評価・学位授与機構が主催した「大学評価フォーラム」で、アメリカのリチャード・デミーロ教授（ジョージア工科大学特別教授）から紹介されました。現在のアメリカでは、ほとんど教員がAかBをつけ、CやDをつける教員はいないといいます。一九四〇年当時の成績分布は、Aは一五％、Bが三四％、Cが三五％でしたが、二〇〇八年度になると、Aが四四％、Bが三五％、Cが一五％となったとのことです。つまりそれだけAが乱発されるようになったことになります。

問題はその理由です。あまり学生を厳しく成績を評価すると、授業評価で学生側から仕返しを受けるためです。だから雇用主側は就職時に、こうした形式だけの成績は見ようとはしないそうです。むしろ企業が見るのは、いったん仮採用して、その間の働きぶりを見た上で、採否を決める方式とのことです。大学時代の成績よりも、この方がはるかに信頼できると雇用主は見ていると教授は報告いたしました。

しかしこうした傾向は、最近始まったのではありません。この傾向は早くも、二〇〇〇年、つまりいまから一〇年以上以前に刊行された *Generation X Goes to College*（邦訳『恐るべきお子さま大学生たち――崩壊するアメリカの大学』）に活写されていました。教室には「野球帽を反対にかぶり、教室の最後列に陣をとり、さあ何か面白いことをやってみな」と構えている学生達の数が増えだした時代のことです。授業中に携帯テレビを眺めている学生を注意しても、「まあ。この前見た番組だから」といってスイッチを消す学生。友達とのメール交換に熱中している学生。授業中、おしゃべりをしている学生を注意したところ、なぜおしゃべりの邪魔をするのだと、逆に教師をにらみ付ける学生。ほとんど勉強しない学生にも、単位が出されている現状を憂慮した教師達が、SOS（save our standard）という運動を立ち上げました。教師相互で協力して単位認定をもっと厳格にしようというのです。このままの状態を続けていたら、大学全体の評価が落ちる、そこで同じ危機感を感じた教師達と一緒に運動SOSを立ち上げました。

この本で興味を引いたのは、こうした改革派教員と学部長との対立でした。学部長はまず心配します。あまり成績評価を厳しくすると単位がとれず、卒業できない学生が多くなります。そうなると、〇〇大学はなかなか単位をくれない大学、卒業させてくれない大学という風評が流れだします。学部長が心配したのは、こうした風評でした。いったんこういう風評が流れだすと、次年度には受験生が減ります。これは大学の経営にかかわる問題です。学部長は、ちゃんと授業料を払ったのだから卒業させて当然とする学生と、単位認定を厳しくしようとする改革派教員との狭間に立たされて右往左往します。学部長はけっして大学の経営陣ではなく、単なる中間管理職にすぎませんが、自分の学部の評判が落ちれば、自分の首も危うくなります。当時筆者自身そういう立場に立たされていましたので、学部長の心中がよく分かりました。

アメリカではこういう成績評価をめぐる暗闘が、各地で繰り返されていたのでしょう。厳しい成績評価を目指す教員と、あまり進級率、卒業率が低くなると、経営に悪影響が及ぶと恐れる経営陣との暗闘が、各地の大衆化した大学で交わされているのでしょう。

ただしこれはアメリカの大学に限った話ではありません。日本ではすでに高校段階から、成績インフレが始まっています。その良い例が東野圭吾の描いた『容疑者χの献身』(文藝春秋、二〇〇八年)です。若干その内容を紹介しますと、こうなります。

主人公は数学では天才肌の人物。大学院を修了して地方の大学に就職したものの、そこで目撃したのは、学内の勢力争いに明け暮れする大学教師達の姿。何も研究していない。それに絶望して大学を辞め、都会の高校の数学教師になります。ところがその高校でも、彼は絶望的な毎日を送っています。

微積分を教えても生徒はついてきません。「微積分なんて何の役に立つのか」と、逆につっ込んできます。期末試験に合格できる生徒はごくわずか。最後は補講をし、追試をし、万策尽くすが、大部分は合格ラインには達する見込みはありません。ところが教頭は、あまり試験問題を難しくすると、落第する者が増えるのであまり難しい問題は出さないよう釘を刺してきます。

教頭はこういいます。「こういう言い方はしたくないんだけど、はっきりいって形だけのことだから。赤点のままで進級させるわけにはいかないでしょう。先生だって、もうこんな面倒なことはしたくないでしょう。だから再追試のほうは、全員ずばっと合格できるように、まあよろしく頼みますよ」。

「微積分なんて一体何の役に立つんだよ」と教師に向かってくる生徒、簡単な試験で形式的にせよ、合格点を与えて無事にことを収めようとする教頭。こうした現実に教師は疑問を抱きます。「こんなところで自分は何をしているのだろう。数学の本質とは無関係な、単なる点数を稼がせるための試験を受けさせている。その採点をすることも、それによって合否を決めることにも、何の意味もない。こんなもの数学ではない。もちろん教育でもない」と、心で呟きます。

そこで試験の最中にこの数学教員は立ち上がって深呼吸をひとつして、「全員、問題を解くのはそこまででいい。残りの時間は、答案用紙の裏に、今の自分の考えを書くように」。とたんに生徒たちの顔に戸惑いの色が浮かびます。教室がざわつき、「自分の考えって何だよ」という呟きが聞こえてきます。「数学に対する自分の気持ちだ。数学に関することなら何を書いてもいい」。さらに教員はこうも付け加えました。「その内容も採点の対象とする」。途端に生徒の顔がぱっと明るくなります。「点数くれるの？　何点？」。これが生徒の質問です。「それは出来次第だ。問題のほうがお手上げなら、そっちでがんばるんだな」。そういって数学教師は椅子に座りなおし、これで全員合格できる、と胸を撫で下ろします。白紙答案では点の与えようがありませんが、何か書いてくれれば適当な点数をつけられます。教頭が何かいうかもしれませんが、不合格者を出さないという方針には同調してくれるはずです。

これが東野圭吾の『容疑者χの献身』のあらましですが、これは高校だけの話ではないことは、皆さんお察しのことでしょう。大学がすでにそうなっているのです（念のためそうでない大学もあることを断っておきます）。大学でも教師たちは、成績のつけようのない答案に毎学期に出会っています。とうてい授業を聞いているとは思えない答案が次々に登場してきます。普通なら不合格にすべきですが、どうせ最後は親子ともども大学に乗り込んできて、どうにかしてくれと泣きつくに決まっています。大学はサービス業で、四年間も高い授業料を支払ったのだから、落第させて当人の経歴に傷をつけるようなことは避けるべきである、これが世間の常識となっています。

結局のところ教師は最後には目をつぶるようにして単位を出します。こうして現代の高校・大学は成り立っていることになります。

いったい問題のポイントはどこにあるのでしょうか。それは要するに、個々の教員が個々ばらばらに、自分の立てた基準をもとに成績評価をしているからです。つまり単位を与えるか与えないかは、教師の最後の特権で、それが教師の権威を保つ小道具となっているからです。しかし、そのような特権はとうの昔に姿を消しました。そこで私は提案しました。この際、実質的な効果のなくなった単位認定権を放棄したらどうだろうか。教師は成績評価を、外部の第三者機関に委ねたらどうだろうか。そして自らをこの第三者機関が実施するテストの予備校教師になったらどうだろうか。

数年前のことですが、中央教育審議会は「成績評価の厳格化」を答申したことがありました。この中央教育審議会の答申を受けて、ある大学でこういう光景が展開されました。学長が全教員を集めて、これからは成績評価を厳格化するように申し渡しました。教師の側から、さっそく質問が起きました。教師からすれば成績評価を厳しくすることは、いくらでもできる。その代わりクラスの半分が単位がとれない結果となるかもしれない。ただでさえ大教室での多人数教育に頭を痛めているのに、その上、単位を落とした再履修の学生まで加われば、マンモス教室はますますマンモス化してしまう。それよりもあの大学は入学してもなかなか単位がとれない、卒業できないという評判が立てば、次の年度の受験者数に影響することだろう。経営陣は普段から大学経営が厳しいと嘆いているが、それだけの覚悟ができているのか。これが教員側の発した問いでした。学長が立ち往生したことはいうまでもありません。

世間に広く流通している「大学叩き」のステレオタイプには、こういうのがあります。「学生は勉強したがらず、教師はサボろうとする。こうして教師・学生の利害が一致し、大学教育の質の低下を招いている」。このステレオタイプは一見もっともらしいため、かなりの人々がそう思っています。

もう一度繰り返しますが、教師の立場からすれば成績評価を厳しくすることは簡単です。とうてい単位などやれないような答案を、ふだんから多数見ています。しかし「成績評価の厳格化」を実行すれば、どういうことが起こるのか、それを教師は毎年のようにたっぷり経験しています。まずは眼を怒らして、「なぜ不合格にしたのか、この程度の成績で合格している仲間はいくらでもいるのに不公平だ」と、怒気あらわに抗議にくる学生がでてきます。学生もなかなか引きとりません。長時間にわたって教師を脅し続けます。

さらに卒業間際になると、親子同伴（さらには祖父母同伴）の研究室訪問が頻繁に起こります。言い出す台詞は決まっています。「せっかく就職が決まったのに、先生の単位一つで卒業できず、決まった就職もふいになってしまうのです。どうか単位をくれませんか？」

私の同僚教員の場合は、こういうことがありました。前に座り込んだ親子に向かって「いくらなんでも、この出席日数、答案ではとうてい単位はだせません」というと、親の方が「これはあかん。次のところにいこう」と挨拶もせず、席を立って隣の教員の研究室に向かったということです。

要するに親子からすれば、四年間かけて多額の授業料を納めたのだから、卒業証書くらい出せ、履歴に傷がつくようなことはするな、という感覚なのでしょう。まさに高校・大学はサービス機関となり、高卒・大学卒という肩書は、学習の結果ではなく、高い授業料を納めた見返りとして授与されるものとなりました。まさにこれこそ学位の販売所ではないでしょうか。もっとも学位の販売は歴史が古く、中世に大学が登場した、その瞬間から始まっていました。それを書き出すと長くなりますので繰り返しません。拙著『転換期を読み解く』（東信堂、二〇〇九年、二一七頁参照）に譲ります。

結論からいえば、大学教師の単位認定権はすでに実態を失っています。こうなった以上、実態のない権限にいつまでもしがみつく必要はありません。単位認定は第三者機関の評価に委ねるべきでしょう。第三者機関が○○学なる分野をどこまで学ぶべきか定義すれば、それが学生の学習目標になります。今の学生にとって最大の不幸は、大学に入ってしまうと、途端に学習すべき目標がなくなってしまうという点です。第三者機関の資格認定制度ができれば、授業の際、出席をとり終わると、さっと教室の背後のドアから脱出する学生を見張る必要はありません。私語を交わしている学生に注意する必要もありません。授業評価などという教師の人気投票もやる必要もありません。何人の学生を第三者機関のテストに合格させたかで、教師の指導力はおのずと評価されることになります。

ただしこの提案は、大学教師の不評をおおいに買いました。さまざまな批判が届きました。それらは一様に主張していました。大学の教師は、自分とは無関係な外部機関が勝手に作った教科書の下請け講師ではない、自分の講義は自分が長年工夫して練り上げた講義で、赤の他人が作った講義内容に替えられない、教師をティーチング・マシーンとみるのは教育の否定である、などなどです。

こういう批判を寄せられた方々は、もう少し丁寧に筆者の提案を見て頂きたいと思いました。そういう批判があることはじゅうぶん事前に分かっていました。だからそういう場合には、私の講義は○○なる外部機関の基準とは無関係であることを、シラバスに明記すれば済みます。またそういう型破りな個性的な講義を望む学生は必ずいるはずです。そういう教師、講義は大学にとっては欠かせないとも記しておきました（二七二頁、項目3）。改めて断るまでもなく、大学や学問の生命は多様性です。画一化された講義ばかりになったら、大学はさぞかし退屈な場になることでしょう。

しかしこれだけ大学進学率が上昇すれば、むしろ外部機関の定める標準教科書・標準資格を採用したほうが、学生の動機を高めることになるでしょう。ブランド大学に入学できなかった学生も、この資格試験で挽回を図る途が開けてくることでしょう。めでたくブランド大学に入った学生も、それで安心してしまうことはできなくなるでしょう。まさに〇〇学をどの水準まで学習したのか、証明してくれる外部機関ができるのですから、雇用主側にとっても、当てにならない個々の教師の成績よりも、第三者機関の行った評価の方を信用することでしょう。

ただ気がかりなのは、果たして標準カリキュラム、標準テストを作ることができるかという疑問です。同じ「経済学」、「政治学」といってもいろいろな分野があります。統一した基準など作れないという批判が多く寄せられました。そのたびに筆者は反論してきました。「話は学部段階のことで、大学院の話ではない。同一年齢の五〇％以上が大学に進学する時代には、個々の大学、個々の教員がばらばらに内容を設定し、ばらばらな基準で単位を発行する時代は終わった。共通教科書（複数あってよい）、共通カリキュラムを立て、お互いに相談して共通のテストを作り、それを基準にして単位認定をすれば済むではないか」。

現にこうした共通教科書、共通テストは部分的に試行されています。同じ構想を抱く経済学の教員が、ＮＰＯを作り、内容を工夫し、経済学の検定試験を始めています。そのテストはふだんの講義の成績評価にも使っているとのことです。京都大学の西村和雄教授の立ち上げた「ＮＰＯ日本経済学教育協会」が、その一例です。このＮＰＯの目標は、こう書かれています。

「経済学はきわめて専門性の高い学問で、そして、現実の経済政策にも使われています。しかし、経済学を学ぶ者にとって、学習した成果を測る目安がこれまでありませんでした。国家試験や資格試験は、合格するかしないかの判断だけであり、不合格であれば、得るものも少なく終わります。「ERE」「EREミクロ・マクロ」は、在籍する大学や学部によらず、また大学生であるか社会人であるかによらず、誰でも受けられ、自分の勉強の習熟度が測れる試験です」。

ちなみに文中のEREとはEconomic Record Examinationの略語です。このようにすでに部分的ではありますが、学生の専門知識を第三者の立場から共同で判定・検定する試みが始まっています。ちなみにこの検定試験を利用する大学・企業・地方公共団体は、かなりの数に達していると報告されています。参加大学、利用している企業名は、このNPOのホームページに載せられていますから、関心のある方はぜひ参考して頂きたく思います（http://www.ere.or.jp/）。

現在日本の大学にいくつの名称の学部があるのか、数え上げることには、相当の根気が必要です。そのなかにあって経済学部は、工学部と並んでもっとも学生数の多い学部です（全大学生二五七万人中、経済学部、工学部ともそれぞれ約二三万人。このほか経営経済学部、国際経済学部など経済という用語を含んだ学部まで含めれば、さらに増加する）。

それでいて、授業への出席率がもっとも低いのが経済学部なのです（全体では四一％がすべての授業に出席しているが、経済学部を含めた社会科学系は三一％、週当たりの通学率もまた平均の五二％に対して四三％という学習参加率がもっとも低い学部です（ベネッセ教育開発センター「大学生の生活と意識」

二〇一一年実施)。

つまり社会的な有用度が高いにもかかわらず、学生にとっては学習目標を立てにくい学部となっています。EREはこうした「すきま」を埋めるために「だれでも参加でき、自分の経済学修得の程度を確認してくれるテスト」として、次第に広がり始めています。

ただこの経済学の事例を、歴史学、国文学の分野の人々に紹介した時、歴史学、国文学で同じことをやろうとすると、テレビのクイズ番組と同じになってしまう、わざわざ学会がクイズ番組を作るまでない、とうてい受け入れられる話ではない、ということになりました。たしかにそうなる危険性は高いことは明らかです。歴史学、国文学では個々の知識ではなく、それを基礎とした総合的な構想力、判断力、他人の思いつかない新たな局面を発見し、言葉として表現する能力が求められるのでしょう。

「それならば、スピーチ・コンテストや懸賞論文募集は考えられませんか。あるテーマについて、その人独自の角度から分析した結果をじゅうぶんに書き込んでもらう。そうなればクイズ番組とは異なった歴史学、国文学の能力がテストできるのではないですか。だいたい先生方が普段からそういう自己学習をしているのではないですか。雇用主のなかには、そういう実績に注目する雇用主もいるのではないでしょうか」。

たしかに歴史学のテストに対する批判は、古くからあります。それはなぜ歴史を学ぶのかという本質論からきています。とくにテレビが普及し、クイズ問題が多くなるにしたがって、「断片的歴史知識」と「歴史学が目指すもの」とはどこが違うのかをめぐって、さまざまな議論が繰り返されてきました。現在でも受験科目としての「世界史」は、記憶すべき事件名、年代、人物名、事件背景など、覚えなければならない項目が多いため、敬遠されています。かなりの高校が必修科目である「世界史」を表面上は時間割に組みながら、実際は別の受験科目の準備に当てていることが発覚、社会問題化したこともありました（二〇〇六年）。

しかし重要事件、年代、人物、事件背景などを、他人に向かって即座に説明できるか否かは、その人間の「教養」の程度を示す重要な指標になります。大学卒業者にとって、最低限の歴史知識を定義しておくことは、不可欠ではないでしょうか。国文学も下位分野が広く、事情は似ています。しかしある文学作品の主人公の心理について、その人なりの評価なり、対話を交わせることは、大学卒業者として最低必要とされる要件ではないでしょうか。とくに日本人以外の人から、ある作品の評価を求められた時、どれだけ印象深い対応ができるかで、その人の評価が決まります。もともと歴史的事件をとっても、その中心人物についての評価は、分かれるのが普通です。正解正答のない世界です。そういうテーマで求められるのは、会話の相手がどれだけ個性的な反応を出せるかです。こうした思考力を鍛えるとすれば、スピーチ・コンテストや懸賞論文ではないでしょうか。

このようにさまざまな専門分野の人々と議論する機会がありましたが、ただ一つ気になったのは、日本では何事も一斉に横並びにならなければ始まらないという点でした。大学で教えられている専門領域すべて（いったいいくつになるのだろうか？）に標準教科書、標準テストが揃うまで待っていたら、永久にできないことでしょう。まずできるところから始め、それをモデルとして少しずつ工夫を凝らし、他の分野に広げてゆくというプラグマティズムなアプローチがなぜとれないだろうか、自問自答しました。政府にできることは、こうした先発プロジェクトに離陸用の支援をすることだと思います。

繰り返しになりますが、現在の大学生にはこうした具体的な学習目標が欠かせません。そのもっとも良い例は現在の高校が陥っている状況です。いまでは中卒者のほぼ一〇〇％が進学する高校では、生徒は受験に関係しない科目は勉強しません。受験と無関係の科目になると、大部分の生徒は机にへばりついて寝ています。こうした生徒の姿を現場の高校教員は、「机に張り付いた軟体動物」と描写しています（喜入克『高校が崩壊する』草思社、一九九九年）。なぜ授業中眠るのか。それにはちゃんとした理由があります。授業に出なければ欠席扱いになってしまいます。教室に出ている限り、寝ていようが、携帯で遊んでいようが、授業に出ていたというアリバイになります。だから私語を交わすよりも、寝ている方が、先生思いなのだと高校生はいいます。

さらにそれ以上に、高校ばかりでなく、大学にも悪影響を与えたのは、大学入試が易しくなったことです。現在では学力検査を経ずに大学に入学する者が、四割以上になりました。つまりＡＯ入試、推薦入試などの「非学力検査」を経て大学に入学する者のことです。大学入試で五教科七科目の学力検査を受けるのは、大学受験者六〇万人中一三万人になったといいます（佐々木隆生『大学入

試の終焉』北海道大学出版会、二〇一二年)。

これまで高校生をまがりなりにも机の前に座らせ、教科書を開かせてきたのは、ひとえに大学入試に学力検査があったからです。ところが今ではその学力検査も大学進学のための絶対の基準ではなくなってしまいました。学力検査を回避しながら、大学に進学する道が広くなりました。つまり現在の高校生の大部分にとっては、学習に向けてのモティベーションを維持する目標がなくなってしまったのです。

もともと日本の学校では、「落第させて、当人の履歴に傷をつけること」を極端に避ける傾向がありました。だから不本意ながら、「赤点」をつけず、ゲタを履かせて卒業させる、これは長年続いてきた風土です。しかしこういう状態が続く限り、生徒・学生には目標点が見えてきません。いくら学んでも、サボっていた者も、同じ〇〇大学卒業という資格を貰える、そうなれば学習したところでメリットにはならず、低い方に流れることになるでしょう。こうして日本全体の学力水準が低下することになります。ぜひとも分野別の資格検定制度の必要性を考えてみてください。たいへん評判の悪い案でしたが、誰か考えてくれる人がいるだろうと期待を込めながら、繰り返しておきたく思います。

多くの方がご存知だと思いますが、二〇〇八年に文科省は日本学術会議に「大学教育の分野別質保証のための教育課程編成上の参照基準」を作成する旨、諮問を行いました。これまでに(二〇一三年一月末)法学、言語・文学、経営学などの分野では、専門分野ごとに「参照基準」が作られ公表されています。それ以前に工学の分野では日本技術者教育認定機構（ＪＡＢＥＥ:Japan Accreditation Board for Engineering Education、設立一九九九年）が、工学分野の基準を作成し公表しています。こうした動きが進化して行けば、各専門分野ごとに基本的な教育内容が定義され、それを基準とする教科書が編集され、それをもととする共通テストが作成されてゆくことが期待されます。

教科書も共通テストも一種類に限定する必要はありませんし、むしろ複数あった方が、相互の内容向上のためには有効だと思います。大学の外形だけを評価する現在の認証評価制度でなく、こうした「学生が実際に何を学んだか、何を身に着けたか」を評価する仕組みができれば、学生は具体的な学習目標を持って学生生活を送ることができます。学生に具体的な目標も与えないまま、今の大学生は遊んでいるだけだと批判する時代は、できるだけ早く克服する必要があります。こうした動きが少しでも進んでゆくことを期待いたしております。

〔マ行〕

〔ヤ行〕

〔ラ行〕

〔ナ行〕

〔ハ行〕

〔タ行〕

〔サ行〕

索　引

〔ア行〕

著者紹介

潮木　守一（うしおぎ　もりかず）

桜美林大学大学院大学アドミニストレーション研究科招聘教授。
1934年神奈川県横須賀市生まれ、1957年東京大学教育学部教育学科卒業、1957年東京大学助手、東京学芸大学専任講師、名古屋大学教育学部助教授、同教授、同学部長、名古屋大学大学院国際開発研究科教授、名古屋大学付属図書館長など経て、現職にいたる。
この間、文部省中央教育審議会専門委員、経済企画庁国民生活審議会委員、文部省大学設置審議会専門委員、大学基準協会基準委員、文部省大学審議会特別委員、ユネスコ国内委員会委員、日本学術会議会員、国際協力事業団ベトナム初等教育整備計画国内支援委員会委員長などを歴任。

主要著書

『キャンパスの生態誌』（中公新書、1986年、現在は中公新書e版）、『ドイツの大学――文化史的考察』（講談社学術文庫、1992年）、『アメリカの大学』（講談社学術文庫、1993年）、『ドイツ近代科学を支えた官僚――影の文部大臣アルトホーフ』（中公新書、1993年、現在は中公新書e版）、『京都帝国大学の挑戦』（講談社学術文庫、1997年）、『世界の大学危機』（中公新書、2005年）、『大学再生の具体像』（東信堂、2006年）、『フンボルト理念の終焉？』（東信堂、2008年）、『いくさの響きを聞きながら――横須賀そしてベルリン』（東信堂、2008年）、『職業としての大学教授』（中公叢書、2009年）、『転換期を読み解く――潮木守一時評・書評集』（東信堂、2009年）、『イギリス社会学の勃興と凋落――科学と文学のはざまで』（A.H. ハルゼー著翻訳、世織書房、2011年）。

大学再生への具体像――大学とは何か〔第二版〕

2006年7月15日　初　版　第1刷発行　〔検印省略〕
2013年9月　1日　第二版　第1刷発行

＊定価はカバーに表示してあります

著者 © 潮木守一　発行者　下田勝司　印刷・製本　中央精版印刷

東京都文京区向丘1-20-6　郵便振替　00110-6-37828
〒113-0023　TEL 03-3818-5521（代）　FAX 03-3818-5514

発行所 株式会社 東信堂

http://www.toshindo-pub.com　E-Mail tk203444@fsinet.or.jp
Published by TOSHINDO PUBLISHING CO.,LTD.
1-20-6, Mukougaoka, Bunkyo-ku, Tokyo, 113-0023, Japan

ISBN978-4-7989-1189-2 C3037　

東信堂

転換期を読み解く——潮木守一時評・書評集	潮木守一	二六〇〇円
大学再生への具体像——大学とは何か【第二版】	潮木守一	二四〇〇円
フンボルト理念の終焉？——現代大学の新次元	潮木守一	二五〇〇円
いくさの響きを聞きながら——横須賀そしてベルリン	潮木守一	二四〇〇円
大学教育の思想——学士課程教育のデザイン	絹川正吉	二八〇〇円
国立大学法人の形成	大﨑仁	二六〇〇円
国立大学・法人化の行方——自立と格差のはざまで	天野郁夫	三六〇〇円
転換期日本の大学改革——アメリカと日本	江原武一	三六〇〇円
大学の責務	立川明・坂本辰朗・井上比呂子訳 D・ケネディ著	三八〇〇円
大学の財政と経営	丸山文裕	三二〇〇円
私立大学マネジメント	㈳私立大学連盟編	四七〇〇円
私立大学の経営と拡大・再編——一九八〇年代後半以降の動態	両角亜希子	四二〇〇円
大学の発想転換——体験的イノベーション論二五年	坂本和一	二〇〇〇円
ドラッカーの警鐘を超えて	坂本和一	二五〇〇円
30年後を展望する中規模大学——マネジメント・学習支援・連携	市川太一	二五〇〇円
大学のカリキュラムマネジメント	中留武昭	三二〇〇円
戦後日本産業界の大学教育要求——経済団体の教育言説と現代の教養論	飯吉弘子	五四〇〇円
教育機会均等への挑戦——授業料と奨学金の8カ国比較	小林雅之編著	六八〇〇円
アメリカ連邦政府による大学生経済支援政策	犬塚典子	三八〇〇円
アメリカ大学管理運営職の養成	高野篤子	三二〇〇円
〔新版〕大学事務職員のための高等教育システム論——より良い大学経営専門職となるために	山本眞一	一六〇〇円
アメリカにおける多文化的歴史カリキュラム	桐谷正信	三六〇〇円
現代アメリカの教育アセスメント行政の展開——マサチューセッツ州（MCASテスト）を中心に	北野秋男編	四八〇〇円
現代アメリカにおける学力形成論の展開——スタンダードに基づくカリキュラムの設計	石井英真	四二〇〇円
大学教育とジェンダー——ジェンダーはアメリカの大学をどう変革したか	ホーン川嶋瑤子	三六〇〇円
スタンフォード 21世紀を創る大学	ホーン川嶋瑤子	二五〇〇円

〒113-0023 東京都文京区向丘 1-20-6　TEL 03-3818-5521 FAX03-3818-5514 振替 00110-6-37828
Email tk203444@fsinet.or.jp URL:http://www.toshindo-pub.com/

※定価：表示価格（本体）＋税